Les auteurs

VIRGINIE VERGLAS
est la fondatrice et rédactrice en chef du site Internet à succès grands-mères.net.

CYRIL VERGLAS
est l'administrateur du site, il s'occupe également de la communication et de la production vidéo.

Avec plus de 3 millions de visiteurs chaque mois, leur blog recense avec une démarche journalistique tous les remèdes et astuces de petits problèmes que l'on peut rencontrer chaque jour.

« À nos filles, Lina et Chloé »

Grands-Mères

Leurs astuces, conseils et remèdes

Virginie et Cyril Verglas

Michel Lafon

AVERTISSEMENT

Aucun livre ne saurait remplacer un médecin. Les informations figurant dans cet ouvrage n'ont pas pour vocation à se substituer aux recommandations de votre médecin ou tout professionnel de santé. Aussi, les remèdes de grand-mère ne pouvant remplacer un traitement médical, il est recommandé de consulter un médecin en priorité, car les conseils de ce livre ne peuvent en aucun cas faire office de consultation médicale ni engager de quelque façon que ce soit la responsabilité des auteurs et de l'éditeur. Il vous appartient de vérifier auprès de votre médecin, ou de votre pharmacien, que votre état de santé permet la pratique de certaines astuces de grand-mère ou l'association à un traitement médicamenteux en cours, antérieur ou futur.

Préface

À l'heure où le développement durable a le vent en poupe, nous sommes nombreux à nous interroger sur ce que nous consommons. Tandis que les produits industriels et certains médicaments sont pointés du doigt comme étant nocifs pour la santé, la population réclame un retour vers un mode de vie plus sain et respectueux de l'environnement. Dans ce contexte, les pratiques héritées de nos grands-mères prennent tout leur sens. Écologiques, naturels et bien souvent économiques, les bons gestes de nos aïeules reviennent sur le devant de la scène et la tendance n'est pas près de s'inverser !

Bien entendu, tous les remèdes d'autrefois ne sont pas bons à prendre. C'est pourquoi, pour la réalisation de ce livre, il a fallu avant toute chose faire un travail d'investigation et analyser ou tester les différentes recettes pour vérifier leur véracité. C'est la raison d'être de ce projet : vous livrer une sélection des meilleures d'entre elles.

À l'évidence, les mamans d'aujourd'hui deviendront les grands-mères de demain. C'est une roue qui tourne et doit sans cesse s'enrichir d'astuces, tout en conciliant nostalgie et modernité. Dans cet ouvrage, vous trouverez donc des secrets d'antan dont un certain nombre ont été remis au goût du jour.

J'espère que ce livre intemporel destiné à toutes les générations vous sera utile au quotidien, quels que soient vos besoins ou vos envies !

Virginie Verglas

Sommaire

AVANT DE COMMENCER

LES INGRÉDIENTS STARS

SAVON DE MARSEILLE 10
BICARBONATE DE SOUDE 11
VINAIGRE BLANC 13
ARGILE 14
TERRE DE SOMMIÈRES 15
CRISTAUX DE SOUDE 16
BLANC DE MEUDON 17
SAVON NOIR 17

TOUT CE QU'IL FAUT SAVOIR...

... AVANT D'UTILISER LES HUILES ESSENTIELLES 18
... AVANT D'UTILISER DES REMÈDES À BASE DE PLANTES 20
... AVANT DE CONFECTIONNER SES PRODUITS COSMÉTIQUES 21
... AVANT DE FAIRE SES PRODUITS MÉNAGERS MAISON 22
REPORTEZ-VOUS AUX PICTOS ! 23

SANTÉ

ACOUPHÈNES 26
ANGINE 27
APHTES 29
ARTHRITE 30
BOUTON DE FIÈVRE 31

BRÛLURES 32
CHOLESTÉROL 33
CONSTIPATION 34
COUPEROSE 36
COUPS DE SOLEIL 36
COURBATURES 38
CRAMPES MUSCULAIRES 39
CRAMPES NOCTURNES 40
DÉTOX 41
DIABÈTE 42
DIGESTION DIFFICILE 44
ECZÉMA 46
FATIGUE 48
FIÈVRE 50
GASTRO-ENTÉRITE 52
GINGIVITE 54
GRIPPE 55
HÉMATOMES 58
HÉMORROÏDES 58
HOQUET 60
JAMBES LOURDES 61
JAMBES SANS REPOS 62
MAL DE DENTS 62
MAL DE DOS 64
MAL DE GORGE 66
MAL DE TÊTE 68
MAL DES TRANSPORTS 70
MAUVAISE HALEINE 71
NAUSÉES 73
PIQÛRES DE GUÊPE 73
PIQÛRES DE MOUSTIQUE 74
POUX 74
PSORIASIS 76
RÈGLES DOULOUREUSES 77
RÉTENTION D'EAU 78
RHUMATISMES 80
RHUME 82
RHUME DES FOINS 84
RONFLEMENTS 85
SINUSITE 87
STRESS 88
TENDINITE 90
TORTICOLIS 91
TOUX 92
TROUBLES DU SOMMEIL 95
VARICES 97
VERRUES 98

BEAUTÉ

CHEVEUX

CHEVEUX ABÎMÉS 102
CHEVEUX GRAS 104
CHEVEUX SECS 105
CHEVEUX TERNES 107
CHUTE DE CHEVEUX 108
PELLICULES 110

CORPS

CELLULITE 112
MINCEUR 114

LES CONSEILS POUR GARDER LA LIGNE 116
LES COUPE-FAIM NATURELS 116
LES PLANTES MINCEUR 117
SOINS DU CORPS 118
TRANSPIRATION DES AISSELLES 119
VERGETURES 119

MAINS
ONGLES 120
SOINS DES MAINS 122

PIEDS
AMPOULES 125
SOINS DES PIEDS 126
TRANSPIRATION DES PIEDS 128

VISAGE
ACNÉ 130
CERNES ET POCHES SOUS LES YEUX 132
DENTS BLANCHES 133
LÈVRES SÈCHES 134
PEAUX GRASSES 136
PEAUX MIXTES 137
PEAUX SÈCHES 138
PEAUX SENSIBLES 140
POINTS NOIRS 141
RIDES 142
SOINS DU VISAGE 144
TACHES BRUNES 146
TEINT TERNE 147

VIE PRATIQUE

ANIMAUX DOMESTIQUES
CHATS 150
ÉLOIGNER LES CHATS DES PLANTES 151
CHIENS 152

BIJOUX
BIJOUX EN ARGENT 153
BIJOUX EN OR 153

CUISINE
CASSEROLE ET AUTOCUISEUR 154
ÉPONGE 155
ÉVIER EN INOX 156
FOUR ET FOUR À MICRO-ONDES 157
FRITEUSE 158
PLAN DE TRAVAIL 159
PLANCHE À DÉCOUPER 160
PLAQUE EN VITROCÉRAMIQUE 160
RÉFRIGÉRATEUR 161

INSECTES ET NUISIBLES
ARAIGNÉES 162
CAFARDS 163
FOURMIS 163
GUÊPES 164
MITES ALIMENTAIRES 165
MITES DES VÊTEMENTS 166
MOUCHERONS 167
MOUCHES 168

MOUSTIQUES 168
PUCERONS 170
SOURIS ET RATS 171

JARDIN
ENGRAIS NATURELS 172
MAUVAISES HERBES 173

LINGE
ASSOUPLISSANTS 174
FER À REPASSER 175
LESSIVES 176
LINGE BLANC 177

MAISON
CALCAIRE 178
CANALISATIONS 180
CUIR 181
MAUVAISES ODEURS 182
MOISISSURE 184
PRODUITS MÉNAGERS 186
SOLS 188
TOILETTES 191
VITRES 193

SALLE DE BAINS
BROSSE À CHEVEUX 194
BROSSE À DENTS 194
JOINTS 195
MIROIR 195
RIDEAU DE DOUCHE 195

TACHES
ENLEVER UNE TACHE : LE B.A-BA 196
TACHE D'ENCRE 197
TACHE D'HERBE 197
TACHE D'URINE 198
TACHE DE CAFÉ 199
TACHE DE CERISE 199
TACHE DE CIRE 200
TACHE DE FEUTRE 200
TACHE DE GRAISSE ALIMENTAIRE 200
TACHE DE ROUILLE SUR DU MÉTAL 201
TACHE DE SANG 202
TACHE DE SAUCE TOMATE 203
TACHE DE THÉ 203
TACHE DE TRANSPIRATION 203
TACHE DE VIN ROUGE 204
TACHE DE VOMISSURES 204

ANNEXES

CONTRE-INDICATIONS
LES HUILES ESSENTIELLES 208
LES PLANTES 210

MESURES
CONVERSION DES MESURES 215
FAIRE DES MESURES À LA CUILLÈRE 215

INDEX
SANTÉ 216
BEAUTÉ 219
VIE PRATIQUE 221

Avant de commencer

Les ingrédients stars

SAVON DE MARSEILLE

DESCRIPTION

Utilisé depuis le Moyen Âge, le savon de Marseille est un allié aussi bien pour l'hygiène corporelle (grâce à ses pouvoirs hydratants, lavants et moussants) que pour l'entretien de la maison. Il a tout pour lui : il est hypoallergénique, biodégradable, écologique et économique !

La région marseillaise a été le berceau de sa fabrication. Ce territoire disposait de toutes les matières premières nécessaires pour fabriquer ce savon naturel : huile d'olive, sel de Camargue et soude. À partir des années 1950, les ventes de savons de Marseille n'ont cessé de décliner suite à l'apparition du lave-linge, ainsi que des lessives en poudre et des détergents de synthèse. Mais depuis quelques années, il fait son grand retour !

CARACTÉRISTIQUES TECHNIQUES

Le savon de Marseille est fabriqué uniquement avec des matières premières naturelles : de la soude, de l'huile végétale (olive, palme, coprah), du sel marin et de l'eau. Pour obtenir ce savon dur et homogène, les maîtres savonniers mélangent et font cuire les huiles végétales dans un grand chaudron où, sous l'action de la soude et de la chaleur, elles se transforment peu à peu en savon.

Les véritables savons de Marseille portent souvent des marquages sur plusieurs faces qui indiquent ses caractéristiques (ex. : « 72 % d'huile » ou « Extra pur »), les ingrédients (ex. : huile d'olive), le poids, etc. Vous pouvez retrouver le logo ci-dessous sur certains produits et/ou les emballages, qui garantit que c'est un authentique savon de Marseille. Ce label a été créé par l'Union des professionnels du savon de Marseille (UPSM).

COMMENT RECONNAÎTRE UN VÉRITABLE SAVON DE MARSEILLE ?

Hélas, sur le marché du savon de Marseille, on en rencontre autant de faux que de vrais. Difficile alors de s'y retrouver… Certains fabricants n'hésitent pas à profiter de sa notoriété en usurpant la dénomination « Savon de Marseille ».
Le véritable savon de Marseille doit être :

- sans parfums ;
- sans colorants ;
- sans graisses animales ;
- sans adjuvants de fabrication ;
- sans ajouts.

Il doit être obligatoirement :

- fabriqué à partir d'huiles végétales exclusivement ;
- de couleur verte (à base d'huiles d'olive et de coprah ou à base d'huiles d'olive, de palme et de coprah) ou blanc beige (à base notamment d'huiles de coprah et de palme). Toute autre couleur est interdite.

On peut trouver le savon de Marseille sous différentes tailles et formes géométriques (cubes, parallélépipède, ovales, etc.), et également en copeaux ou en paillettes.

La composition est généralement la suivante :

- *sodium olivate* (huile d'olive) et/ou *sodium palmate* (huile de palme) et/ou *sodium cocoate* (huile de coprah) ;
- *sodium chloride* (sel) ;
- *sodium hydroxyde* (soude caustique).

Pour information, l'inscription « *sodium tallowate* » indique que le produit contient un ingrédient dérivé de graisses animales ; ce n'est donc pas un savon de Marseille !

OÙ EST FABRIQUÉ LE VÉRITABLE SAVON DE MARSEILLE ?

Le véritable savon de Marseille est fabriqué à la savonnerie Marius Fabre, la savonnerie du Midi, la savonnerie Le Fer à Cheval, la savonnerie Le Sérail et la savonnerie Rampal Latour. Toutes ces savonneries se situent dans les Bouches-du-Rhône. On peut néanmoins trouver ces savons en vente sur leurs sites Internet, dans certaines jardineries et les magasins bio.

Depuis le XVIIIe siècle, il est possible d'ajouter de l'huile de coprah (extraite de la noix de coco) et de palme (extraite du fruit du palmier) dans la composition du savon de Marseille.

Le savon de Marseille est connu en France, mais aussi dans le monde entier. Il s'exporte de plus en plus… jusqu'au Japon, qui est l'un des premiers acheteurs du savon de Marseille traditionnel !

BICARBONATE DE SOUDE

APPELLATIONS

Bicarbonate de sodium, hydrogénocarbonate de sodium (appellation chimique), sel de Vichy (Belgique), *baking soda* (États-Unis), petite vache ou soda à pâte (Québec).

DESCRIPTION

Le bicarbonate de soude est un produit très populaire et présent dans des millions de foyers à travers le monde. Et pour cause, ses utilisations sont nombreuses (santé, ménage, beauté, jardinage et gastronomie) et ses propriétés, très polyvalentes (désodorisant, fongicide, alcalinisant, détachant, nettoyant, etc.). C'est un agent levant qui est utilisé dans la levure chimique. C'est aussi l'un des plus anciens remèdes naturels dans le monde pour protéger le corps contre diverses maladies. Attention ! Le bicarbonate ne doit pas être confondu avec la soude caustique, extrêmement corrosive et très dangereuse, ni avec les cristaux de soude.

CARACTÉRISTIQUES TECHNIQUES

Le bicarbonate est une poudre blanche inodore obtenue par un procédé combinant deux matières premières minérales naturelles : le sel (sel gemme) et le calcaire (carbonate de sodium). Il est non toxique, non inflammable, biodégradable, écologique et économique.

DIFFÉRENTS TYPES DE BICARBONATES DE SOUDE

Le bicarbonate de soude se décline en trois familles distinctes, toutes avec des spécificités et une utilisation particulières, caractérisées par un taux de pureté (plus il est pur, plus il est de qualité). Au quotidien, on peut utiliser l'un des trois bicarbonates suivants.

› LE BICARBONATE DE SOUDE ALIMENTAIRE peut être consommé par l'homme. Il est traité à un niveau de pureté qui garantit une utilisation saine pour le corps humain. Ce bicarbonate est également le plus polyvalent de tous : il peut être utilisé pour les soins de beauté, la santé, la cuisine, les tâches ménagères, les animaux et le jardinage.

› LE BICARBONATE DE SOUDE TECHNIQUE a un taux de pureté qui n'est pas recommandé pour la consommation humaine, c'est pourquoi il est qualifié de « technique ». Pour cette raison, il est préférable de ne pas l'utiliser pour des recettes de cuisine ni en cosmétique. En revanche, il sera parfait pour un usage ménager !

› Quant au BICARBONATE DE SOUDE OFFICINAL (également appelé « médicinal » ou « pharmaceutique »), il est classé comme le plus pur parmi les différentes familles de bicarbonate. Et pour cause, sa fabrication a nécessité des opérations complémentaires comme des étapes de raffinage poussées. Il est donc plus cher à l'achat !

NOTA BENE : Lorsque le type de bicarbonate n'est pas précisé dans le livre, cela signifie que vous pouvez opter pour celui que vous voulez.

CONSERVATION

Le bicarbonate de soude a une durée de vie illimitée. Cependant, il faut le conserver dans son emballage d'origine bien fermé, à l'abri de la chaleur et de l'humidité, et hors de la portée des enfants.

astuce

Si vous souhaitez savoir si votre bicarbonate est encore utilisable, mettez un fond de vinaigre blanc dans un bol et ajoutez-y une pincée de bicarbonate ; si une réaction chimique s'opère, cela signifie que votre bicarbonate est toujours bon !

COMPATIBILITÉ

› Ne pas utiliser sur l'aluminium ou les surfaces cirées (risque de taches).

› Ne pas utiliser sur la laine et la soie car le bicarbonate pourrait en détruire les fibres.

PRÉCAUTIONS D'EMPLOI

Ne mélangez pas du bicarbonate de soude avec du vinaigre dans une bouteille fermée ! La formation de mousse et de CO_2 augmenterait la pression ; cette réaction ferait sauter le bouchon et propulserait la bouteille jusqu'à 50 mètres, ce qui constituerait un risque potentiel de blessure grave.
Évitez les projections de bicarbonate dans les yeux.

CONTRE-INDICATIONS

En voie interne, le bicarbonate de soude n'est pas recommandé pour les femmes enceintes, pour les personnes souffrant d'insuffisance cardiaque, d'hypertension (à cause de sa teneur en sel) et pour les enfants de moins de 5 ans. En excès, le bicarbonate de soude peut-être contre-productif.

OÙ TROUVER DU BICARBONATE DE SOUDE ?

LE BICARBONATE ALIMENTAIRE : dans les magasins bio et les grandes surfaces (au rayon sel ou épices).

LE BICARBONATE TECHNIQUE : dans les magasins bio, les jardineries et les magasins de bricolage.

LE BICARBONATE OFFICINAL : dans les pharmacies et parapharmacies.

Dans l'Égypte ancienne, on utilisait déjà l'ancêtre du bicarbonate de soude, appelé « natron » (un minéral composé de carbonate de sodium et de bicarbonate de sodium), pour les soins du corps et la momification. Les Égyptiens trouvaient ce minéral lors de l'évaporation des lacs salés.

VINAIGRE BLANC

APPELLATIONS

Vinaigre d'alcool, vinaigre de cristal, vinaigre ménager, *white vinegar*.

DESCRIPTION

Le vinaigre blanc est un allié incontournable pour les tâches ménagères, grâce à ses nombreuses propriétés anticalcaires, dégraissantes, nettoyantes, désodorisantes, antiseptiques, désinfectantes…
Il est respectueux de notre environnement (100 % biodégradable, 100 % naturel), inoffensif pour l'homme et, pour ne rien gâcher, il est très économique. Il remplace facilement une multitude de produits d'entretien industriels. Il est également très apprécié dans le jardin comme substitut aux désherbants chimiques.

CARACTÉRISTIQUES TECHNIQUES

Le vinaigre blanc est un liquide incolore composé d'eau et d'acide acétique. Il est le résultat d'une double fermentation : alcoolique et acétique. La fermentation alcoolique est la transformation des sucres (issus principalement de la betterave) en alcool. L'acide acétique est obtenu par la fermentation de l'alcool.
Le vinaigre blanc peut être utilisé pur ou dilué.
Il dégage une forte odeur, mais qui s'estompe rapidement.

COMPATIBILITÉS

Ne mélangez jamais du vinaigre blanc avec de l'eau de Javel. C'est un cocktail très dangereux qui produit des vapeurs toxiques pour la santé !
Ne l'appliquez pas sur du marbre, au risque de l'abîmer.

CONSERVATION

Le vinaigre blanc fait partie des denrées « non périssables », il se conserve donc sans date limite de consommation. Quoi qu'il en soit, rangez-le toujours à l'abri de la chaleur et de l'humidité, et évitez-lui les chocs thermiques !

OÙ ACHETER DU VINAIGRE BLANC ?

Dans les magasins bio, les grandes surfaces (au rayon vinaigre) et les enseignes de bricolage. Il existe différents conditionnements : bidons, bouteilles et vaporisateurs.

Le chiffre inscrit sur l'étiquette de la bouteille de vinaigre (8, 10, 12 et 14) n'indique pas le degré d'alcool mais le pourcentage d'acidité (acide acétique). Ainsi, plus le chiffre est élevé, plus le vinaigre est puissant !

ARGILE

DESCRIPTION

Dans les temps anciens, l'argile était déjà utilisée pour le façonnage en poterie des objets du quotidien ou à usage décoratif. Dans l'Antiquité, Hippocrate recommandait déjà l'argile pour soigner différents maux comme les brûlures, les rhumatismes, les maladies de peau, etc. Ses multiples vertus (cicatrisante, purifiante, antiseptique, etc.) en font un produit d'exception pour la santé et la beauté. Chaque type d'argile a des propriétés différentes et peut être utilisé pour divers usages : en cosmétique (sous forme de masque pour le visage ou les cheveux) et dans le domaine de la santé (en cataplasme ou en usage interne).

› L'ARGILE ULTRA-VENTILÉE présente des grains d'environ 20 microns. On l'utilise pour le visage ou en dentifrice.

› L'ARGILE SURFINE ou ventilée présente des grains d'environ 60 microns. On l'utilise pour le visage.

› L'ARGILE FINE, MOULUE FINE, GRANULÉE OU CONCASSÉE est utilisée en cataplasme.

CARACTÉRISTIQUES TECHNIQUES

Cette boue magique est naturellement riche en silice, magnésium, calcium et sels minéraux. Elle a deux propriétés essentielles :

› elle est ABSORBANTE. Elle absorbe les liquides, les gaz, le gras et les odeurs ;

› elle est ADSORBANTE. Les particules sont adsorbées grâce aux facultés de l'argile à échanger les ions : l'argile permet donc d'attirer les toxines pour les échanger contre ses minéraux.

DIFFÉRENTS TYPES D'ARGILE

L'argile illite est la plus absorbante des argiles. L'argile montmorillonite est adsorbante ; elle est riche en minéraux, notamment en magnésium. L'argile kaolinite ou kaolin est principalement adsorbante. Le ghassoul ou rhassoul est une argile adsorbante et absorbante.

DIFFÉRENTES COULEURS D'ARGILE

› L'argile verte convient parfaitement aux peaux grasses et acnéiques. Elle purifie la peau en profondeur.

› L'argile blanche, adoucissante, est très bien adaptée aux peaux sensibles, sèches et déshydratées.

› L'argile rouge peut être utilisée par tous les types de peau, y compris les peaux sensibles et fragiles ; elle redonne rapidement de l'éclat aux peaux ternes.

› L'argile rose est un mélange d'argile rouge et blanche ; elle convient très bien aux peaux délicates et sensibles aux rougeurs et ravivera l'éclat de la peau.

› L'argile noire (ou ghassoul) est utilisée pour ses propriétés lavantes, régénérantes et adoucissantes.

› L'argile jaune est particulièrement recommandée pour les peaux mixtes.

MODES D'UTILISATION

EN VOIE EXTERNE : En cataplasme, en application directe sur la peau, dans le bain, en masque pour le visage ou les cheveux, en bain de bouche et gargarisme.

EN VOIE INTERNE : Ingestion par voie orale avec de l'eau.

CONSERVATION

L'argile concassée ou en poudre doit être stockée à l'abri de la lumière et de l'humidité dans son emballage d'origine, un sac en papier ou une boîte en carton. Fermez bien le sachet après utilisation. L'argile prête à l'emploi peut se conserver 6 mois environ.

COMPATIBILITÉ

N'utilisez pas de métaux pour la préparation de la pâte d'argile car ceux-ci peuvent interagir avec les ions de l'argile et en altérer les propriétés. Optez pour des récipients et ustensiles en bois, en verre, en poterie, en porcelaine, en silicone ou en pierre.
Il faut également éviter les matériaux qui se chargent en électricité statique comme la matière plastique.

PRÉCAUTIONS D'EMPLOI

L'argile est un élément très puissant et certaines précautions doivent être prises :

- Ne laissez jamais sécher complètement l'argile sur la peau.
- Ne versez pas l'argile usagée dans votre évier, sous peine de voir vos canalisations bouchées.
- Ne réutilisez jamais une argile qui a déjà servi.

CONTRE-INDICATIONS

EN VOIE INTERNE, l'argile compte de nombreuses contre-indications. Elle est notamment à proscrire chez les femmes enceintes et/ou allaitantes, les enfants de moins de 6 ans, les personnes constipées ou ayant souffert d'une occlusion intestinale, les personnes ayant de l'hypertension, en cas de hernie digestive, de nausées ou de traitements médicamenteux, et même en cas de prise de pilule contraceptive.

OÙ TROUVER DE L'ARGILE ?

Dans les magasins bio, les parapharmacies et sur Internet.

L'argile kaolinite est utilisée dans la fabrication du papier pour rendre les pages plus blanches et leur donner un aspect plus brillant.

TERRE DE SOMMIÈRES

APPELLATIONS

Savon de Fez (Maroc), pierre de taches (France).

DESCRIPTION

La terre de Sommières se présente sous la forme d'argile en poudre produite par écrasage d'une pierre, la montmorillonite. Souvent ocre, elle peut aussi avoir différentes nuances : blanc, violet, vert et brun. Cette terre est un détachant à sec étonnant, en particulier sur la graisse, grâce à sa grande capacité d'absorption. Elle est également connue pour sa propriété désodorisante.

CARACTÉRISTIQUES TECHNIQUES

La terre de Sommières est une argile très fine de type smectique qui peut absorber jusqu'à 80 % de son poids en eau ! Économique, elle n'est ni toxique pour l'environnement ni inflammable.

PRÉCAUTIONS D'EMPLOI

Procédez à un test avant utilisation sur toute la surface à traiter. Pour un usage optimal, ne l'employez pas mouillée ou sur une surface mouillée, la terre de Sommières agit à sec.

CONSERVATION

Conservez la terre de Sommières à l'abri de l'humidité et à l'écart des enfants. Elle se conserve indéfiniment.

OÙ TROUVER DE LA TERRE DE SOMMIÈRES ?

Dans les magasins bio, les grandes surfaces, les magasins de bricolage, les drogueries et sur Internet.

La terre de Sommières nous vient tout droit de la commune de Sommières, dans le Gard, et était déjà utilisée au XIXe siècle.

Sa production se situe désormais surtout dans le bassin méditerranéen, au Maroc et dans le sud de la France.

CRISTAUX DE SOUDE

APPELLATIONS

Carbonate de soude, carbonate de sodium, *soda crystals, washing soda, soda ash.*

DESCRIPTION

Les cristaux de soude sont connus depuis très longtemps pour leurs multiples usages. Cette poudre soluble dans l'eau est nettoyante et désinfectante, elle élimine les graisses et neutralise les acides. Elle est fongicide et bactéricide. Elle nettoie l'émail, lave le linge et l'adoucit, et est aussi utilisée pour la fabrication de savons.

CARACTÉRISTIQUES TECHNIQUES

Les cristaux de soude sont aujourd'hui majoritairement obtenus en laboratoire à partir de sel et de craie. À défaut, ils proviennent naturellement de gisements de natron, présents principalement en Égypte et en Méditerranée.
Il ne faut pas les confondre avec le bicarbonate de soude ni avec la soude caustique, car ils ont des propriétés et des utilisations bien différentes.
Les cristaux de soude ne sont pas toxiques pour l'environnement.

CONSERVATION

Conservez vos cristaux de soude à l'abri de la chaleur et de l'humidité, et à l'écart des enfants. Les cristaux de soude se conservent indéfiniment.

COMPATIBILITÉ

Ne pas utiliser sur l'aluminium, le fer, le chêne, le châtaignier, les surfaces peintes, laquées ou cirées (sauf pour les décaper). Ils sont insolubles dans l'huile.
Dans la lessive, les cristaux de soude ne sont pas adaptés pour la laine et les textiles délicats.

PRÉCAUTIONS D'EMPLOI

› Pour manipuler les cristaux de soude, protégez-vous les mains en portant des gants car les cristaux de soude peuvent être irritants pour la peau.
› Évitez tout contact avec les muqueuses, la peau et les yeux.
› Lavez-vous soigneusement les mains après toute manipulation.
› N'ingérez pas ce produit.
› Ne le mélangez pas avec un acide comme le vinaigre dans une bouteille fermée, car il provoquerait un dégagement gazeux dangereux.

OÙ TROUVER DES CRISTAUX DE SOUDE ?

Dans les magasins bio, certaines grandes surfaces (rayon lessive ou produits d'entretien), les magasins de bricolage ou sur Internet.

BLANC DE MEUDON

APPELLATIONS

Blanc de Troyes, blanc de Champagne, blanc de Toulouse, marne blanche, blanc de craie.

DESCRIPTION

Le blanc de Meudon est une poudre blanche à base de craie, très fine, pure et 100 % naturelle. Il peut être utilisé pour diverses tâches ménagères, comme l'entretien du marbre, de l'Inox, de l'argenterie, des cuivres, ou encore des plaques vitrocéramiques.

CARACTÉRISTIQUES TECHNIQUES

Le blanc de Meudon est essentiellement composé de particules de carbonate de calcium. Il est biodégradable, écologique, économique et sans danger pour l'homme. Il a la particularité d'être légèrement abrasif et absorbant.

CONSERVATION

Le blanc de Meudon doit être conservé à l'abri de l'humidité.

PRÉCAUTIONS D'EMPLOI

Le blanc de Meudon est sans danger pour les enfants. Malgré tout, il est préférable de le tenir hors de leur portée, ainsi que des animaux domestiques.

OÙ ACHETER DU BLANC DE MEUDON ?

Vous pouvez trouver du blanc de Meudon dans les magasins bio, les enseignes de bricolage et sur Internet.

Le blanc de Meudon peut faire office de peinture naturelle pour décorer les fenêtres à Noël, mais aussi pour blanchir les vitrines des magasins pendant les travaux !

SAVON NOIR

APPELLATIONS

Savon mou, savon beldi, savon potassique, *black soap*.

DESCRIPTION

Le savon noir est utilisé pour retirer les taches tenaces sur les vêtements, mais aussi pour nettoyer la maison du sol au plafond. Et cela, grâce à son pouvoir nettoyant et dégraissant.
Pour les soins du corps, il est apprécié pour la préparation des gommages, grâce à ses propriétés exfoliantes, adoucissantes et hydratantes.
Le savon noir permet enfin de lutter contre les parasites (pucerons, cochenilles, acariens, etc.) grâce à ses vertus insecticides.

CARACTÉRISTIQUES TECHNIQUES

Le savon noir est fabriqué avec quelques ingrédients naturels seulement : de l'huile d'olive ou de lin, de la potasse (hydroxyde de potassium) et de l'eau. Il peut se présenter sous la forme liquide ou molle, dans divers conditionnements (bidon, pot, bouteille et flacon pompe). Il est économique, écologique et biodégradable.
Attention ! Certains fabricants vendent des imitations de savon noir : elles en possèdent la couleur, mais sans les avantages du savon noir naturel. Lisez bien les étiquettes ! Il doit être fabriqué à partir d'huiles végétales, sans parfum, sans conservateur, sans colorant, sans solvant et sans graisse animale.

PRÉCAUTIONS D'EMPLOI

Ne confondez pas le savon noir cosmétique avec le savon noir ménager ! Ce dernier peut contenir des additifs chimiques ajoutés par les industriels, il ne convient donc pas de l'utiliser pour les soins du corps.

OÙ TROUVER DU SAVON NOIR ?

Dans les magasins bio, les drogueries, les jardineries, les grandes surfaces ou sur Internet.

Tout ce qu'il faut savoir...

... AVANT D'UTILISER LES HUILES ESSENTIELLES

Pour un usage optimal des huiles essentielles au quotidien, il est important de suivre quelques règles importantes : manipulation, qualité et sécurité. Le respect de ces précautions évitera tout risque de mauvaise utilisation et, à terme, tout problème éventuel.

SACHEZ MANIPULER LES HUILES ESSENTIELLES ET RESPECTER LES DOSAGES

Avec les huiles essentielles, on ne laisse aucune place à l'improvisation ! En raison de leur très riche teneur en principes actifs, il est très important de les manipuler avec précaution. En effet, certaines d'entre elles ne doivent absolument pas être appliquées sur la peau ni diffusées dans l'atmosphère. Il convient donc de respecter de façon très stricte les dosages recommandés, tout en suivant les conseils d'utilisation. Par ailleurs, l'usage des huiles essentielles est déconseillé aux femmes enceintes et/ou allaitantes, aux enfants âgés de moins de 6 ans, ou toute personne souffrant d'asthme et de crises d'épilepsie. Si vous êtes dans ce cas, l'avis d'un professionnel est vivement conseillé, avec une prescription personnalisée.

LÀ OÙ VOUS NE DEVEZ JAMAIS FAIRE USAGE D'HUILES ESSENTIELLES...

À aucun moment il ne faut utiliser l'huile essentielle par injection intraveineuse ou intramusculaire, ni l'appliquer pure dans les oreilles, le nez, les yeux, ou encore la mettre en contact avec les muqueuses du corps.

DILUEZ LES HUILES ESSENTIELLES

Les huiles essentielles n'ont pas de propriété hydrosoluble, elles ne peuvent donc pas se dissoudre dans l'eau (si vous versez quelques gouttes d'huile essentielle dans un bain, celles-ci resteront à la surface). En outre, le risque est grand de subir des irritations de la peau, voire des brûlures. Il est donc fortement recommandé de diluer ces huiles essentielles, par exemple avec de l'huile végétale, du vinaigre, ou encore du savon liquide. Il existe quelques très rares exceptions où il est possible d'appliquer des huiles essentielles pures directement sur la peau.

N'INGÉREZ PAS UNE HUILE ESSENTIELLE SANS L'AVIS D'UN SPÉCIALISTE

Par mesure de sécurité, il est indispensable de consulter un médecin ou un spécialiste afin de vérifier si vous pouvez ou non ingérer une huile essentielle. À aucun moment il n'est conseillé de procéder à l'automédication.

PRÉSERVEZ LES HUILES ESSENTIELLES DU SOLEIL

Certaines huiles essentielles sont photosensibilisantes. En cas d'application ou d'ingestion de variétés d'huiles aux agrumes, il est déconseillé de s'exposer au soleil pendant une durée de 12 heures. Cela concerne notamment les huiles essentielles de millepertuis, de pamplemousse, d'orange, de citron, de mandarine et de bergamote.

FAITES UN TEST SUR LA PEAU AVANT TOUTE APPLICATION

Grâce à un test très simple, il est possible de vérifier les réactions potentiellement néfastes provoquées par l'huile essentielle. Pour cela, mélangez 1 c. à café d'huile végétale d'amande douce ou de jojoba avec 1 goutte d'huile essentielle de votre choix. Après avoir enduit la pliure de votre bras ou déposé une goutte sur votre poignet d'un échantillon de ce mélange, procédez à un petit massage sur la zone en question. Laissez agir 24 heures, puis observez les éventuelles réactions sur cette zone. En cas d'absence de plaques, de démangeaisons ou d'inflammation, il est alors possible d'utiliser cette huile essentielle sans craindre une réaction !

CONSERVEZ HORS DE LA PORTÉE DES ENFANTS ET DES ANIMAUX

Au même titre que les produits ménagers dans vos placards, il est important de disposer d'un emplacement adapté pour conserver vos huiles essentielles afin qu'elles ne soient pas à la portée des enfants ou même des animaux domestiques. L'idéal est de les ranger dans une armoire en hauteur.

CONSERVEZ CORRECTEMENT VOS HUILES ESSENTIELLES

Les principes actifs des huiles essentielles sont sensibles et volatiles. Il est donc important de conserver les flacons dans de bonnes conditions. En tous les cas, il faut que le flacon soit fait de verre teinté, fermé hermétiquement, conservé à l'abri de la lumière et dans un endroit où la température est stable.

UTILISEZ DES HUILES ESSENTIELLES BIO

En achetant une huile essentielle bio, pure et naturelle, on a l'assurance que les actifs sont garantis très sains, sans pesticides ou autres principes actifs provenant de la pétrochimie.

RÉAGISSEZ IMMÉDIATEMENT EN CAS D'ACCIDENT

Nul n'est à l'abri d'un accident suite à une mauvaise manipulation des huiles essentielles. Voici des conseils à suivre dans les cas suivants :

› En cas d'absorption accidentelle, appelez immédiatement le SAMU ou contactez le centre antipoison régional. En aucune façon il ne faut boire de l'eau ; pour diluer, il est conseillé d'ingérer 3 c. à soupe d'huile végétale (au choix : huile de tournesol, d'olive, de colza, etc.).

› En cas de projection oculaire, ne nettoyez pas l'œil et la zone avec de l'eau. Prenez un coton et imbibez-le généreusement d'huile végétale pure.
En l'absence de coton, on répandra quelques gouttes d'huile végétale directement sur le globe oculaire, avant de prendre rendez-vous chez le médecin ou l'ophtalmologue, si l'irritation persiste.

› En cas de brûlure provoquée par une huile essentielle dermocaustique, munissez-vous d'huile végétale et aspergez la zone enflammée immédiatement.
Là encore, n'aspergez pas la zone d'eau.

... AVANT D'UTILISER DES REMÈDES À BASE DE PLANTES

Les remèdes à base de plantes permettent de soigner naturellement les maux du quotidien. Toutefois, il existe des règles à respecter pour éviter certains désagréments , mais aussi pour une efficacité optimale.

ÉTIQUETEZ VOS PRÉPARATIONS

Lorsque vous conservez des denrées alimentaires dans le congélateur, vous inscrivez le nom du produit et la date sur le sac de congélation. Il faut faire de même avec les préparations à base de plantes. Aussi, pensez à écrire le nom des ingrédients composant la préparation ainsi que les conseils d'utilisation (combien de fois par jour, usage interne ou externe, etc.).

RESPECTEZ LES DOSES RECOMMANDÉES

Bien que ces remèdes soient naturels, il faut respecter leur posologie à la lettre. L'usage excessif de préparations à base de plantes peut avoir des effets néfastes sur votre santé (voir les contre-indications, en annexe de l'ouvrage). Aussi, les cures ont une durée limitée, alors n'en abusez pas !

CONSERVEZ BIEN VOS PRODUITS NATURELS

Une bonne conservation des plantes est nécessaire. Les plantes séchées se conservent plusieurs mois à l'abri de la chaleur, de la lumière et de l'humidité (un placard de cuisine, par exemple).
Ces conditions sont nécessaires pour ralentir le processus d'oxydation qui peut altérer les plantes. Les plantes fraîches, quant à elles, s'utilisent immédiatement après la cueillette, à moins qu'elles ne soient séchées.

TENEZ VOS PRÉPARATIONS HORS DE LA PORTÉE DES ENFANTS

Les enfants sont curieux. Pour éviter les accidents domestiques, placez les produits dangereux en hauteur. Vos préparations à base de plantes doivent également être placées dans des lieux inaccessibles aux enfants. Pour les préparations qui se conservent au réfrigérateur, placez-les le plus haut possible.

NE VOUS IMPROVISEZ PAS HERBORISTE !

Il existe de bonnes comme de mauvaises plantes. Ne cueillez jamais des plantes que vous ne connaissez pas... Tournez-vous plutôt vers des professionnels, comme des herboristes. Si vous êtes néophyte, vous pouvez acheter des plantes prêtes à l'emploi dans les magasins bio, les herboristeries, les parapharmacies, certaines grandes surfaces et sur Internet. Nous vous conseillons également de suivre les recettes et surtout de ne pas en inventer !

PRÉFÉREZ LES PLANTES SANS TRAITEMENTS CHIMIQUES

Les traitements chimiques peuvent être mauvais pour la santé. Préférez toujours des plantes bio, notamment pour les tisanes ou les sirops.

DANS LE DOUTE, DEMANDEZ CONSEIL À VOTRE MÉDECIN

Avant de vous orienter vers les remèdes naturels à base de plantes, un diagnostic médical s'impose, car si certains maux se soignent facilement (les aphtes, par exemple), d'autres nécessitent des consultations médicales. Vous n'êtes pas médecin... alors dans le doute, ou si les maux persistent, consultez !

LES REMÈDES NATURELS NE SONT PAS SANS DANGER

Il faut bien avoir en tête que les remèdes à base de plantes ne sont pas sans danger. Le risque zéro n'existe pas. Toutes personnes sujettes aux allergies, suivant un traitement médical ou ayant des pathologies diverses doivent demander l'avis de leur médecin avant d'avoir recours à ces remèdes naturels. Vous pouvez consulter les contre-indications des plantes utilisées dans cet ouvrage en annexe. Néanmoins, cette liste ne vous dispense pas de consulter un professionnel de la santé !

... AVANT DE CONFECTIONNER SES PRODUITS COSMÉTIQUES

Découvrez ci-dessous les bonnes manières pour préparer vous-même vos produits cosmétiques !

RESPECTEZ LES RÈGLES D'HYGIÈNE

Si vous souhaitez préparer vos cosmétiques maison, il est avant tout indispensable de respecter une hygiène rigoureuse :

› Lavez soigneusement vos mains avant et après la fabrication de vos produits.
› Désinfectez tout votre espace de travail.
› Désinfectez également les récipients et ustensiles en les stérilisant pendant 10 minutes dans de l'eau bouillante. Ensuite, séchez soigneusement vos outils de travail avec une serviette propre.
› Après la préparation des produits, n'oubliez pas de nettoyer une nouvelle fois vos outils à l'eau chaude savonneuse.

UTILISEZ RAPIDEMENT VOS COSMÉTIQUES MAISON

À la différence des cosmétiques vendus en magasins, les produits faits maison sont exempts de conservateurs et ne peuvent donc être conservés. Si vous voulez les garder plusieurs jours, ajoutez quelques gouttes d'extraits de pépins de pamplemousse. Tout au long de la conservation, soyez attentif à la moindre détérioration de vos cosmétiques : ne les utilisez plus dès lors qu'ils présentent un changement d'aspect ou d'odeur. Si vos cosmétiques sont à base de produits périssables comme les œufs, les fruits, les plantes ou les produits laitiers, conservez-les au réfrigérateur, et pas plus de 2 jours.

CONSERVEZ VOS PRODUITS À L'ABRI DE LA CHALEUR ET DE L'AIR

Les récipients qui contiennent vos cosmétiques maison doivent rester fermés et être conservés à l'abri des facteurs de détérioration comme l'air, la lumière et la chaleur.

ÉTIQUETEZ VOS PRODUITS COSMÉTIQUES

Dès la mise en bouteille de vos produits, inscrivez sur les récipients la date de fabrication, le nom de la préparation et la liste des ingrédients.

TENEZ VOS PRÉPARATIONS HORS DE LA PORTÉE DES ENFANTS ET DES ANIMAUX

Conservez soigneusement vos préparations dans des endroits inaccessibles aux enfants ainsi qu'aux animaux domestiques.

FAITES TOUJOURS UN TEST DE TOLÉRANCE CUTANÉE

Avant l'emballage de vos cosmétiques, mettez-en une goutte sur le poignet ou dans le pli du coude afin de tester votre tolérance cutanée. Attendez 24 heures avant d'être sûr que votre peau ne présente aucune réaction. Si vous ressentez une sensation d'irritation, de brûlure ou si une rougeur apparaît, éliminez immédiatement l'effet du produit concerné en nettoyant la zone avec de l'huile d'olive.

... AVANT DE FAIRE SES PRODUITS MÉNAGERS MAISON

Préparer ses propres produits d'entretien ménager, c'est économique et écologique (exit les produits nocifs !). Toutefois, il est nécessaire que vous appliquiez certaines règles à la lettre pour éviter des situations qui pourraient être accidentelles ou dangereuses. Voici quelques conseils pratiques pour le confort et la sécurité de chacun.

MUNISSEZ-VOUS DE GANTS POUR PROTÉGER VOS MAINS

Bien que les produits utilisés soient naturels, ils ne sont pas totalement sans danger pour la peau. Il est donc vivement recommandé de porter des gants de ménage adaptés à la manipulation de chacun (notamment les cristaux de soude, l'acide citrique ou le percarbonate de soude).

CONSERVEZ LES PRODUITS HORS DE LA PORTÉE DES ENFANTS ET DES ANIMAUX

Le risque zéro n'existe pas, même avec des produits fabriqués naturellement. Pour la sécurité de vos enfants et de vos animaux domestiques, il est essentiel que vous conserviez vos produits maison hors de leur portée, afin qu'ils ne soient pas en mesure de les manipuler.

ÉTIQUETEZ VOS PRODUITS

Pour éviter toute utilisation incorrecte d'un produit ménager fait maison, il est très important de l'étiqueter soigneusement avec la liste précise de sa composition.

NE FAITES PAS DE MÉLANGES HASARDEUX

Certains mélanges peuvent se révéler extrêmement dangereux, si leur manipulation n'est pas sûre. En outre, certains produits ne s'associent pas du tout. Pire : ils peuvent créer des réactions chimiques instantanées ! Il ne faut jamais mélanger certains d'entre eux, par exemple l'eau de Javel avec un détartrant (vinaigre, etc.) ; ensemble, ils libèrent du chlore sous forme de vapeurs toxiques. On ne doit jamais faire des essais de petit chimiste, car la nature peut engendrer des réactions insoupçonnables.

Reportez-vous aux pictos !

Reportez-vous à ces pictos, car ils signifient qu'il peut y avoir des contre-indications (enfants, femmes enceintes, personnes asthmatiques, etc.).
Pour plus de précisions, vous en trouverez la liste exhaustive en fin d'ouvrage.
Cependant, en cas de doute sur la prise d'un produit à base de plante ou d'huile essentielle, n'hésitez pas à prendre conseil auprès de votre pharmacien, médecin ou tout professionnel de santé.

PRÉSENCE D'UNE PLANTE OU ASSIMILÉ

PRÉSENCE D'UNE HUILE ESSENTIELLE

Santé

ACOUPHÈNES

Les acouphènes – ou sifflements d'oreilles – sont des bruits parasites, inaudibles par l'entourage. Ces bourdonnements, incessants ou épisodiques, peuvent devenir très handicapants à la longue. Alors, plutôt que de vous cacher la tête sous un coussin ou de vous isoler, ayez recours à des solutions simples et efficaces pour soulager vos tympans !

LA MÉTHODE CHINOISE DU TAMBOUR CÉLESTE

Lorsque vous êtes sujet à ces bourdonnements désagréables, vous avez souvent envie de vous boucher les oreilles ou de les tapoter violemment avec les doigts pour faire cesser le bruit, mais cela ne fait pas vraiment son effet. Inutile de réagir par la colère, adoptez plutôt les commandements de la médecine orientale ! Couvrez votre oreille avec votre paume en plaquant vos doigts à l'arrière de votre crâne. Placez votre majeur sur votre index et faites-le claquer sur votre tête dix fois, en inspirant et expirant pour déboucher la trompe d'Eustache et réduire ainsi la perturbation de la transmission sonore au niveau de votre oreille interne.

ÉCOUTEZ DE LA MUSIQUE CLASSIQUE

Les acouphènes modifient profondément notre rapport au bruit ambiant. Beaucoup de personnes auront tendance à fuir toute source sonore. D'autres, pour tenter de masquer les bruits parasites, s'enfermeront dans un « cocon musical » dont le volume trop élevé ne fera qu'aggraver le problème. Il est pourtant nécessaire d'essayer de vivre le plus normalement possible dans votre environnement habituel. Optez donc pour une thérapie par le son en écoutant de la musique classique ou des airs reprenant les sonorités naturelles.

MÉDITATION ET ACTIVITÉ PHYSIQUE

Pour réduire les acouphènes à long terme, il est préférable d'adopter une bonne hygiène de vie. Pratiquer un peu de yoga ou de méditation vous permettra de vous débarrasser du stress et de mieux vivre ces chuintements. Une activité physique régulière améliorera la circulation sanguine, agissant ainsi sur l'une des principales causes de la pathologie.

L'ACUPUNCTURE, UNE MÉTHODE NATURELLE

Cette médecine traditionnelle chinoise n'a pas pour vocation de traiter l'acouphène, mais d'en faire disparaître les causes. Ainsi, par un système d'aiguilles très fines, l'acupuncteur va cibler des points vitaux pour alléger et réguler certains organes en souffrance. Les acouphènes pouvant survenir à la suite d'un blocage psychologique ou physique, l'acupuncture permet de dénouer ces troubles et de faire à nouveau circuler les énergies dans le corps. Grâce à cette méthode, les acouphènes peuvent disparaître immédiatement !

DÉTENDEZ-VOUS GRÂCE À LA SOPHROLOGIE

La sophrologie va vous aider à gérer vos ennuis quotidiens grâce à votre maîtrise du souffle. En vous concentrant sur votre respiration, vous apprendrez progressivement à accepter ces sons qui vous gâchent la vie. Cette technique ne va pas faire disparaître l'acouphène, mais le rendra banal, fondu dans la masse des autres bruits. Dès lors que l'acouphène est intégré au reste des sons ambiants, il cesse de vous déranger.

astuce

Buvez beaucoup d'eau, afin de réguler la circulation sanguine. Par conséquent, évitez les boissons qui déshydratent, comme l'alcool ou le café.

ANGINE

L'angine est une infection d'origine virale ou bactérienne qui attaque les amygdales. Selon son aspect, on parle d'angine rouge ou blanche. Dans le cas d'une infection de type viral (environ 80 % des cas), nos grands-mères préconisent quelques remèdes pour soulager les symptômes parfois très douloureux.

TRAITER LES INFLAMMATIONS AVEC DU THYM

Le thym a des vertus anti-infectieuses, antiseptiques, antibactériennes et antimicrobiennes. Nos grands-mères utilisaient cette plante en infusion ou en gargarisme dans le traitement de l'angine. Il vous suffit de verser 1 c. à café de thym séché dans 150 ml d'eau bouillante. Couvrez la solution et laissez infuser durant une dizaine de minutes, puis filtrez-la.

EN INFUSION : 3 tasses journalières en dehors des repas apaiseront l'inflammation de la gorge ou des amygdales.

EN GARGARISME : Faites un gargarisme avec une infusion de thym afin de décharger la gorge des virus tout en l'adoucissant.

DIMINUER LES DOULEURS AVEC DU GINGEMBRE ET DU MIEL

La poudre de gingembre est en parfait accord avec le miel. Ces deux produits associés permettent de calmer les douleurs liées aux maux de gorge. Pour préparer ce remède de grand-mère, remplissez une casserole avec 250 ml d'eau à laquelle vous incorporez 1/2 c. à café de poudre de gingembre. Mélangez avant de le porter à ébullition. Lorsque la préparation est tiède, versez-la dans une tasse et ajoutez 1 c. à soupe de miel liquide. Mélangez et savourez. Pour que la potion soit efficace, renouvelez l'opération plusieurs fois dans la journée.

APAISER L'IRRITATION AVEC DU MIEL

Le miel, grâce à ses vertus cicatrisantes et son action antibactérienne, soulage les irritations de la gorge. Faites comme les chanteurs : avalez 1 c. à café de miel liquide pour calmer la toux, diminuer la douleur et éclaircir la voix !

STOPPER L'INCENDIE GRÂCE À L'ARGILE

L'un des symptômes les plus dérangeants de l'angine est la gorge enflammée. L'argile a des propriétés antiseptiques : appliquée en cataplasme sur la gorge, elle va directement agir sur la zone douloureuse. Conjuguez 50 g d'argile verte moulue fine avec 2 c. à soupe d'eau froide jusqu'à l'obtention d'une pâte épaisse et homogène. Après 30 minutes de pause, étalez cette pâte d'argile sur un tissu en coton ou en lin sur une épaisseur de 2 cm. Ensuite, allongez-vous et déposez le cataplasme sur la gorge. Vous pouvez maintenir le cataplasme en place avec une écharpe pendant 1 heure.

LA PROPOLIS

Extraite des résines de bourgeons par les abeilles, la propolis contient de nombreux agents antimicrobiens efficaces contre l'angine. Mâchez de la propolis pure pour calmer l'irritation de la gorge. Vous pouvez vous en procurer dans les magasins bio sous forme de plaquettes à découper en morceaux.

CATAPLASME DE POMME DE TERRE

Le cataplasme de pomme de terre était souvent utilisé par nos grands-mères pour traiter l'angine virale. En effet, l'amidon contenu dans ce légume agit comme un anti-inflammatoire. Il vous suffit de râper deux pommes de terre crues et de les faire cuire jusqu'à obtenir une forme pâteuse. Laissez refroidir la préparation, puis appliquez le cataplasme obtenu sur la gorge en le maintenant avec un linge. Vous pouvez le fixer à l'aide d'une écharpe. Laissez agir pendant au moins 30 minutes.

Gargarisme au sel

Pour soulager les symptômes de l'angine – et notamment calmer l'inflammation de la gorge –, nos aïeules faisaient régulièrement des gargarismes.

RECETTE

Versez l'eau tiède dans un verre.

•

Ajoutez-y le gros sel et le jus du citron.

•

Mélangez.

•

Gargarisez-vous la gorge avec ce mélange 1 à 3 fois par jour jusqu'à ce que vous ne ressentiez plus aucune gêne.

INGRÉDIENTS
1 c. à café de gros sel ou sel de table, 200 ml d'eau tiède, 1/2 citron

ÉQUIPEMENT
Un grand verre, un couteau

Gargarisme au citron et au miel

Ce gargarisme apaise le mal de gorge grâce aux propriétés antivirales du miel et du citron.

RECETTE

Pressez le jus de citron et diluez-y le miel.

•

Mélangez.

•

Gargarisez-vous 3 fois par jour jusqu'à la guérison.

INGRÉDIENTS
1 c. à soupe de miel de citronnier, 200 ml d'eau tiède, 1 citron

ÉQUIPEMENT
Un grand verre, un couteau

Si vous avez la gorge irritée ou un début d'angine, il est conseillé de boire régulièrement des boissons chaudes (soupes, tisanes et thé) pour hydrater votre gorge.

Consultez un médecin au moindre doute. Celui-ci dispose d'un test de diagnostic rapide pour savoir si c'est une angine bactérienne.

APHTES

L'aphte est une petite ulcération douloureuse présente le plus souvent sur la muqueuse buccale. Indésirable, il peut apparaître pour différentes raisons (mauvaise hygiène dentaire, stress, alimentation, etc.). Découvrez les astuces de grand-mère pour soigner un aphte et prévenir son apparition.

LE THÉ NOIR

Les tanins contenus dans le thé noir ont des propriétés apaisantes. Ne jetez pas votre sachet de thé usagé ! Déposez-le sur l'aphte pour apaiser la douleur et panser la plaie.

LE BICARBONATE DE SOUDE

Le bicarbonate de soude alimentaire est un soin très apprécié, car il rééquilibre le pH naturel de la bouche (qui est trop acide, lors de l'apparition d'un aphte). Il vous suffit de préparer un bain de bouche avec 1 c. à café de bicarbonate de soude dilué dans un verre d'eau tiède. Répétez l'opération 2 fois par jour jusqu'à la disparition de l'aphte. Après traitement, la lésion sera moins douloureuse. Il est conseillé de faire ces bains de bouche dès l'apparition de l'aphte afin que celui-ci ne se développe pas davantage.

LES FANES DE CAROTTES

Les fanes de carottes étaient utilisées par nos grands-mères pour soigner les aphtes. Pour cela, elles faisaient un bain de bouche avec l'eau des fanes de carottes ébouillantées. La technique est simple : versez 2 verres d'eau dans une casserole et incorporez-y une petite poignée de fanes. Laissez mijoter le tout pendant 10 minutes environ. Récupérez l'eau, laissez tiédir… votre bain de bouche est prêt !

LE CITRON

Par bain de bouche ou en application, le citron est un antiseptique naturel très efficace.

EN BAIN DE BOUCHE : Diluez le jus de 1/2 citron avec 1 c. à café de miel dans un verre d'eau tiède.

EN APPLICATION : Déposez tout simplement quelques gouttes de citron sur l'aphte.

LE VINAIGRE DE CIDRE

Imbibez un Coton-Tige de vinaigre de cidre et appliquez-le sur la plaie. Si vous ressentez quelques picotements sur le moment, vous apprécierez le soulagement qui suivra presque immédiatement. Cette opération peut être renouvelée 1 fois par jour jusqu'à la disparition de l'aphte.

LA PROPOLIS

La propolis aide à réduire la récidive des aphtes (pour les personnes qui y sont sujettes) et favorise la cicatrisation. Il vous suffit de mâcher de la propolis de façon régulière. Préférez-la pure vendue en plaquettes, car elle est plus efficace et ne contient pas de sucre. Vous pouvez la trouver facilement dans les magasins bio.

LES FEUILLES DE SAUGE OFFICINALE

La sauge est une plante aux propriétés cicatrisantes et anti-infectieuses. En bain de bouche, elle soulage instantanément la douleur. Pour cela, faites chauffer 250 ml d'eau dans une casserole, dans laquelle, hors du feu, vous plongerez une petite poignée de feuilles de sauge officinale. Laissez infuser pendant 10 minutes, puis retirez les feuilles avant de procéder à votre bain de bouche.

LE BASILIC

Le basilic vient à bout des douleurs et des microbes présents dans la bouche, grâce à ses propriétés anti-inflammatoires et antiseptiques. Le bain de bouche est très efficace : pour le réaliser, il vous suffit de faire infuser 100 g de basilic dans 1 l d'eau bouillante durant 30 minutes. Vous pouvez également mâcher directement les feuilles crues.

conseils

L'apparition d'un aphte provient de plusieurs facteurs, mais peut être favorisée par certains aliments comme l'ananas, le kiwi, les noix ou le gruyère.

Une bonne hygiène dentaire permet de réduire leur apparition (par un brossage des dents après chaque repas et des bains de bouche réguliers).

Bain de bouche au thym

RECETTE

Faites bouillir l'eau.

Mettez les branches de thym dans votre tasse.

Versez-y de l'eau bouillante.

Laissez infuser pendant 10 minutes.

INGRÉDIENTS
250 ml d'eau, 2 branches de thym frais

ÉQUIPEMENT
Une casserole, une tasse, une passoire

ARTHRITE

L'arthrite est une inflammation des articulations qui provoque des douleurs au niveau des muscles, des articulations ou des tendons. Pour soulager cette sensation désagréable, il existe quelques remèdes de grand-mère.

MASSAGE À L'HUILE D'OLIVE ET AU JUS DE CITRON

Voici une lotion pour masser les parties douloureuses du corps. Le remède de grand-mère est le suivant : mélangez 250 ml d'huile d'olive avec 1 c. à café de jus de citron que vous porterez sur le feu jusqu'à ce que la mixture soit tiède. Cette préparation s'applique directement sur la peau en massage léger. Pour des nuits paisibles, vous pouvez entourer les articulations, tendons ou muscles douloureux d'un bandage imbibé de ce mélange. Cette astuce soulage, mais ne guérit pas l'arthrite.

CATAPLASME DE FEUILLES DE CHOU FRISÉ

Les feuilles de chou frisé et leur jus peuvent soulager vos douleurs. Pour cela, faites chauffer 2 feuilles de chou pendant 2 minutes dans un four préchauffé à 200 °C. Après les avoir hachées grossièrement, posez-les sur la zone douloureuse et fixez-les par une bande stérile. Laissez agir quelques heures.

LE VINAIGRE, LA SPIRULINE, LE MIEL

Voici trois ingrédients pour soulager vos douleurs. Leur alliance a un effet non soupçonné. Si la spiruline est connue pour ses vertus anti-inflammatoires, le miel a des propriétés apaisantes. Pour profiter de cette recette, mélangez dans un verre du vinaigre de cidre avec du miel à raison de 2 c. à café de chaque produit. Ajoutez ensuite une petite pincée de spiruline et 100 ml d'eau. Mélangez bien. Vous pouvez en boire un verre par jour pendant 1 mois.

BOUTON DE FIÈVRE

L'herpès labial, aussi appelé « bouton de fièvre », est une infection des lèvres qui affecte des millions de personnes par an. Cette éruption douloureuse se produit généralement quand on est fatigué, stressé ou à la suite d'une exposition prolongée au soleil.

LA GLACE

Dès que vous sentez le bouton pousser sur votre lèvre, appliquez aussitôt une poche de glace sur la zone affectée. Le froid réduira la douleur et la taille du bouton. Pour une efficacité optimale, renouvelez l'opération plusieurs fois par jour.

LE MIEL

Le miel est un remède doux et naturel. 3 fois par jour, badigeonnez votre bouton de fièvre avec un peu de miel, et laissez agir pendant 15 minutes environ, avant de rincer délicatement.

LE CITRON

Le citron est un antiseptique naturel parfait pour se débarrasser du bouton de fièvre ! Prélevez le jus d'un citron et trempez-y un morceau de coton avant de le presser contre votre ulcération. Ce remède d'antan est à appliquer plusieurs fois par jour.

L'HUILE ESSENTIELLE DE TEA TREE (ARBRE À THÉ)

Déposez 1 goutte d'huile essentielle de Tea Tree sur un Coton-Tige et tamponnez-le sur l'herpès labial 2 ou 3 fois par jour, jusqu'à ce que le bouton ne soit plus qu'un mauvais souvenir !

Lavez-vous soigneusement les mains avant de toucher vos lèvres.

Ne percez jamais votre bouton, car il pourrait s'infecter.

N'arrachez pas la croûte qui se forme dessus, car elle protège le processus de cicatrisation.

L'AIL ET L'OIGNON

Si votre bouton vous démange, frottez délicatement une gousse d'ail ou un morceau d'oignon sur la plaie.

Remède de grand-mère au bicarbonate de soude

Une bonne astuce de grand-mère suffit parfois à faire disparaître le bouton de fièvre en un minimum de temps, tout en atténuant la douleur. Le bicarbonate va assécher le bouton et ainsi stopper sa croissance.

RECETTE

Dans un bol, mélangez le bicarbonate avec de l'eau jusqu'à l'obtention d'une substance pâteuse.

•

Prenez une noisette de cette mixture et appliquez-la directement sur le bouton de fièvre.

•

Laissez agir pendant 5 minutes environ, puis rincez.

•

Renouvelez l'application 2 fois par jour si nécessaire jusqu'à la disparition du bouton.

INGRÉDIENTS 1 c. à café de bicarbonate de soude alimentaire, quelques gouttes d'eau

ÉQUIPEMENT Un bol, une spatule pour mélanger

BRÛLURES

À la maison, les brûlures légères sont fréquentes. Voici des remèdes naturels pour apaiser rapidement et efficacement les petites brûlures du quotidien. Attention, si la zone brûlée est étendue, il est impératif de consulter votre médecin : les remèdes que nous vous proposons ici ne suffiront pas.

L'EAU TIÈDE

Contrairement aux idées reçues, l'eau glacée est proscrite, elle aggraverait votre blessure. Il est donc conseillé de passer la zone de votre peau meurtrie sous de l'eau tiède ou froide (la température idéale étant comprise entre 15 ° et 26 °C). Laissez couler de l'eau sur la plaie pendant 15 minutes pour bien refroidir la brûlure et éviter qu'elle ne s'étende. La douleur disparaîtra rapidement.

LE MIEL

Le miel, anti-inflammatoire naturel, possède aussi des vertus apaisantes et cicatrisantes, très utiles en cas de brûlure. Appliquez une généreuse couche de miel sur la zone de votre peau brûlée, laissez agir quelques minutes puis rincez à l'eau tiède.

L'ALOE VERA

L'aloe vera est aussi très efficace pour soigner les brûlures légères, grâce au gel transparent et gélatineux qui se trouve dans la feuille. Si vous possédez un plant d'aloe vera (cette plante se cultive très bien en appartement), coupez une feuille, ouvrez-la en deux et récupérez le gel. Appliquez-le sur la brûlure et répétez cette opération 3 fois par jour jusqu'à la guérison.

conseil

Les corps gras (tels que l'huile ou le beurre) sont contre-indiqués en cas de brûlure. Ils peuvent même l'aggraver, car ils augmentent la chaleur au niveau de la plaie.

L'huile essentielle de lavande aspic

L'huile essentielle de lavande aspic est particulièrement efficace pour soulager les brûlures grâce à ses propriétés antiseptiques et cicatrisantes. Cette recette convient parfaitement pour les brûlures légères peu étendues.

RECETTE

Placez immédiatement la zone atteinte sous l'eau tiède pendant 10 à 15 minutes.

•

Essuyez, puis appliquez l'huile essentielle de lavande aspic pure sur la brûlure.

•

Renouvelez l'opération toutes les 15 minutes pendant 1 heure pour apaiser la brûlure.

INGRÉDIENTS

2 gouttes d'huile essentielle de lavande aspic

CHOLESTÉROL

Le cholestérol est nécessaire à l'organisme, mais en excès il représente un danger pour le système cardio-vasculaire. Avant traitements et médicaments, une prévention est possible grâce à une alimentation saine et à ces cinq aliments superstars.

LA POMME

Riche en fibres, flavonoïdes et antioxydants, elle permet de stimuler le foie pour réduire le taux de cholestérol présent dans le sang et prévenir des maladies comme l'athérosclérose.
PRESCRIPTION : 2 pommes bio (avec la peau) chaque jour.

LA NOIX

La noix est très riche en acides gras mono-insaturés, connus pour maîtriser le cholestérol sanguin.
PRESCRIPTION : Une petite poignée de noix bio (à grignoter ou à intégrer à vos recettes) chaque jour.

L'AVOINE

Cette céréale est riche en bêta-glucane, une fibre soluble qui peut dompter les risques de maladies coronariennes et l'excès de cholestérol dans le sang.
PRESCRIPTION : 60 g de flocons d'avoine pendant un mois, dans le cadre d'une alimentation faible en cholestérol et gras saturés.

LE SOJA

Il est riche en protéines végétales qui favorisent une baisse des forts taux de lipides dans le sang. Privilégier des aliments contenant du soja complet peut faire baisser la proportion de cholestérol de manière considérable.
PRESCRIPTION : 20 g minimum de protéines de soja, à répartir tout au long de la journée.

L'AIL

Nos aïeules consommaient régulièrement cette plante médicinale aux mille et une vertus ! En effet, l'ail a des propriétés vasodilatatrices, qui favorisent le contrôle et la diminution du cholestérol dans l'organisme, ainsi que le bon fonctionnement du cœur.
PRESCRIPTION : Au moins 3 gousses d'ail (cru ou cuit) chaque jour. À éviter chez les personnes sujettes aux brûlures d'estomac, en cas de porphyrie ou d'anémie. Ne pas prendre d'ail 48 heures avant et après une intervention chirurgicale.

Décoction à l'aubier de tilleul

Cette décoction permet de réduire le taux de cholestérol et aide à conserver nos artères en bonne santé !

RECETTE

Faites bouillir l'eau et l'aubier de tilleul dans une casserole.
•
Laissez chauffer pendant 5 minutes, puis filtrez.
•
Une fois la décoction refroidie, versez-la dans une bouteille.
•
Buvez 1 verre avant chaque repas pendant 3 semaines.

INGRÉDIENTS 1 l d'eau, 50 g d'aubier de tilleul
ÉQUIPEMENT Une casserole, une passoire, une grande bouteille

CONSTIPATION

Chacun peut souffrir à un moment ou à un autre de troubles digestifs, en particulier de constipation. Avant d'avoir recours aux médicaments, essayez ces quelques remèdes traditionnels pour en finir avec cette gêne qui peut rapidement devenir douloureuse.

L'HUILE D'OLIVE

L'huile d'olive n'est pas spécialement le produit le plus appétissant à la cuillère, mais elle a le mérite d'avoir des propriétés digestives et laxatives. Ainsi, 1 c. à café d'huile d'olive à jeun chaque matin vous permettra d'éliminer progressivement tous les symptômes de la constipation. Pour atténuer son goût amer, vous pouvez mélanger l'huile avec du jus de citron.

UNE BOISSON AUX PRUNEAUX

Considéré comme un remède de grand-mère incontournable, le jus de pruneaux a de longue date prouvé son efficacité contre la constipation et peut être utilisé pour les enfants qui en souffrent.
Laissez tremper 3 pruneaux dénoyautés dans un verre d'eau au réfrigérateur durant toute une nuit.
Le lendemain matin, retirez-les et buvez le jus, à jeun de préférence. Si le goût du jus n'a pas vos faveurs, il est possible d'y ajouter un peu de jus d'orange ou de sirop. Bien sûr, les fruits peuvent aussi être mangés. En complément, on recommande de bien vous hydrater tout le reste de la journée, afin de stimuler le transit.

LE PSYLLIUM

Comme laxatif naturel, nos grands-mères utilisaient aussi le psyllium. Il est très facile de s'en procurer, en particulier dans les magasins bio. On peut en acheter sous forme de graines que l'on écrase ou en poudre déjà prête. Versez 1 c. à café de psyllium dans un verre d'eau, et buvez ! À consommer 3 fois par jour, pour une action efficace.

LE SON DE BLÉ

Le son a un impact favorable sur le système digestif, car il est particulièrement riche en fibres alimentaires et celles-ci favorisent le transit intestinal. Vous pouvez l'incorporer facilement dans vos préparations : saupoudrez un peu de son de blé dans vos crudités, yaourts ou compotes. Mélangez et laissez agir une dizaine de minutes avant de déguster. Ne pas dépasser une consommation de 20 g par jour car le son de blé peut provoquer des irritations intestinales.

LA MOUTARDE

En cas de constipation, pensez à garnir généreusement vos plats avec de la moutarde. D'après nos grands-mères, vous en retirerez rapidement les bénéfices.

LE BICARBONATE DE SOUDE ALIMENTAIRE

Le bicarbonate aide à lutter contre la constipation, et les troubles digestifs en général : 1 c. à café de bicarbonate de soude dans un verre d'eau après le repas, et la constipation ne sera plus qu'un mauvais souvenir !

LES GRAINES DE LIN

Une solution peu connue, mais non moins efficace. Pilez 1 c. à soupe de graines de lin, avant de les mélanger à 250 ml d'eau. Après absorption du breuvage, la pectine contenue dans les graines produira un apaisant effet laxatif.

LES FIGUES SÈCHES

C'est parce qu'elles contiennent des fibres insolubles que les figues sèches sont parfaites pour lutter contre la constipation. Le transit intestinal est également favorisé par la présence importante de vitamine B3 dans cet aliment.

L'AGAR-AGAR

Cette solution exotique vient du Japon, où l'agar-agar a été découvert en 1658. Pour en découvrir tous les bienfaits, portez à ébullition 1 g d'agar-agar en poudre dans 250 ml d'eau tout en remuant. Retirez la casserole du feu, mélangez à nouveau et buvez votre tasse aussitôt. Ne se conserve pas.

AUTOMASSAGE

Il est possible de relancer l'activité des intestins de façon naturelle grâce à des mouvements coordonnés sur le ventre. Pour cela, on recommande de procéder à un massage de 5 minutes 2 fois par jour : posez votre paume de main à plat sur le nombril, et formez des mouvements circulaires avec une pression ferme dans le sens des aiguilles d'une montre. À effectuer allongé sur le dos ou debout.

conseils

Buvez au moins 1,5 l d'eau chaque jour.

Quelques aliments à éviter en cas de constipation : le chocolat noir, le riz blanc, la carotte et le coing.

Le système digestif est une mécanique fragile, aisément perturbée. Il convient de ne pas abuser des laxatifs, mais de consulter un spécialiste si les symptômes persistent.

Ayez un régime alimentaire varié et riche en fibres (fruits et légumes, pain complet).

Allez aux toilettes à heures fixes.

Faites de l'exercice physique quotidiennement.

Boisson ancestrale au vinaigre de cidre

Le vinaigre de cidre, aussi appelé « élixir de jeunesse », a de nombreuses vertus. Dans le cas de la constipation, il favorise le développement et le renouvellement de la flore intestinale, tout en facilitant la digestion. Ce remède de grand-mère est utilisé depuis des générations pour lutter contre la constipation.

RECETTE

Remplissez un verre d'eau tiède.

Ajoutez-y le vinaigre de cidre et éventuellement le miel.

Mélangez et buvez 30 minutes avant le repas.

Rincez-vous la bouche après avoir bu cette potion afin d'éviter d'endommager l'émail de vos dents.

INGRÉDIENTS

200 ml d'eau tiède, 2 c. à café de vinaigre de cidre, 1 c. à café de miel pour atténuer le goût (facultatif)

ÉQUIPEMENT

Un grand verre, une cuillère

Vous pouvez boire cette boisson ancestrale 1 fois par jour pendant 1 semaine.

Attention, l'utilisation de ce remède d'antan doit être évitée en cas d'ulcère gastrique ou de brûlures d'estomac.

COUPEROSE

La couperose, également appelée « rosacée », est le nom d'une maladie de peau qui prend la forme de rougeurs sur des zones précises du visage, comme les joues, le nez, le front et le menton. Les symptômes de départ sont relativement bénins et apparaissent de façon chronique. On peut également avoir une sensation désagréable de picotements au niveau des yeux. Il existe cependant plusieurs remèdes pour traiter les symptômes.

LA FARINE D'AVOINE

Moins connue, la farine d'avoine est pourtant dotée de propriétés anti-inflammatoires très appréciables. On l'utilise ainsi sous forme de mélange pour traiter les zones atteintes de couperose. Il vous suffit de prendre un récipient, d'y verser 250 ml d'eau ainsi que 2 c. à soupe de farine d'avoine. Une fois le mélange effectué, vous pouvez appliquer cette lotion sur la zone touchée à l'aide d'un gant de toilette. Laissez agir pendant 5 minutes puis rincez.

INFUSION DE CAMOMILLE

Faites bouillir 500 ml d'eau dans laquelle vous faites infuser 2 c. à soupe de camomille romaine. Laissez agir pendant 10 minutes, puis placez la préparation au réfrigérateur. Une fois qu'elle est refroidie, appliquez sur les zones touchées à l'aide d'un gant de toilette, très délicatement. À faire 1 ou 2 fois par jour aussi souvent que nécessaire. La préparation se conserve 2 jours au frais.

L'HUILE DE CHANVRE

L'huile de chanvre est appréciée pour ses vertus régénérantes et calmantes. Il vous suffit pour cela de l'appliquer directement sur la peau ou de diluer 3 gouttes avec votre crème de jour.

COUPS DE SOLEIL

Vous êtes resté trop longtemps au soleil ? Maintenant que le mal est fait, voici des soins naturels pour soulager vos coups de soleil.

LE BICARBONATE DE SOUDE

Pour apaiser un coup de soleil, préparez-vous des compresses de bicarbonate de soude. Diluez 1 c. à soupe de bicarbonate alimentaire ou officinal dans 250 ml d'eau tiède. Trempez-y les compresses, puis appliquez-les directement sur les brûlures. Renouvelez l'application plusieurs fois dans la journée jusqu'à la disparition de la sensation de brûlure.

LE YAOURT

Vous pouvez également appliquer du yaourt sur vos rougeurs. Laissez agir 20 minutes. Rincez à l'eau tiède. Le yaourt rafraîchira votre peau et anesthésiera la douleur.

L'ALOE VERA

La sève d'aloe vera est une solution naturelle pour calmer les coups de soleil. Elle va accélérer la guérison grâce à ses propriétés hydratantes et cicatrisantes. Appliquez le gel de cette plante pur sur les parties atteintes et renouvelez plusieurs fois par jour si nécessaire. Pour ce faire, coupez la feuille en deux et déposez le gel transparent (la sève) qui coule de la plante directement sur le coup de soleil. Si vous n'avez pas de plante d'aloès chez vous, vous pouvez utiliser du gel d'aloe vera prêt à l'emploi (95 % pur) ; vous en trouverez dans les magasins bio et les pharmacies.

LE MIEL

Le miel soulage les brûlures légères et permet de les cicatriser plus vite. Appliquez du miel liquide, laissez agir pendant 15 minutes, puis rincez à l'eau tiède. Renouvelez jusqu'à 3 fois par jour.

conseils

N'oubliez pas que le soleil est dangereux pour la peau et qu'il accroît le risque de mélanome.

Contrairement aux idées reçues, il ne faut pas mettre de glaçons sur vos brûlures.

Utilisez de la crème solaire avec un IP (indice de protection) entre 50 et 60. Renouvelez l'application de la crème toutes les 2 heures, ou plus si vous êtes allé dans l'eau.

Portez un chapeau et des lunettes de soleil : n'oubliez pas que les yeux sont aussi très fragiles !

Consultez impérativement un médecin si vos brûlures provoquent des maux de tête, de la fièvre ou un évanouissement.

Buvez beaucoup d'eau afin de vous réhydrater.

Évitez l'exposition au soleil entre midi et 16 heures.

Compresses au chlorure de magnésium

Le chlorure de magnésium, aussi appelé « nigari », guérit bien des maux. Ce remède de grand-mère aux nombreuses propriétés permet également de soulager les coups de soleil.

Où acheter du chlorure de magnésium ? Dans les magasins bio ou en pharmacie.

RECETTE

Diluez le chlorure de magnésium dans l'eau.

•

Trempez-y des compresses, puis appliquez-les sur les coups de soleil.

•

Renouvelez l'application plusieurs fois par jour jusqu'à guérison.

INGRÉDIENTS
20 g de chlorure de magnésium,
1 l d'eau

ÉQUIPEMENT
Un récipient,
des compresses

COURBATURES

Localisée essentiellement au niveau des muscles, la courbature est la conséquence logique de tout exercice intense ou inhabituel, ou encore de la reprise brutale d'une activité physique. Touchant les néophytes comme les sportifs aguerris, elle peut aussi survenir à la suite d'une infection virale. Heureusement, nos grands-mères ont déjà pensé aux remèdes naturels contre ces douleurs intenses.

BAIN DE CAMOMILLE

Cette plante possède des propriétés relaxantes. Pour soulager les courbatures, vous pourrez vous détendre dans un bain de camomille. Faites-vous couler un bain bien chaud (la chaleur aide les muscles à se décontracter). Pendant ce temps, versez 1 l d'eau froide dans une casserole et plongez-y une grosse poignée de camomille romaine séchée. Mélangez doucement puis portez le tout à ébullition pendant 15 minutes. Versez la décoction dans le bain. Pour que la camomille fasse effet, restez 20 minutes dans l'eau. Vos courbatures disparaîtront et vous ressortirez relaxé et détendu !

BAIN DE LAVANDE

La lavande peut aussi être utilisée lors d'un bain. Nos grands-mères l'employaient pour détendre et drainer les muscles. Pour ce faire, diluez dans un récipient 15 gouttes d'huile essentielle de lavande vraie avec 5 c. à soupe de lait en poudre. Mélangez bien. Pour que ce mélange se disperse bien dans l'eau, vous pouvez placer le récipient sous le robinet au moment de remplir votre baignoire.

MASSAGE À L'HUILE D'OLIVE

Appliquée sur la zone concernée, l'huile d'olive agit comme un puissant anti-inflammatoire – elle est d'ailleurs souvent utilisée chez les sportifs pour son pouvoir décontractant. Quelques séances de massage à l'huile d'olive se révèlent très efficaces contre les courbatures. De préférence, choisissez une huile de première qualité, vierge extra, ou encore une huile pressée à froid, composée essentiellement d'acides gras insaturés.

FRICTION DE VERVEINE

Prenez une poignée de verveine officinale fraîche. Écrasez-la et faites-la bouillir dans 1 verre de vinaigre de vin durant quelques secondes. Filtrez et récupérez les feuilles. Appliquez la préparation encore chaude par friction sur les courbatures.

AROMASSAGE

L'huile d'olive peut être associée à des huiles essentielles antidouleur et anti-inflammatoires (comme l'huile essentielle de gaulthérie, de romarin camphré ou de lavande vraie, par exemple). Idéale en cas de courbatures et de douleurs musculaires, l'huile essentielle de romarin camphré possède des propriétés décontractantes. Vous pourrez l'appliquer en massages sur les muscles douloureux. Pour ce faire, diluez 10 gouttes d'huile essentielle de romarin camphré dans 1 c. à soupe d'huile d'olive ou d'huile végétale de millepertuis.

LE MILLEPERTUIS

L'huile de millepertuis est connue pour sa vertu curative contre les courbatures et les rhumatismes. Pour en obtenir, faites macérer 500 g de fleurs fraîches de millepertuis dans 1 l d'huile d'olive. Une fois le mélange effectué, exposez-le au soleil pendant 3 semaines, filtrez-le en pressant les fleurs, puis mettez le liquide en petits flacons. Appliquez-le jusqu'à 3 fois par jour en massant les zones courbaturées.

LE MIEL

Selon nos grands-mères, la consommation régulière de miel aiderait à prévenir les courbatures et les crampes.

Bain aux fleurs de tilleul

Le bain de tilleul est très apprécié pour ses bienfaits sur les douleurs corporelles et les courbatures.

Vous pouvez trouver les fleurs de tilleul séchées dans les magasins bio, pharmacies et herboristeries.

RECETTE

Versez de l'eau dans une casserole et ajoutez-y les fleurs de tilleul.

Mettez le tout sur le feu et laissez bouillir pendant 15 minutes avant de déverser la décoction dans l'eau du bain.

INGRÉDIENTS 1 l d'eau, 20 g de fleurs de tilleul

ÉQUIPEMENT Une casserole

Pour profiter pleinement des vertus de votre préparation, restez au moins 20 minutes dans le bain, en immergeant bien votre corps.

Lorsque vous faites du sport, pensez à boire suffisamment d'eau avant, pendant et après l'effort, car le corps transpire et perd beaucoup d'eau, ce qui entraîne les courbatures le lendemain.

CRAMPES MUSCULAIRES

La crampe musculaire est une contraction qui peut surgir à tout moment. Au-delà de la surprise, la douleur provoquée peut être intense. Les sportifs, les seniors et les femmes enceintes sont particulièrement concernés, à cause d'une déshydratation, de mauvais étirements ou d'une carence en sels minéraux. Touchant le plus souvent les mollets et les pieds, la crampe musculaire peut être tout simplement combattue par des remèdes de grand-mère.

LE VINAIGRE DE CIDRE

Parmi les remèdes d'antan, le vinaigre de cidre est particulièrement prisé. Riche en potassium, il permet de lutter efficacement contre l'apparition des crampes. Mélangez 1 c. à soupe de vinaigre de cidre et 1 c. à soupe de miel dans une tasse d'eau chaude. Buvez jusqu'à 2 tasses par jour en prévention contre les crampes. Vous pouvez aussi choisir d'appliquer une compresse imbibée de vinaigre de cidre sur la zone concernée ou de prendre un bain dans lequel vous aurez, au préalable, versé 2 verres de vinaigre de cidre.

MARCHER PIEDS NUS SUR DU CARRELAGE FROID

Ce remède mythique de nos grands-mères permet de soulager rapidement les crampes au niveau du pied ou du mollet.

BIEN S'ÉTIRER ET SE MASSER

Afin d'atténuer la crampe à un mollet ou une cuisse, pensez à étirer le muscle douloureux. Pour cela, ayez le réflexe de vous allonger sur le dos et de lever votre jambe à l'équerre. Maintenez la position une dizaine de secondes en demandant éventuellement une assistance pour tenir la jambe bien droite. Massez ensuite le muscle douloureux jusqu'à la disparition de la crampe. Pour le mollet, les mouvements doivent être faits de bas en haut pour faciliter la circulation veineuse. Réitérez l'opération pour prévenir la crampe 1 ou 2 fois par jour.

ALTERNER DOUCHE FROIDE ET DOUCHE CHAUDE
Pour soulager des crampes suite à des exercices musculaires intenses, prenez donc une douche chaude de 2 minutes, suivie d'une douche froide d'environ 30 secondes. Pendant la douche, répétez le cycle à plusieurs reprises pour détendre le spasme.

Remède à l'huile essentielle de lavande vraie

L'huile essentielle de lavande est vivement conseillée pour détendre rapidement les muscles contractés. Pour cela, il convient tout simplement de masser la zone douloureuse avec quelques gouttes d'huile essentielle de lavande vraie diluée dans de l'huile végétale.

RECETTE

Versez l'huile végétale dans un bol.

Ajoutez l'huile essentielle de lavande vraie.

Mélangez à l'aide d'une cuillère.

Massez-vous avec cette huile magique pour prévenir et lutter contre les crampes.

INGRÉDIENTS 1 c. à soupe d'huile végétale de macadamia, d'amande douce ou d'olive, 3 gouttes d'huile essentielle de lavande vraie

ÉQUIPEMENT Un bol, une cuillère

CRAMPES NOCTURNES

Les crampes nocturnes sont un véritable cauchemar ! Du jus de citron au savon de Marseille, en passant par le vinaigre de cidre, ces trois remèdes de grand-mère pourront sûrement vous assurer un meilleur sommeil.

LE JUS DE CITRON
Selon nos grands-mères, prendre du jus de citron combiné à 1 pincée de sel dilué dans un verre d'eau tiède juste avant le coucher permettrait de prévenir l'apparition de crampes nocturnes.

LE VINAIGRE DE CIDRE
Le vinaigre de cidre peut s'utiliser de deux manières.
EN CURE : Diluez 2 c. à café de vinaigre de cidre dans un verre d'eau, et buvez cette potion tous les soirs pendant 4 semaines.
EN COMPLÉMENT : Vous pouvez activer la circulation de vos jambes en les frottant avec du vinaigre de cidre juste avant d'aller vous coucher.

LE SAVON DE MARSEILLE
Nos grands-mères ont toujours un savon de Marseille au fond de leur lit. La raison à cela ? Ce savant mélange d'huiles végétales a pour vertu de prévenir les crampes et les rhumatismes. Bien souvent, les crampes nocturnes résultent d'un déficit en potassium intracellulaire. Le savon de Marseille (le vrai) contient du chlorure de potassium qui, grâce à la chaleur du lit et du corps, libère son composant actif qui se fixe ensuite sur les cellules musculaires et réduit ainsi les douleurs des crampes.

DÉTOX

Il est important de consommer des aliments qui, outre leurs qualités gustatives et nutritives, aident à nettoyer le foie. Voici une sélection d'aliments détox que nos grands-mères utilisaient pour chasser les toxines de leur corps !

LE CITRON

Le citron est un parfait complément pour une cure détox du foie. Il permet de stimuler la production de bile, élément essentiel à la bonne santé du foie.

astuce

Pressez le jus de 1/2 citron dans un verre d'eau tiède tous les matins et buvez-le avant votre petit déjeuner. Si toutefois la forte acidité de l'agrume vous gêne, vous pouvez y ajouter du miel.

LE RADIS NOIR

Le radis noir permet de drainer le foie et donc d'éliminer les toxines accumulées.

astuce

Pour atténuer le goût parfois piquant du radis noir, préparez votre radis (en rondelles ou râpé) 15 minutes avant de le déguster. Vous pouvez l'agrémenter d'une sauce au soja ou au yaourt.

LE BROCOLI

Le brocoli cumule plusieurs propriétés bénéfiques qui en font un aliment détox incontournable ! Très riche en fibres, comme toutes les variétés de choux, il facilite le transit intestinal et permet d'éviter les ballonnements. La présence de nombreux glucosinolates est un autre atout détox du brocoli. Ces composés sont des éléments soufrés dont la transformation par l'organisme libère des enzymes qui aident le corps à se débarrasser des toxines et des substances cancérogènes.

LE CURCUMA

Le curcuma aussi favorise la production de bile. En outre, cette épice indienne permet de régénérer les cellules du foie. Vous pouvez l'ajouter à vos plats de poissons ou de légumes.

astuce

Pour que cette épice soit mieux absorbée par l'organisme, ajoutez du poivre noir à votre dose quotidienne de curcuma.

LE THÉ VERT

Le thé vert, plante riche en catéchines, est une excellente source d'antioxydants ! Il purifie le foie et l'aide à évacuer les toxines présentes dans l'organisme.

conseil

Pour conserver toutes les vertus du thé, ne laissez pas infuser plus de 5 minutes.

L'AIL ET L'OIGNON

L'oignon est un stimulant naturel de l'appareil digestif. Quant à l'ail, il est un aliment riche en allicine et sélénium, qui sont des éléments intéressants pour le nettoyage du foie. Alors, n'hésitez plus à agrémenter vos petits plats d'ail et d'oignon !

Cure détox à l'argile verte

L'argile draine et purifie le corps naturellement.
Voici une cure d'argile pour nettoyer votre organisme !

RECETTE

Versez en pluie l'argile verte dans un verre d'eau.
Ne remuez pas.

•

Laissez reposer toute une nuit.

•

Le lendemain, l'argile sera descendue au fond du verre. Buvez uniquement l'eau qui surnage, sans le dépôt.

INGRÉDIENTS 1 c. à café d'argile verte en poudre surfine, 250 ml d'eau

ÉQUIPEMENT Un grand verre

Buvez un verre de cette recette pendant 4 ou 5 jours, le temps que votre organisme s'habitue à l'argile. Si vous ne ressentez pas de gêne particulière, vous pouvez poursuivre ce traitement naturel en mélangeant cette fois-ci l'argile et l'eau afin de boire l'ensemble. La cure doit durer 3 semaines.

Si vous faites de l'hypertension ou avez déjà fait une occlusion intestinale, mieux vaut vous abstenir de recourir à ce remède.

Aussi, si vous prenez des traitements médicamenteux, demandez conseil à votre médecin avant de commencer, car il peut y avoir des interactions entre les médicaments et l'argile.

DIABÈTE

Si vous êtes sujet au diabète, veillez à consommer des aliments riches en fibres mais avec un faible index glycémique. Ceci bien sûr sans négliger l'apport en nutriments, qui est essentiel. Découvrez quelques aliments aux caractéristiques idéales pour les personnes diabétiques.

LES LÉGUMINEUSES

Tous les aliments constitués de fibres solubles (parmi lesquels les légumineuses) sont parfaits pour les personnes diabétiques, car ils ont un index glycémique bas. Dans la famille des légumineuses, on compte par exemple les lentilles, les haricots secs ainsi que les pois chiches.

conseil

Pour mieux digérer les légumineuses, commencez par en consommer en petites quantités, pour ensuite augmenter les portions progressivement. Vous pouvez également ajouter à vos plats des épices qui favorisent la digestion (cumin, cardamome, curcuma, etc.).

LE BROCOLI

Ce légume est idéal pour équilibrer la glycémie, grâce à son apport très riche en chrome. Loin de faire l'unanimité, le brocoli peut toutefois être consommé de plusieurs façons, comme en accompagnement de pâtes, en soupe ou en purée. Pour le déguster plus facilement, on peut également le cuisiner en poêlée avec des condiments ou de la sauce soja.

LES CAROTTES

Sources importantes de bêtacarotène, les carottes ont plusieurs atouts bénéfiques pour les personnes souffrant de diabète. Elles garantissent un bon équilibre glycémique et réduisent les risques propres au déclenchement de cette maladie. On peut les déguster de plusieurs façons : en jus, en plat cuisiné à la vapeur ou crues, à l'apéritif avec une petite sauce au yaourt.

L'ORGE

Riche en vitamine E ainsi qu'en fibres solubles, l'orge est très nutritive et constitue un antioxydant particulièrement apprécié. L'orge présente un indice glycémique faible (inférieur à 55). Enfin, elle est particulièrement digeste et peut être ajoutée à différents plats ou dans une soupe.

L'AVOCAT

Pour stabiliser la glycémie, l'avocat est l'aliment idéal, car il contient des graisses mono-insaturées très bénéfiques pour le cœur. Consommer ce type de graisse permet d'inverser l'insulinorésistance. En outre, il est crémeux et peut se déguster facilement, accompagné d'une vinaigrette ou en tartine (guacamole). Petite astuce de grand-mère pour l'empêcher de brunir une fois préparé : il suffit de l'asperger de jus de citron ! Pour le conserver, vous pouvez l'envelopper dans un film plastique.

Infusion de feuilles de myrtille

Grâce à leurs propriétés hypoglycémiantes, les feuilles de myrtille étaient utilisées par nos grands-mères pour prévenir et traiter les diabètes légers. Les tisanes de feuilles de myrtille permettent ainsi de réguler le taux de sucre dans le sang.

RECETTE

Faites bouillir l'eau dans une casserole.

Hors du feu, incorporez les feuilles de myrtille.

Laissez infuser pendant 10 minutes.

Filtrez et buvez !

INGRÉDIENTS 1 l d'eau, 10 g de feuilles de myrtille *ÉQUIPEMENT* Une casserole, une passoire, une tasse

Pour une cure optimale : 2 tasses de tisane par jour pendant 4 semaines maximum.
Demandez l'avis de votre médecin avant de vous engager dans une cure de myrtille.
Où trouver les feuilles de myrtille ? Dans les magasins bio ou herboristeries.

DIGESTION DIFFICILE

La digestion est une fonction clé du métabolisme humain. Elle permet de transformer les aliments ingurgités et de les distribuer ensuite au cœur de l'organisme sous forme de substances diverses. Voici une sélection de remèdes d'antan très utiles pour mieux digérer.

LA MENTHE

La menthe est une plante très efficace pour relâcher les muscles, d'où l'intérêt de l'utiliser pour favoriser la digestion. Pour une efficacité optimale, il vous suffit de laisser infuser une dizaine de feuilles de menthe fraîches ou sèches dans une tasse d'eau chaude. Filtrez le breuvage. À consommer après le repas.

LE FENOUIL

Le fenouil est un légume d'hiver très apprécié par nos grands-mères pour stopper les crampes abdominales. De même, il agit avec une grande efficacité contre le manque d'appétit ainsi que les flatulences. On peut le consommer de différentes façons : cru, cuit ou en infusion.

astuce

Mettez 1 c. à café de graines de fenouil dans une tasse d'eau chaude. Laissez infuser pendant 5 à 10 minutes, filtrez et buvez 1 à 3 tasses de ce breuvage quotidiennement en cas de digestion difficile.

LA VERVEINE

Utilisée de longue date par les Romains qui l'appelaient « l'herbe à Vénus », la verveine officinale est très efficace sur le système digestif. En particulier, elle diminue les troubles digestifs et a une action calmante sur les crampes d'estomac. Il suffit de boire 1 tasse d'infusion de verveine après le repas pour bien digérer. ASTUCE : Laissez infuser 6 feuilles de verveine dans une tasse d'eau chaude, pendant 10 minutes environ. Pour plus d'efficacité, nous vous recommandons de boire cette tisane quelques minutes après la fin du repas.

L'ANETH

L'aneth est une plante médicinale utilisée par nos grands-mères, car elle possède des propriétés naturelles qui stimulent positivement la sécrétion biliaire, et par conséquent la digestion des matières grasses.

astuce

Procurez-vous des branches d'aneth fraîches, versez-les dans de l'eau frémissante puis laissez infuser pendant 10 minutes. À boire tout de suite après, afin de bien digérer.

LE THYM

Le thym facilite la digestion et permet de réduire les flatulences. Buvez 1 à 3 infusions de thym par jour, et le tour est joué !

L'ANIS VERT

En plus de stimuler l'appétit, l'anis permet de traiter les cas de digestion difficile, les renvois, vomissements et nausées.

astuce

Laissez infuser 1 c. à café de graines d'anis vert dans une tasse d'eau bouillante pendant 5 à 10 minutes. Et dégustez !

LA BOUILLOTTE

Une bouillotte posée sur le ventre permet de calmer les spasmes. Ce remède de grand-mère est très utile en cas de digestion difficile ou de mal de ventre.

Infusion de badiane

La badiane, aussi appelée « anis étoilé », est excellente pour éviter les ballonnements et éliminer les gaz des intestins. En infusion, ce remède de grand-mère pourra améliorer votre digestion et empêcher les maux de ventre.

RECETTE

Faites bouillir l'eau.

•

Mettez la badiane dans une tasse.

•

Versez-y l'eau très chaude.

•

Laissez infuser pendant 10 minutes.

•

Filtrez et buvez !

INGRÉDIENTS

250 ml d'eau,
4 étoiles de badiane chinoise (anis étoilé)

ÉQUIPEMENT

Une casserole, une grande tasse, une passoire

Pour un effet thérapeutique, buvez 1 tasse d'infusion de badiane après chaque repas.

Ne pas confondre la badiane chinoise avec la badiane japonaise, qui est toxique.

Digestif de grand-mère au bicarbonate

RECETTE

Remplissez votre verre d'eau tiède.

•

Versez-y le bicarbonate de soude.

•

Mélangez avec une cuillère.

•

Buvez cette potion après chaque repas trop copieux pour favoriser la digestion.

INGRÉDIENTS

250 ml d'eau tiède, 1 c. à café de bicarbonate de soude alimentaire

ÉQUIPEMENT

Un grand verre, une cuillère

ECZÉMA

L'eczéma est une maladie de peau dont les origines sont diverses (stress, fatigue, contact avec des produits chimiques, etc.). Il prend la forme de plaques rouges desséchées, voire de crevasses dans les cas les plus sévères. Il occasionne tiraillements, démangeaisons et douleurs. Bébés, enfants, adultes, il n'y a pas d'âge pour avoir de l'eczéma. Assez des rougeurs et des démangeaisons ! Nos grands-mères ont des solutions pour vous...

CATAPLASME DE CHOU

Les feuilles de chou blanc permettent de soulager la peau atteinte d'eczéma, mais elles nécessitent une préparation spéciale. Elles doivent être aplaties au rouleau à pâtisserie pour permettre d'en extraire le jus, puis tiédies à la vapeur, au-dessus d'une casserole d'eau chaude. Elles sont alors prêtes à être appliquées sur les parties du corps atteintes d'eczéma. Pour une meilleure efficacité, il convient de procéder ainsi 2 fois par jour.

Lotion à la camomille

La camomille est également dotée d'incroyables vertus pour la peau. Cette plante calme les irritations et les démangeaisons provoquées par l'eczéma.

RECETTE

Faites bouillir l'eau dans une grande casserole.

Plongez-y les fleurs de camomille romaine et laissez bouillir pendant 3 minutes.

Hors du feu, couvrez et laissez infuser les fleurs pendant 1 heure.

Filtrez et ajoutez cette lotion à l'eau du bain ou utilisez-la directement en pulvérisation pour apaiser la peau eczémateuse.

INGRÉDIENTS 1 l d'eau, 50 g de fleurs de camomille romaine

ÉQUIPEMENT Une casserole, une passoire ou un tamis, un spray pulvérisateur

Cette préparation se conserve au maximum 2 jours au réfrigérateur.

Cataplasme à l'argile verte

L'eczéma touche aujourd'hui 20 % des enfants, contre 3 à 5 % il y a 30 ans ! Voici un remède naturel de grand-mère pour apaiser les démangeaisons et les irritations inhérentes à ce problème de peau.

RECETTE

Mélangez l'argile avec l'huile.

•

Étalez la pâte obtenue sur un tissu fin en une couche d'environ 2 cm.

•

Posez-le directement sur l'eczéma.

•

Maintenez le cataplasme à l'aide d'un bandage si possible.

•

Laissez agir pendant 1 heure.

•

Rincez abondamment à l'eau tiède.

INGRÉDIENTS 1 c. à soupe d'argile verte illite prête à l'emploi, 1 c. à café d'huile d'olive

ÉQUIPEMENT Un bol (en verre, en terre ou en bois), une cuillère en bois, un tissu fin, un bandage (facultatif)

Renouvelez votre cataplasme si nécessaire. N'utilisez jamais le même cataplasme plusieurs fois.

Ne laissez jamais l'argile sécher.

N'utilisez pas de récipient en métal ou en matière plastique pour la préparation de la pâte d'argile.

Lotion au son d'avoine

L'avoine possède d'incroyables vertus pour la peau, notamment dans le soin de l'eczéma. Elle peut être appliquée sur les zones affectées de plusieurs manières : en optant pour un bain ou un soin aux flocons d'avoine, ou encore en lotion au son d'avoine. On peut aussi avoir recours à une compresse imprégnée de farine d'avoine.

RECETTE

Portez l'eau à ébullition.

•

Jetez-y le son d'avoine.

•

Laissez bouillir pendant 5 à 10 minutes.

•

Retirez du feu.

•

Une fois la préparation refroidie, filtrez le mélange.

•

Appliquez à l'aide de coton sur les zones touchées. Inutile de rincer.

•

Utilisez cette lotion 2 fois par jour aussi longtemps que nécessaire.

INGRÉDIENTS 1/2 l d'eau minérale, 50 g de son d'avoine

ÉQUIPEMENT Une casserole, un tamis, du coton

Cette lotion se conserve pendant 7 jours au maximum, au réfrigérateur, dans une bouteille fermée.

FATIGUE

Difficultés à se lever le matin ? Sensations d'endormissement durant la journée ? Baisse de tonus ? La fatigue peut faire de notre quotidien un vrai cauchemar éveillé ! Ces remèdes de grand-mère vous aideront à lutter contre l'épuisement et à retrouver la sérénité.

LE VINAIGRE DE CIDRE AU MIEL

Pour préparer cette boisson, mélangez 2 c. à café de vinaigre de cidre et 1 c. à café de miel dans un grand verre d'eau minérale. À ingérer 2 fois par jour pour se sentir requinqué.

L'AVOINE

L'avoine possède des vertus tonifiantes. Pour en extraire tous les bienfaits et en faire une boisson, il vous suffit de porter à ébullition 1 c. à soupe de flocons d'avoine dans 250 ml d'eau, puis de filtrer le liquide et de le laisser refroidir. C'est prêt !

LA CAROTTE

Consommer un verre de jus de carottes fraîches au réveil vous permettra d'avoir de l'énergie tout au long de la journée et donc de lutter contre la sensation de fatigue. Passez 2 carottes bio lavées (avec leurs peaux) et 1 orange épluchée dans un extracteur de jus ou une centrifugeuse. Ajoutez-y 1 pincée de cannelle en poudre. Vous obtiendrez un délicieux jus pour bien démarrer la journée !

LA GELÉE ROYALE

La gelée royale est la substance nutritive la plus riche sécrétée par de jeunes abeilles nourricières. Ce producteur d'énergie permet de lutter contre la fatigue grâce à sa composition très riche en vitamine B et en minéraux. Une petite cure de gelée royale avant l'hiver aide à lutter contre la fatigue hivernale. Vous pouvez vous procurer de la gelée royale dans les magasins bio ou sur Internet.

Une cure d'ortie

L'ortie est riche en vitamines et minéraux, c'est pourquoi une cure d'ortie est très bien adaptée pour les changements de saison, au moment où la baisse d'énergie est la plus présente.

RECETTE

Portez votre eau à ébullition.

•

Hors du feu, ajoutez l'ortie et laissez infuser pendant 10 à 15 minutes.

•

Filtrez.

•

Buvez 1 tasse 2 fois par jour, avant le déjeuner et le dîner, pendant 1 mois.
Conservez la préparation pendant 48 heures au maximum au réfrigérateur.

INGRÉDIENTS

500 ml d'eau, 15 g de feuilles d'ortie séchées (variété : grande ortie)

ÉQUIPEMENT

Une casserole, une passoire, une tasse

LA SPIRULINE

Composée de nombreux nutriments, vitamines, minéraux et oligo-éléments, la spiruline est une algue antioxydante aux nombreuses vertus : elle apporte vitalité et énergie aux sportifs, aux convalescents, ainsi qu'aux personnes qui souffrent de fatigue chronique. Si vous souhaitez acheter de la spiruline, renseignez-vous sur sa provenance car cette algue peut être contaminée par des polluants et métaux lourds. L'idéal est de l'acheter dans les magasins bio pour être sûr de sa traçabilité et de sa qualité.

L'OIGNON

Pour préparer ce breuvage d'antan, faites cuire un oignon tranché en lamelles dans 1/2 l d'eau, pendant 15 minutes. Une fois refroidie, la décoction n'a plus qu'à être filtrée pour être ingérée.
À boire 1 fois par jour tant que la fatigue persiste.

Recette du lait de poule

Le lait de poule de grand-mère n'est pas seulement une délicieuse boisson. Selon nos aïeules, il nous aiderait à retrouver la forme. Ce breuvage est surtout consommé en hiver, pour redonner du tonus et lutter contre la fatigue passagère.

RECETTE

Placez le jaune d'œuf et le sucre dans un récipient.

Ajoutez-y le rhum (facultatif).

Battez l'ensemble jusqu'à ce que le mélange blanchisse.

Faites chauffer le lait dans une casserole.

Versez le tout dans votre tasse puis mélangez.

Ajoutez-y 1 pincée de cannelle. Il n'y a plus qu'à le déguster !

INGRÉDIENTS 1 jaune d'œuf extra frais (bio de préférence), 4 c. à café de sucre de canne ou de miel, 1 c. à café de rhum (facultatif), 100 ml de lait, 1 pincée de cannelle

ÉQUIPEMENT Un récipient, un fouet, une casserole, une tasse

Vous pouvez boire ce breuvage 1 fois par jour pendant les périodes de fatigue passagère.
Le lait de poule est déconseillé aux personnes ayant trop de cholestérol.
L'abus d'alcool est dangereux pour la santé. À consommer avec modération.

Boisson au chlorure de magnésium

Pour stopper la sensation de fatigue, nos grands-mères utilisaient le chlorure de magnésium ! Une solution naturelle pour renforcer le système immunitaire et lutter contre les carences en magnésium qui sont très courantes en hiver.

RECETTE

Dissoudre le chlorure de magnésium dans l'eau.

Versez le mélange dans une bouteille en verre.

Buvez 1 verre de cette eau, à jeun, chaque matin pendant 7 jours.

INGRÉDIENTS
20 g de chlorure de magnésium, 1 l d'eau de source
ÉQUIPEMENT
Une bouteille en verre, un verre

Le goût du chlorure de magnésium est très amer, vous pouvez le mélanger avec du jus d'orange.

L'eau magnésienne est à conserver au réfrigérateur dans une bouteille hermétique en verre.

Le chlorure de magnésium est contre-indiqué chez les personnes présentant une insuffisance rénale, de l'anémie ou chez les hémophiles.

Ne faites pas de cures répétées de chlorure de magnésium.

FIÈVRE

La fièvre est le signe que votre organisme se défend naturellement contre des microbes ou des virus ; il ne faut donc pas paniquer lorsque la température corporelle augmente, car ce symptôme est tout ce qu'il y a de plus normal ! Mais si vous vous sentez vraiment mal, il existe quelques astuces de grand-mère très surprenantes pour aider à faire descendre votre fièvre.

UNE BONNE HYDRATATION

La fièvre fait beaucoup transpirer, c'est pour cette raison qu'il est essentiel de bien s'hydrater. L'idéal est de boire une grande quantité de boissons chaudes, comme des infusions, du thé ou même des soupes. Si vous optez pour ces dernières, nos grands-mères recommandaient d'y ajouter un peu d'ail afin d'éliminer les toxines.

INFUSION DE TILLEUL

Dans le même registre, on suggérera de boire des infusions de tilleul, pour favoriser la transpiration naturelle du corps et faire tomber la fièvre. Par ailleurs, les fleurs de tilleul sont très efficaces pour diminuer les sécrétions nasales. Pour ce faire, laissez infuser 1 c. à café de fleurs séchées de tilleul dans une tasse d'eau chaude. Vous pouvez boire 2 tasses par jour jusqu'à l'arrêt des symptômes.

CATAPLASME D'EAU FROIDE

Nos grands-mères faisaient baisser la température grâce à de l'eau froide et quelques linges en lin. Plongez ces derniers dans l'eau, puis essorez-les et placez-les autour de vos mollets, que vous recouvrirez d'une serviette sèche. Restez au repos durant une dizaine de minutes, le temps de laisser la fraîcheur agir sur votre corps.

CHAUSSETTES HUMIDES

Cette astuce de grand-mère permet de diriger le sang vers le bas du corps, et ainsi d'augmenter votre circulation sanguine en période de fièvre. Prenez un bain de pieds dans de l'eau chaude pendant 10 minutes, puis enfilez une paire de chaussettes préalablement trempées dans de l'eau froide et laissez en place une dizaine de minutes.

Lotion pour faire baisser la fièvre naturellement

RECETTE

Versez de l'eau froide dans un bol.

•

Ajoutez le vinaigre blanc.

•

Trempez-y des compresses et appliquez-les sur votre nuque, vos poignets, chevilles et mollets.

INGRÉDIENTS

Eau, 1 c. à soupe de vinaigre blanc

ÉQUIPEMENT

Un bol, des compresses

GASTRO-ENTÉRITE

Cette infection digestive peut provoquer nausées, vomissements, douleurs abdominales et diarrhées. Les personnes qui souffrent de diarrhée font face à certains risques, en particulier la déshydratation. Pour éviter d'aggraver la situation, voici quelques astuces de grand-mère, ainsi qu'une liste des aliments aux propriétés antidiarrhéiques.

LES CAROTTES

Un des risques liés à la diarrhée est la perte de sels minéraux, ce dont est dotée la carotte. Elle est également pleine d'excellents nutriments comme la pectine, le mucilage et le sucre qui, ensemble, constituent un antidiarrhéique très efficace. En mangeant des carottes, vous bénéficierez pleinement de leur fonction régulatrice sur votre système digestif.

LE COING

Souvent méconnu, le coing est rempli de pectine qui aide à lutter contre la diarrhée ; il permet de calmer le rythme de transit quand celui-ci est hors de contrôle. De plus, ce fruit délicieux peut être consommé de plusieurs façons, notamment en décoction, en gelée, en compote ou en pâte. Nos grands-mères coupaient le coing en fines tranches qu'elles mettaient à bouillir dans 1 l d'eau ; elles ajoutaient ensuite 50 g de sucre. Après avoir laissé réduire de moitié, elles prenaient jusqu'à 4 c. à soupe de ce mélange par heure.

LE RIZ

C'est un aliment extrêmement utile lors d'un épisode de diarrhée. Le riz blanc, ainsi que son eau de cuisson (riche en amidon), sont deux éléments très efficaces. Nos aïeules recommandaient de boire l'eau de cuisson du riz à raison de 1 ou 2 verres par jour jusqu'à l'arrêt des symptômes.

INFUSIONS ANTI-GASTRO

Nos grands-mères utilisaient régulièrement les vertus bienfaisantes des plantes pour venir à bout de leurs problèmes. Voici les tisanes anti-gastro qu'elles prescrivaient :

- L'infusion de camomille, contre les nausées.
- L'infusion de thym qui est un désinfectant des voies digestives.
- L'infusion de romarin qui active les fonctions digestives, en particulier le travail de la vésicule biliaire.
- L'infusion de mélisse aux propriétés digestives.

UNE BOISSON POUR SE RÉHYDRATER

Mélangez 1 l d'eau avec 6 c. à café de sucre et 1 c. à café de sel. Buvez cette préparation tout au long de la journée en cas de diarrhée.

conseils

Lavez-vous régulièrement les mains. Surtout après un passage aux toilettes, ainsi qu'avant la préparation de chaque repas.

Il est recommandé de boire régulièrement pour ne pas se déshydrater, mais par petites quantités pour éviter de tout rendre aussitôt. Mangez en petites quantités fractionnées dans la journée.

Consultez un médecin si les symptômes persistent.

Infusion de camomille

Nos grands-mères utilisaient régulièrement la camomille en tisane pour combattre les nausées et les vomissements.

RECETTE

Portez l'eau à ébullition.

•

Versez l'eau chaude dans une tasse et laissez-y infuser les fleurs de camomille pendant 10 minutes.

•

Filtrez et buvez plusieurs tasses par jour.

INGRÉDIENTS

200 ml d'eau, 1 c. à soupe de fleurs séchées de camomille romaine

ÉQUIPEMENT

Une casserole, une passoire ou un tamis, une tasse

LES ALIMENTS À PRIVILÉGIER

les féculents (riz blanc, pâtes, pommes de terre), les soupes ou bouillons, les bananes, les compotes de pommes, le pain complet, le jus de carottes, les tisanes, le thé noir (celui-ci contient des tanins qui stoppent la diarrhée), les jus de fruits coupés d'eau.

LES ALIMENTS À ÉVITER

les aliments gras, les produits laitiers, le café, les fruits et légumes crus.

LES ALIMENTS À BANNIR

l'alcool, les épices, les boissons trop gazeuses.

GINGIVITE

Inflammation de la gencive, la gingivite touche l'ensemble des tissus se trouvant autour de la dent. Elle est très fréquente et concernerait 80 % des adultes. Ces remèdes de grand-mère devraient vous aider à traiter naturellement cette maladie parodontale.

BAIN DE BOUCHE À L'EAU SALÉE

Le bain de bouche à l'eau salée est un remède de grand-mère facile à réaliser et qui soignera toute inflammation de vos gencives. Dans un verre d'eau chaude, il vous suffit de dissoudre 1 c. à café de sel avant d'utiliser la solution obtenue.

LA SAUGE

La sauge officinale constitue un excellent remède pour le traitement des inflammations au niveau des muqueuses. Elle peut donc naturellement être utilisée pour soigner la gingivite. Placez quelques feuilles de sauge officinale dans 250 ml d'eau chaude. Laissez infuser pendant 10 minutes, filtrez et procédez à un bain de bouche.

LE CLOU DE GIROFLE

Le clou de girofle est un puissant antiseptique naturel que vous pouvez utiliser pour traiter vos gencives douloureuses et enflées. Il vous suffit de faire un rinçage buccal avec une solution en contenant. Pour ce faire, laissez infuser 3 clous de girofle dans 250 ml d'eau chaude pendant 20 minutes. Utilisez la préparation en bain de bouche 1 fois par jour.

Gargarisme à l'ortie

L'ortie a des vertus cicatrisantes et apaisantes. Dans cette recette, le bain de bouche à l'ortie permet de soulager plus rapidement une gingivite.

RECETTE

Faites bouillir l'eau.

Hors du feu, jetez-y les feuilles d'ortie.

Laissez infuser pendant 15 minutes environ.

Filtrez.

Une fois l'infusion refroidie, faites votre gargarisme.

Renouvelez l'opération 3 fois par jour jusqu'à la guérison.

INGRÉDIENTS 150 ml d'eau, 5 g de feuilles séchées d'ortie

ÉQUIPEMENT Une casserole, une passoire ou un tamis, une tasse

GRIPPE

Courbatures, fièvre, frissons, mal de tête ? « La grippe, ça dure huit jours si on la soigne, et une semaine si on ne fait rien. » Le célèbre humoriste français Raymond Devos avait bien raison sur ce sujet. Mais pour prévenir ou soulager les symptômes de la grippe, les remèdes de grand-mère ont déjà fait leurs preuves depuis des siècles !

LE SIROP D'AIL

L'ail est un remède des plus efficaces pour traiter le rhume et atténuer les symptômes de la grippe grâce à ses vertus contre les infections des voies respiratoires.
LA RECETTE : Versez 200 ml d'eau dans une casserole. Ajoutez-y 50 g d'ail et laissez bouillir pendant 10 minutes. Filtrez cette décoction et ajoutez-y 50 g de sucre roux. Versez le sirop dans un flacon en verre stérilisé que vous conserverez au réfrigérateur. Prenez-en 2 ou 3 c. à soupe par jour jusqu'à l'arrêt des symptômes.

LE SIROP DE POIREAU

Versez 1 l d'eau dans une casserole. Jetez-y 150 g de feuilles de poireaux. Laissez cuire pendant 30 minutes environ, puis filtrez. Pressez bien les feuilles de poireaux. Ajoutez 2 c. à soupe de miel au jus de cuisson. Prenez 1 c. à café de ce sirop 3 fois par jour jusqu'à la guérison.

LE SIROP DE RADIS NOIR

Le radis noir n'est pas seulement un aliment détox et antioxydant. Il permet également de chasser la toux, car il est expectorant. Un sirop de grand-mère facile à faire soi-même !
LA RECETTE : Lavez soigneusement un radis noir bio. Coupez-le en fines lamelles sans l'éplucher. Mettez une couche de radis noir dans une assiette creuse, saupoudrez-la de sucre roux, et continuez en alternant une couche de radis et de sucre). Couvrez le tout, puis placez l'assiette au réfrigérateur. Après 24 heures, récupérez le jus du radis noir et versez-le dans un flacon. Prenez 4 c. à café de cette décoction par jour. Le sirop de radis noir se conserve 48 heures au réfrigérateur.

LE BOUILLON DE POULE

Le bouillon de poule - ou bouillon de poulet « fait maison » - est un remède de grand-mère efficace pour soulager les symptômes de la grippe. Ce bouillon magique aux vertus anti-inflammatoires augmente la fluidité des sécrétions nasales.
LA RECETTE : Lavez, épluchez et coupez en tronçons 4 carottes et 1 poireau. Placez-les dans un faitout. Ajoutez-y 1 gousse d'ail pressée, 1 feuille de laurier, 2 branches de thym, quelques tiges de persil et 1 oignon piqué d'un clou de girofle. Disposez ensuite par-dessus une carcasse de poule (ou poulet) que vous aurez préalablement rincée sous l'eau. Versez 3 l d'eau et portez à ébullition, puis laissez frémir le bouillon pendant 1 heure, tout en écumant les impuretés. Une fois le bouillon prêt et la viande bien cuite, ajoutez 1 c. à soupe de gros sel, filtrez avec une passoire fine et dégustez !

L'ÉCHINACÉE

Autrefois utilisée par les Amérindiens pour prévenir et traiter le rhume, l'échinacée est une plante connue pour ses vertus médicinales. Elle permet d'atténuer les symptômes du rhume, à l'instar du nez bouché, des migraines, de l'écoulement nasal, de la fatigue et des frissons.
LA RECETTE : Versez 150 ml d'eau bouillonnante sur 1/2 c. à café de racine d'échinacée découpée. Couvrez la préparation et laissez infuser pendant

15 minutes. Une fois prête, filtrez et buvez ! Il est recommandé de boire 4 tasses par jour pendant 1 semaine, en dehors des repas. Le breuvage peut être pris seul ou en association avec du miel.

Comment faire un grog ?

Le grog adoucit la gorge et aide à lutter contre la grippe ainsi que le rhume, car il permet de se réchauffer et provoque ainsi la transpiration. Une transpiration abondante éliminera les toxines plus rapidement.

RECETTE

Faites chauffer l'eau et versez-la dans une tasse.

•

Ajoutez-y éventuellement du rhum brun ambré.

•

Pressez-y le jus de citron et ajoutez-y le miel.

•

Touillez avec le bâton de cannelle (si vous optez pour la cannelle en poudre, touillez avec une cuillère).

•

Coupez une rondelle de citron et laissez-la immergée dans le grog.

INGRÉDIENTS

200 ml d'eau, 1 c. à soupe de rhum brun ambré (facultatif), le jus de 1/2 citron, 1 c. à soupe de miel, 1 bâton de cannelle ou 1 c. à café de cannelle en poudre, 1 rondelle de citron

ÉQUIPEMENT

Une casserole, une tasse, une cuillère

Il est fortement déconseillé de boire un grog au rhum si vous prenez des médicaments.

Vous pouvez préparer ce grog sans alcool, il sera tout aussi efficace.

L'abus d'alcool est dangereux pour la santé. À consommer avec modération.

HÉMATOMES

Votre enfant est tombé ? Vous vous êtes cogné contre la table basse du salon ? À coup sûr, un joli bleu va fleurir. Pour le faire disparaître, suivez l'un des quatre remèdes de grand-mère.

LES VERTUS DE L'OIGNON

L'alliinase de l'oignon n'est pas dédiée qu'à vous faire pleurer. Elle est aussi efficace contre les hématomes. Pelez 1 oignon et coupez 1 grosse rondelle. Appliquez-la sur la zone douloureuse pour éveiller le flux lymphatique et empêcher le sang de s'emmagasiner.

L'HUILE ESSENTIELLE HÉLICHRYSE ITALIENNE

L'huile essentielle Hélichryse italienne, aussi appelée « Immortelle », résorbe les hématomes. 3 fois par jour, enduisez une compresse stérile de 2 gouttes d'huile essentielle que vous appliquerez sur l'ecchymose jusqu'à la disparition du bleu.

UN CLASSIQUE : LE « SAC DE GLAÇONS »

Cette solution est utilisée par les plus grands sportifs. Serrez les dents et appliquez directement une poche de glaçons sur la zone douloureuse pendant 15 minutes environ. Pas de sac de glaçons sous la main ? Optez pour un sachet de petits pois !

L'INCONTOURNABLE ARNICA

En pommade ou en granulés, l'arnica est une plante officinale efficace pour éradiquer et soulager les hématomes. 2 fois par jour, appliquez la pommade sur la bosse (si cette dernière ne présente aucune plaie ouverte) et massez délicatement. L'arnica en granulés s'avale à raison de 5 granulés dès le traumatisme, 4 fois par jour.

HÉMORROÏDES

Les hémorroïdes sont gênantes et peuvent être très douloureuses. Il existe des remèdes de grand-mère efficaces pour les traiter et les prévenir.

LES BAINS DE SIÈGE POUR APAISER LES DOULEURS

L'eau froide permet de soulager la douleur tout en traitant les irritations causées par les hémorroïdes. Prendre régulièrement des bains de siège serait donc un remède de grand-mère à privilégier lorsqu'on est sujet aux hémorroïdes. Pour cela, posez vos fesses dans une bassine d'eau froide en laissant vos pieds à l'extérieur et en repliant légèrement les genoux. Vous pouvez utiliser cette méthode 1 h 30 après le repas. Un bain de siège après un passage aux toilettes sera également recommandé en cas d'hémorroïdes douloureuses.

astuce

Vous pouvez ajouter du bicarbonate de soude officinal dans l'eau froide pour en augmenter les bienfaits.

LE THÉ POUR RÉGÉNÉRER LES TISSUS

Les tanins contenus dans le thé ont des vertus astringentes, calmantes, anesthésiantes, antiseptiques et cicatrisantes. Le thé est donc un allié parfait pour stopper les douleurs et les irritations causées par les hémorroïdes. Posez simplement un sachet de thé vert tiède sur la zone concernée.

LE CITRON POUR AMÉLIORER LA CIRCULATION SANGUINE

Le citron, aux nombreuses propriétés, joue également un rôle sur la circulation sanguine et le renforcement des parois des vaisseaux sanguins.

Il serait recommandé de boire quotidiennement du jus de citron pour lutter contre les hémorroïdes. Les plus courageux peuvent tamponner la zone sensible avec du jus de citron.

LES FEUILLES DE VIGNE ROUGE POUR TRAITER LES PROBLÈMES DE CIRCULATION DU SANG

Les feuilles de vigne rouge sont de bons partenaires pour lutter contre les hémorroïdes puisqu'elles contiennent des tanins astringents. Ainsi, il suffit d'infuser 30 g de feuilles de vigne dans 1 l d'eau chaude et de boire 1 tasse par jour (3 mois maximum) pour limiter l'apparition des hémorroïdes

conseil

Limitez la consommation de certains produits comme l'alcool, le café, le tabac, ou encore les produits épicés.

Buvez beaucoup d'eau minérale.

Bannissez l'aspirine, en raison du risque de saignement.

Si les symptômes persistent, n'hésitez pas à consulter votre médecin afin qu'il vous administre un traitement adapté.

Le cerfeuil pour calmer les douleurs

Le cerfeuil est un excellent anti-inflammatoire. Appliqué en cataplasme ou en compresses, son jus est efficace pour apaiser la douleur causée par les hémorroïdes.

RECETTE

Faites chauffer l'eau.

•

Jetez-y le cerfeuil et laissez bouillir pendant 5 minutes.

•

Hors du feu, laissez infuser pendant 10 minutes environ.

•

Filtrez le cerfeuil.

•

Appliquez localement la décoction tiède à l'aide d'une compresse ou d'un coton.

•

Renouvelez l'opération jusqu'à la guérison.

INGRÉDIENTS
1 l d'eau,
60 g de cerfeuil

ÉQUIPEMENT
Une casserole,
une passoire ou un tamis,
une compresse ou du coton

HOQUET

Le hoquet est une contraction spasmodique du diaphragme. Le raidissement des muscles situés entre les poumons et l'abdomen empêche l'arrivée de l'air ou diminue la quantité d'air qui accède à la trachée et aux poumons. Cela affecte la corde vocale, d'où le bruit occasionné. Le hoquet n'a pas d'effets néfastes sur la santé. Cependant, les spasmes et le bruit peuvent être très gênants. Grâce à ces astuces de grand-mère, il est possible de faire passer votre hoquet, où que vous soyez !

LE VINAIGRE DE CIDRE

Déposez quelques gouttes de vinaigre de cidre sur un morceau de sucre et laissez-le fondre dans la bouche. Si vous n'avez pas droit au sucre, diluez 1 c. à café de vinaigre de cidre dans un verre d'eau et buvez lentement. Pour certains, le seul fait de boire un verre d'eau froide peut décontracter rapidement le diaphragme.

LE GLAÇON

Selon nos grands-mères, placer un glaçon ou une poche de glace sur le nombril permettrait de faire passer le hoquet. Certes, il ne faut pas être frileux ! Mais cette solution serait efficace pour calmer le diaphragme.

LES PLANTES

Buvez une tisane de menthe ou de fenouil pour calmer les spasmes du diaphragme. Vous pouvez aussi mâcher quelques graines d'aneth.

LE CITRON

Prenez un jus de citron ou sucez une rondelle de citron, cela devrait vite vous soulager !

BLOQUER SA RESPIRATION

Il vous suffit de retenir votre respiration pendant 1 minute environ ou de façon brusque pendant quelques millièmes de seconde, comme si vous étiez pris d'une peur soudaine. Cette méthode est très efficace et applicable n'importe où.

LES GESTES SIMPLES QUI RELÂCHENT LE DIAPHRAGME

Des mouvements pratiqués au niveau des oreilles influent sur le muscle qui sépare les poumons de l'abdomen et arrêtent ainsi le hoquet. Tirez quelques secondes sur les lobes des oreilles avec l'index et le pouce. Vous constaterez une disparition presque immédiate du hoquet.
Vous pouvez aussi stopper la contraction spasmodique du diaphragme en vous étendant sur un lit ou un canapé, tout en ramenant vos deux genoux au niveau de votre poitrine. Vous devez rester dans cette posture durant 1 minute environ pour constater l'interruption du hoquet.

conseils

Si vous êtes sujet au hoquet : évitez de boire pendant les repas, évitez aussi les boissons gazeuses et l'alcool.

Si le hoquet dure plus de 2 jours ou s'il s'agit d'un hoquet chronique, consultez un médecin ; il pourrait être lié à une maladie sous-jacente.

JAMBES LOURDES

Sensations de lourdeur, picotements, œdèmes... Les jambes lourdes sont la source de nombreux maux et le signe d'une mauvaise circulation sanguine. Quelques remèdes de grand-mère pourront soulager ces désagréments.

LE BAIN DE PIEDS À LA VIGNE ROUGE

Faites bouillir 1 l d'eau et plongez-y 2 grosses poignées de feuilles de vigne rouge. Laissez bouillir 2 minutes et retirez la casserole du feu. Laissez ainsi infuser pendant 10 minutes environ. Vérifiez la température de l'eau (environ 38 °C) et plongez vos pieds dans ce bain de pieds maison pendant 15 minutes. Vous pouvez vous procurer de la vigne rouge dans les magasins bio et pharmacies.

COMPRESSES À L'ARGILE

Versez 3 c. à soupe d'argile verte en poudre dans 500 ml d'eau tiède et laissez le mélange reposer pendant 1 heure environ. Plongez des compresses - ou à défaut des gants ou serviettes de toilette - dans ce lait d'argile et posez-les sur vos mollets et chevilles. Laissez agir 1/2 heure environ.

UN CLASSIQUE EFFICACE, LE BAS DE CONTENTION

Achetez vos bas de contention spontanément ou sur ordonnance en pharmacie, vous ressentirez un soulagement immédiat. Le temps du port des bas, vos jambes seront bien plus légères. Prenez l'habitude de les porter quotidiennement, même en été pour une efficacité optimale. Pensez aussi à les utiliser si vous prenez l'avion.

CHOISIR DES TENUES ADAPTÉES

Il est conseillé de porter des tenues adaptées, afin de ne pas accentuer la sensation de jambes lourdes. On évite donc les vêtements qui compriment les membres inférieurs (comme les jeans slim) et provoquent un « effet garrot ». Mieux vaut opter pour des vêtements plus larges et des textiles légers tels que le coton et le lin. On veille également à porter des chaussures à sa taille, qui ne serrent pas les pieds.

RAFRAÎCHIR LES JAMBES SOUS LA DOUCHE

À la fin de la journée, passer ses jambes sous le jet de douche permet d'apaiser la sensation de lourdeur. Orientez le jet vers les chevilles, puis remontez progressivement vers le haut des jambes, par mouvements circulaires. Il est important de commencer à l'eau tiède et de diminuer petit à petit la température pour terminer à l'eau froide.

ADOPTER LE BON RÉGIME ALIMENTAIRE

Certains aliments peuvent indirectement aggraver la sensation de jambes lourdes. Il est ainsi recommandé d'éviter les produits diurétiques ou trop riches en sel ; en effet, ils ont tendance à favoriser la rétention d'eau et donc à faire gonfler les jambes. Lorsqu'on souffre d'insuffisance veineuse, il convient également d'éviter les épices.

LUTTER CONTRE LA SÉDENTARITÉ

La sédentarité est l'un des facteurs qui accentuent le problème. Pourtant, il n'est pas toujours possible d'être constamment debout et actif. Lorsqu'on travaille dans un bureau ou que l'on voyage fréquemment, la position assise est obligatoire. Toutefois, il est recommandé de prendre des pauses, de se lever et faire quelques pas. Il faut également éviter de croiser les jambes, car cette position a tendance à comprimer les membres inférieurs. Enfin, faire des rotations, flexions et extensions des chevilles peut permettre de soulager la douleur.

JAMBES SANS REPOS

Vous êtes concerné par ce syndrome si vous ressentez le besoin systématique de bouger vos jambes lorsque vous êtes assis ou éprouvez des fourmillements, des picotements, voire des petites décharges électriques durant vos nuits.

MASSEZ-VOUS

Tous les jours, prenez le temps de masser vos jambes afin de les détendre, surtout avant de vous coucher, avec de l'huile d'olive ou de l'huile de macadamia.

PRENEZ UN BAIN CHAUD

Prenez un bain chaud relaxant avant de dormir, souvent efficace pour prévenir les impatiences nocturnes.

APPLIQUEZ DES COMPRESSES

Appliquez des compresses d'eau fraîche, en alternant avec des compresses d'eau chaude, pour stimuler vos muscles, le froid et l'humidité ayant tendance à favoriser le syndrome.

AYEZ UNE ALIMENTATION ÉQUILIBRÉE

Le syndrome des jambes sans repos peut être lié à des carences en magnésium, en fer, mais aussi en vitamines B9 et B12. Il est important de faire des analyses de sang pour vérifier si votre organisme n'en manque pas.

ÉLIMINEZ LES EXCITANTS

Les excitants favorisent et accentuent les symptômes. Dès lors, évitez le plus possible le tabac, l'alcool et les boissons à base de théine et de caféine.

APPRENEZ À MIEUX GÉRER VOTRE STRESS

Fatigue et stress peuvent favoriser les jambes sans repos. Pensez à vous relaxer et à vous accorder du temps pour mieux gérer les tensions accumulées au quotidien.

MAL DE DENTS

Difficile de supporter une douleur dentaire ! En attendant le rendez-vous chez le dentiste, il est parfois utile de calmer le mal de dents en utilisant des remèdes de grand-mère.

ENDORMEZ LA DENT GRÂCE AU CLOU DE GIROFLE

Les propriétés antiseptiques et analgésiques du clou de girofle sont utilisées en médecine douce. C'est le moment d'utiliser ses vertus pour endormir la douleur. Pour cela, nous vous proposons deux méthodes. Vous pouvez prendre un bain de bouche, en infusant 3 clous de girofle dans 250 ml d'eau tiède. Ou vous pouvez directement disposer un clou de girofle à l'emplacement de la dent douloureuse ; serrez la mâchoire de manière à activer les effets du clou de girofle, qui seront quasiment instantanés.

DIMINUEZ L'INFECTION GRÂCE À L'AIL

L'ail contient de l'allicine. Cette substance a des propriétés désinfectantes et antibiotiques. Pour atténuer la douleur, écrasez une gousse d'ail et frottez la dent douloureuse ainsi que la gencive.

BAINS DE BOUCHE

Soulagez vos dents et vos gencives en faisant un bain de bouche naturel 2 ou 3 fois par jour pendant 3 minutes.

> Le bain de bouche au bicarbonate de soude élimine les microbes et les bactéries responsables des douleurs dentaires. Le mélange est simple : 1 c. à café de bicarbonate alimentaire pour 250 ml d'eau tiède.

> Le bain de bouche au vinaigre de cidre réduit les inflammations et irrigue les gencives. Diluez 1 c. à café de vinaigre de cidre dans un verre d'eau tiède. Rincez-vous la bouche après avoir fait ce bain de bouche maison.

› Le bain de bouche salé : Diluez 1 c. à café de sel dans un verre d'eau tiède.

LE GINGEMBRE

Le gingembre a une action anti-inflammatoire, antiseptique et antibactérienne qui aide à soulager le mal de dents. Pour cela, prenez 2 c. à café de poudre de gingembre que vous mélangerez à 1 c. à café d'eau jusqu'à obtenir une pâte consistante. Ensuite, placez cette préparation sur un coton et appliquez-le sur la dent douloureuse sans toucher la gencive.

PRÉPAREZ UN CATAPLASME D'ARGILE

Imprégnez d'eau un peu de poudre d'argile verte. À l'aide d'une cuillère en bois, mélangez l'ensemble jusqu'à obtenir une pâte homogène. Disposez le cataplasme sur la joue, au niveau de la douleur, et laissez agir pendant 1 heure. Prévoyez des séances de cataplasme toute la journée, mais n'en faites jamais à 2 endroits en même temps. Songez plutôt à alterner les poses.

L'HUILE ESSENTIELLE DE TEA TREE (ARBRE À THÉ)

Mettez 1 goutte d'huile essentielle de Tea Tree sur votre brosse à dents, ajoutez-y votre dentifrice habituel et frottez délicatement sur la zone douloureuse.

AUTOMASSAGE

Pour calmer un mal de dents, l'automassage peut être efficace. Il existe plusieurs points à masser du côté de la douleur dentaire : le bout de l'index, la mâchoire, le lobe de l'oreille…

LE THÉ VERT

Véritable agent protecteur de la bouche, le thé vert contribue ainsi à prévenir les caries et l'apparition de la plaque dentaire. Il aide aussi à lutter contre les gingivites.

NETTOYEZ VOS BROSSES À DENTS

Une brosse à dents est toujours pleine de germes à cause de l'humidité due à l'eau stagnante ainsi qu'aux brossages répétitifs. Pour la nettoyer en profondeur, délayez 1 c. à soupe de bicarbonate de soude alimentaire dans un verre d'eau tiède. Laissez-y tremper votre brosse à dents toute une nuit et vous la retrouverez comme neuve, débarrassée de tous ses germes. Vous pouvez renouveler cette opération autant de fois que nécessaire.

conseils

Brossez-vous les dents 2 fois par jour minimum.

Utilisez un hydropulseur ou un fil dentaire pour éliminer tout ingrédient coincé entre les dents.

Ne consommez pas trop de sucreries.

N'oubliez pas qu'il vaut mieux prévenir que guérir, c'est pourquoi il est important d'aller chez votre dentiste au moins une fois par an.

MAL DE DOS

Le mal de dos fait toujours plus de victimes. Manque d'activité ? Sédentarité ? Stress ? L'expression « en avoir plein le dos » est symptomatique : tensions, lombalgies, raideurs, sciatiques... Mais sachez qu'il existe des remèdes de grand-mère pour soulager ce « mal du siècle ».

LA BOUILLOTTE

Appliquer une source de chaleur sur les muscles douloureux atténue presque immédiatement les tensions. Testez les coussins chauffants de lin naturel ou de noyaux de cerises, ou encore les bouillottes classiques à remplir d'eau chaude.

CATAPLASME DE VERVEINE

Anti-inflammatoire naturel doublé d'un analgésique très performant, ce cataplasme traite les rhumatismes, mais aussi les lumbagos ou encore les sciatiques. Le traitement s'opère ainsi : faites bouillir 2 tasses de vinaigre de vin, dans lesquelles vous plongerez 2 poignées de verveine (variété officinale) durant 10 minutes. Plus la préparation est chaude, plus l'action est bénéfique, c'est pourquoi il est recommandé de poser la préparation sous forme de cataplasme (aussi chaud que possible) sur la zone douloureuse pendant 15 minutes. À faire de préférence le soir, avant de dormir.

CATAPLASME DE MOUTARDE

Préconisée en cas de douleurs articulaires, la moutarde peut vous soulager grâce à ses propriétés antalgiques. Il vous suffit de moudre 1 c. à café de graines de moutarde dans une tasse d'eau chaude que vous laisserez infuser pendant 5 minutes. Plongez ensuite un linge propre dans cette infusion et appliquez-le sur les points douloureux. Pensez à bien vous laver les mains après avoir manipulé la moutarde. Attention ! Ce remède de grand-mère sera réservé à l'adulte et contre-indiqué chez les personnes qui ont des varices. Ne pas appliquer sur des plaies ou sur une peau irritée.

CATAPLASME DE CHOU

L'action antalgique du chou est efficace si vous souffrez d'arthrose, d'arthrite ou de névralgie dorsale. Voici la recette pour préparer un cataplasme de chou. Prenez les grandes feuilles d'un chou vert dont vous ôtez les grosses nervures. Ramollissez-les à l'eau chaude puis superposez-les. Déposez le cataplasme de feuilles humides sur la zone douloureuse et maintenez-le par des compresses, puis bandez-le.

PORTEZ UNE CEINTURE LOMBAIRE

Afin de soulager les douleurs, il est recommandé de porter une ceinture lombaire, ce qui empêche de prendre de mauvaises postures et agit comme un antidouleur très appréciable.

RÉVEILLEZ-VOUS EN DOUCEUR

Au quotidien, il faut éviter de faire des gestes brusques, en particulier le matin, où la pression dans le disque intervertébral est à son maximum. Pour cela, tournez-vous doucement sur le côté, près du bord du lit, sortez vos jambes puis levez-vous sans vous pencher en avant. Pour vous aider, vous pouvez pousser sur vos bras afin de relever votre buste simultanément.

L'HUILE DE MASSAGE DE MILLEPERTUIS

Grâce à l'action anti-inflammatoire et antalgique de l'huile végétale de millepertuis, vos articulations et vos muscles seront rapidement soulagés. Appliquez cette huile 1 à 3 fois par jour sur les zones douloureuses, en massant doucement : cette friction soulagera les névralgies et les crampes efficacement.

astuce

On trouve cette huile de millepertuis prête à l'emploi dans les pharmacies, les magasins bio ou sur Internet.

PORTEZ DES CHAUSSURES ADAPTÉES

Il est nécessaire d'adopter une marche souple afin d'amortir les chocs dès la plante des pieds, ce qui limitera les effets sur le disque intervertébral (un amortisseur naturel) et donc vous permettra de moins souffrir. Il est recommandé de choisir des chaussures de sport avec une semelle à air ou imprégnée de gel amortissant.

NE VOUS PENCHEZ PAS !

Si vous devez ramasser un objet par terre, évitez de vous pencher en avant. Mieux vaut vous approcher de l'objet, plier les genoux et descendre en gardant le dos le plus droit possible.

Cataplasme d'argile verte

L'argile atténue les douleurs et soulage durablement le lumbago et autres maux de dos.
La préparation de ce cataplasme est simple et rapide.
À renouveler autant de fois que nécessaire.

RECETTE

Mélangez l'argile avec l'eau afin d'obtenir une pâte boueuse.

•

Faites chauffer la pâte au four pendant quelques minutes.

•

Imbibez un tissu et appliquez ce cataplasme chaud (non brûlant) sur la zone douloureuse du dos.

•

Laissez agir pendant 1 heure, le temps de vous reposer un peu !

INGRÉDIENTS 3 c. à soupe d'argile verte en poudre, 2 c. à soupe d'eau

ÉQUIPEMENT Un bol en verre, en terre ou en bois, une cuillère en bois, un four, un tissu

Évitez d'utiliser des ustensiles en métal pour la préparation de la pâte afin de conserver toutes les propriétés de l'argile.

Jetez le cataplasme après utilisation.

Ne laissez jamais l'argile sécher.

Massage à l'huile essentielle de gaulthérie

L'huile essentielle de gaulthérie apaise les douleurs dorsales en détendant les muscles. Bien utilisée, cette huile antidouleur peut vraiment vous soulager en attendant votre rendez-vous chez le kinésithérapeute.

RECETTE

Diluez l'huile essentielle avec l'huile végétale dans un bol.

•

Massez délicatement les zones douloureuses du dos.

INGRÉDIENTS

2 gouttes d'huile essentielle de gaulthérie,
1 c. à soupe d'huile végétale d'arnica
(à défaut, de l'huile d'olive)

ÉQUIPEMENT

Un bol

Le traitement peut être répété durant 1 semaine à raison de 3 ou 4 fois par jour.

MAL DE GORGE

Le mal de gorge est la plupart du temps causé par une infection virale. Voici des remèdes de grand-mère qui vous soulageront efficacement.

INFUSION DE LAIT, D'OIGNON ET DE THYM

Pour cette infusion, vous aurez besoin de 1 oignon, 1 l de lait et 1 branche de thym. Tout d'abord, prenez l'oignon et émincez-le grossièrement. Ensuite, versez le lait dans une casserole en y ajoutant la branche de thym et l'oignon. Portez le tout à ébullition et retirez du feu. Pour une meilleure efficacité, laissez infuser à couvert pendant 10 minutes. Filtrez le tout et buvez cette infusion jusqu'à 3 fois par jour maximum. Si vous voulez sucrer l'infusion, ajoutez-y 1 c. à café de miel.

DÉCOCTION DE GINGEMBRE, D'AIL, DE MIEL ET DE CITRON

À la différence de l'infusion, la décoction consiste à laisser la plante dans l'eau bouillante pendant quelques minutes pour en retirer tous ses principes actifs. Pour cette recette, vous aurez besoin de 1 racine de gingembre frais, 1 citron et 1 gousse d'ail. Coupez le gingembre en tranches et émincez finement la gousse d'ail. Versez l'ail et le gingembre dans l'eau bouillante et laissez-les pendant quelques minutes. Ajoutez ensuite une touche de miel et, juste avant de retirer la décoction du feu, incorporez-y le jus de citron.

INFUSION DE CLOUS DE GIROFLE, DE CITRON ET DE MIEL

Le miel est connu pour ses propriétés antibactériennes. Il vous aidera donc à lutter contre l'infection et accélérera votre guérison. Le citron, qui est riche en vitamine C, s'associera au miel pour augmenter son pouvoir antimicrobien. L'association miel-citron est donc redoutable contre le mal de gorge. Les clous de girofle joueront, quant à eux, un rôle anesthésiant.

LA RECETTE : Portez à ébullition 250 ml d'eau. Versez-la ensuite dans un bol ou dans une tasse et ajoutez-y 6 clous de girofle, le jus de 1/2 citron ainsi qu'1 c. à soupe de miel. Laissez infuser le tout à couvert pendant 5 minutes environ, puis filtrez l'infusion pour en retirer les clous de girofle. Vous pourrez boire cette potion plusieurs fois par jour jusqu'à la disparition des symptômes.

INFUSION DE LAIT, DE CANNELLE ET DE THYM

La cannelle possède des propriétés antimicrobiennes et antiseptiques, et vous apportera un réel soulagement. Le thym est un excellent antiseptique naturel, qui rehausse les défenses immunitaires, spécialement en cas d'infection de la sphère ORL. L'association de la cannelle et du thym permet donc de lutter contre les maux de gorge et les états grippaux.

LA RECETTE : Faites chauffer 200 ml de lait dans une casserole puis versez-le dans une tasse. Ajoutez-y 1 bâton de cannelle entier et 2 c. à café de thym. Laissez infuser à couvert pendant 10 minutes et filtrez le tout. Buvez cette infusion plusieurs fois par jour.

GARGARISME AU CURCUMA

LA RECETTE : Faites chauffer 240 ml d'eau et versez-la dans une tasse. Ajoutez-y 1/2 c. à café de poudre de curcuma et 1/2 c. à café de sel. Mélangez bien et faites votre gargarisme. Pour une meilleure efficacité, il est conseillé d'attendre 30 minutes avant de manger et de boire. Procédez à ce gargarisme 2 fois par jour.

GARGARISME AU VINAIGRE DE CIDRE

Faites chauffer 200 ml d'eau et versez-y 4 c. à café de vinaigre de cidre. Utilisez ce gargarisme 3 fois par jour. Le vinaigre de cidre est très acide, il est donc recommandé de se rincer la bouche après pour éviter d'endommager l'émail des dents. Vous pouvez ajouter 1 c. à café de miel pour contrer l'acidité du vinaigre.

INFUSION DE THYM

Portez à ébullition 150 ml d'eau. Retirez la casserole du feu et ajoutez-y 1 c. à café de thym. Laissez infuser à couvert pendant 10 minutes. Vous pouvez aussi utiliser une théière. Dans ce cas, disposez 7 branches de thym dans la théière et remplissez-la avec 500 ml d'eau. Ajoutez-y 2 c. à soupe de miel et faites chauffer. Buvez cette infusion 2 fois par jour.

GARGARISME AU CITRON

Faites chauffer 200 ml d'eau dans une casserole et versez-la ensuite dans un verre. Ajoutez-y 1 c. à soupe de miel et le jus de 1 citron. Mélangez bien. Vous pourrez faire ce gargarisme 3 fois par jour jusqu'à la disparition des maux de gorge.

conseils

Pensez à boire des boissons chaudes qui vous aideront à lutter contre les maux de gorge. La chaleur favorisera la guérison et le fait de boire hydratera votre gorge enflammée.

Couvrez-vous bien la gorge.

Évitez de fumer.

Aérez votre maison plusieurs fois par jour et, si l'air est trop sec, humidifiez-le.

Si les maux de gorge persistent, consultez votre médecin.

MAL DE TÊTE

Le mal de tête peut vous faire vivre un enfer. Il devient alors impossible de réfléchir, de tolérer le moindre bruit, de travailler. Pour éviter d'en venir aux médicaments, voici quelques remèdes de grand-mère.

CATAPLASME AUX FEUILLES DE MENTHE

Les feuilles de menthe fraîche agissent au début du mal de tête. Trempez-les dans de l'eau tiède. Lorsqu'elles sont bien molles, disposez-les sur une compresse à maintenir sur votre front jusqu'à ce que la douleur disparaisse complètement. Il est préférable de vous mettre dans une position dans laquelle vous êtes à l'aise : allongé ou assis la tête en arrière.

L'HUILE ESSENTIELLE DE LAVANDE VRAIE

Prenez donc un bain chaud pour vous détendre, dans lequel vous incorporerez quelques gouttes d'huile essentielle de lavande vraie diluée au préalable avec du sel de bain ou du lait en poudre. Respirez profondément et laissez la magie opérer.

LE ROMARIN

Stoppez le mal de tête en accomplissant les gestes simples de nos grands-mères. Plongez une poignée de feuilles de romarin séchées dans une casserole d'eau bouillante. Laissez infuser pendant 10 minutes et procédez à une inhalation : couvrez votre tête à l'aide d'une serviette et respirez l'air chaud qui se dégage de votre bol. Le mal de tête résiste rarement longtemps aux effets du romarin.

LE VINAIGRE DE CIDRE

EN COMPRESSE : Appliquez sur votre front une compresse imbibée d'eau froide et de quelques gouttes de vinaigre de cidre. Reposez-vous ensuite dans le noir total.

EN BAIN DE PIEDS : Les bains de pieds chauds permettent de détourner le sang de la tête vers les pieds ; ils aident ainsi à atténuer la pression qui s'exerce sur la tête. Versez 1 verre de vinaigre de cidre dans une bassine d'eau chaude. Trempez-y vos pieds pendant 10 minutes.

LE CITRON

EN COMPRESSE : Trempez des compresses dans du jus de citron. Appliquez-les sur le front et les tempes. Laissez agir pendant 15 minutes.

EN RONDELLES : Posez directement des rondelles de citron sur votre front.

EN BAIN DE PIEDS : Remplissez une bassine d'eau chaude et ajoutez-y du jus de citron. Plongez-y vos pieds pendant 10 à 15 minutes.

LA POMME DE TERRE

Coupez une pomme de terre crue en rondelles que vous poserez directement sur votre front. Allongez-vous et laissez agir jusqu'à la disparition de la douleur.

LE CAFÉ

La caféine est un produit très connu contre les migraines. Encore faut-il ne pas être un grand consommateur de café ou autres produits excitants, car l'effet peut s'inverser – le manque de caféine peut en effet induire des céphalées au lieu de les soigner. Une tasse de café, de thé ou de maté bien corsé en début de symptômes peut couper court à tout désagrément.

astuce

Le mal de tête peut aussi être un signe de déshydratation. Ainsi, le premier réflexe à avoir en cas de mal de tête est de boire de l'eau !

Massage à l'huile essentielle de menthe poivrée

La menthe poivrée agit efficacement contre le mal de tête. Pour ce faire, vous allez appliquer délicatement cette solution sur vos tempes en exerçant des mouvements de pression sphériques. L'huile essentielle de menthe poivrée va lutter contre la douleur grâce à ses propriétés analgésiques.

RECETTE

Appliquez 1 goutte d'huile essentielle de menthe poivrée pure sur les tempes tout en massant avec vos index.

INGRÉDIENTS

1 goutte d'huile essentielle de menthe poivrée

L'huile essentielle de menthe poivrée peut être utilisée pure uniquement pour les petites surfaces à traiter. Pour une application plus étendue, diluez-la toujours avec de l'huile d'olive.

L'huile essentielle de menthe poivrée ne doit pas entrer en contact avec les yeux ! Il est donc nécessaire de bien vous laver les mains après le massage.

Renouvelez l'opération 1 fois si besoin et après 30 minutes d'attente. Évitez l'utilisation prolongée de cette huile essentielle.

Infusion de grande camomille

La grande camomille est très efficace pour combattre la migraine. La parthénolide présente dans cette plante diminuerait la sécrétion de sérotonine qui peut être à l'origine du mal de tête.

RECETTE

Faites bouillir l'eau.

Ajoutez-y aussitôt la camomille.

Laissez infuser pendant 10 minutes environ.

Filtrez, c'est prêt.

Buvez 3 tasses par jour jusqu'à la disparition de la douleur.

INGRÉDIENTS

200 ml d'eau, 1 g de feuilles séchées de grande camomille

ÉQUIPEMENT

Une casserole, une passoire ou un tamis, une tasse

La grande camomille peut avoir différentes appellations : partenelle, pyrèthre doré ou pyrèthre mousse. Mais il ne faut pas la confondre avec la camomille romaine ou la camomille sauvage.

MAL DES TRANSPORTS

Lorsque vous voyagez, vous arrive-t-il d'avoir des nausées, de vomir, ou peut-être de ressentir un affreux mal de tête ? Le mal des transports est à la fois épuisant et désagréable. Quelques astuces de grand-mère peuvent y remédier.

LE CITRON

Sucez un quartier de citron pendant le voyage. Vous vous sentirez beaucoup moins nauséeux, malgré la distance du trajet à parcourir. Gardez votre citron près de vous, au cas où vous auriez besoin d'un second quartier.

LA MENTHE

Les feuilles de menthe sont très efficaces contre les nausées et les vomissements. Mâchez quelques feuilles ou buvez une infusion de menthe pendant le voyage.

LE GINGEMBRE

Le gingembre, grâce à sa propriété antiémétique, permet de réduire les nausées chez l'adulte et les enfants de plus de 6 ans. Pour ce faire, laissez infuser pendant 10 minutes 0,5 g de racines fraîches de gingembre (0,25 g pour les enfants) dans une tasse d'eau chaude. Consommez cette infusion une heure avant de partir. Si le voyage est long, munissez-vous de gingembre confit en cas de malaise. Et si vous optez pour du gingembre en poudre, vous pouvez le diluer dans un yaourt nature.

LE BRACELET D'ACUPRESSION

L'acupuncture est une médecine traditionnelle chinoise qui s'appuie sur différents points du corps humain pour soigner des troubles comme les migraines. Cette technique est également utilisée pour réduire les effets négatifs du mal de transport. Pour cela, munissez-vous d'un bracelet d'acupression et mettez-le à votre poignet à chaque déplacement en avion, voiture, bateau ou train. Celui-ci exerce une légère pression sans douleur au niveau du point P6 (point d'acupuncture), ce qui fera passer vos nausées.

LE PERSIL

Nos grands-mères conseillaient d'envelopper un bouquet de persil dans un mouchoir. Une ficelle vous servira d'attache. Posez ensuite votre bouquet bien ficelé sur votre poitrine et tenez-vous tranquille. Cette astuce est également très prisée chez les marins qui ont le mal de mer.

LE BICARBONATE DE SOUDE

Le bicarbonate de soude a des pouvoirs extraordinaires. Pour ne pas avoir de malaises durant le transport, vous pouvez boire un grand verre d'eau mélangé à 2 c. à café de bicarbonate alimentaire.

conseils

Ne partez jamais le ventre vide. Il est conseillé de manger des pommes, des bananes ou du pain.

Regardez la route.

Choisissez, si possible, la place à côté du conducteur si vous êtes en voiture.

Préparez-vous une bouteille d'eau pour boire souvent pendant le trajet.

Prenez l'air régulièrement (toutes les 2 heures) si vous voyagez en voiture.

MAUVAISE HALEINE

Beaucoup de personnes se plaignent d'avoir mauvaise haleine. Les causes peuvent être multiples : caries, gingivites, problèmes de digestion... La bouche contient des millions de bactéries qu'il faut éliminer pour retrouver une bonne haleine. Pour venir à bout de l'halitose, il existe des remèdes de grand-mère, des herbes magiques et autres méthodes naturelles.

NETTOYEZ VOTRE LANGUE

On l'oublie souvent, mais la langue aussi contient des bactéries ! Éliminez les cellules mortes lors de vos brossages de dents en frottant soigneusement la partie supérieure de votre langue. Vous pouvez aussi utiliser un gratte-langue vendu dans les pharmacies.

FAITES RÉGULIÈREMENT DES BAINS DE BOUCHE

Les bains de bouche sont efficaces pour combattre les bactéries. Faites des bains de bouche naturels, plusieurs fois par jour si nécessaire...

RECETTE AU BICARBONATE DE SOUDE : Diluez 1 c. à café de bicarbonate alimentaire dans un verre d'eau tempérée. Faites un bain de bouche pendant 4 minutes après le brossage. Cette action répétée plusieurs fois par semaine aidera à retrouver une haleine agréable.

LE CITRON

L'acide citrique présent dans le citron permet d'équilibrer le pH dans la bouche et d'éliminer les bactéries responsables de la mauvaise odeur. Rincez-vous la bouche avec un petit mélange d'eau et de jus de citron, ou versez quelques gouttes de citron frais sur votre langue à la fin de chaque repas.

LE PERSIL

Le persil a des vertus dépuratives. Mâcher cette plante aromatique après chaque repas rafraîchira votre haleine. Surtout si vous avez consommé de l'ail avant... Cependant, il est possible que vous vous retrouviez avec du persil coincé entre les dents ! Vous pouvez aussi vous rincer la bouche avec une infusion de persil. Pour ce faire, portez un grand verre d'eau à ébullition dans une casserole. Hors du feu, ajoutez-y 5 brins de persil, 1 clou de girofle et 1 pincée de cannelle en poudre. Laissez infuser quelques minutes, filtrez et rincez-vous la bouche avec l'eau obtenue.

LA MENTHE

Finir le repas par une tisane ou un thé à la menthe vous aidera à garder une haleine fraîche. Vous pouvez aussi mâcher une feuille de menthe fraîche, résultat garanti !

LES GRAINS DE CAFÉ

Voilà une bonne habitude orientale : mâcher un grain de café après chaque repas vous permettra d'éliminer l'odeur laissée par les plats épicés et surtout riches en oignon et en ail.

LES GRAINES DE CARDAMOME

Mâcher quelques graines de cardamome après le repas favorisera votre digestion et rafraîchira votre haleine.

UTILISEZ UN HYDROPULSEUR

L'hydropulseur vous débarrassera des aliments coincés entre les dents. À défaut, vous pouvez faire usage du fil dentaire, utile aussi, mais moins efficace.

BUVEZ BEAUCOUP D'EAU

Il est important de boire chaque jour au moins 1,5 l d'eau pour lutter contre la mauvaise haleine.

Par exemple, la mauvaise haleine du matin est due à un manque d'hydratation !

LE BÂTON DE CANNELLE

Sucer un bâton de cannelle pour avoir une bonne haleine se révèle aussi efficace, grâce aux propriétés naturelles de cette épice.

BROSSEZ-VOUS LES DENTS APRÈS CHAQUE REPAS

Pour combattre les germes présents dans la bouche, il est important de vous brosser les dents. À faire après chaque repas si possible, pour éliminer les résidus d'aliments coincés entre les dents, responsables de l'halitose.

conseils

Évitez l'excès d'alcool et de tabac qui sont souvent la cause d'une mauvaise haleine.

Consultez un dentiste tous les ans pour vérifier votre dentition.

Bain de bouche aux clous de girofle

Les clous de girofle sont très riches en eugénol, une molécule qui élimine les bactéries.

RECETTE

Faites chauffer l'eau et incorporez les clous de girofle.

Laissez infuser pendant 20 minutes.

Retirez les clous de girofle.

Vous voici avec votre bain de bouche tout prêt pour la journée !

INGRÉDIENTS 250 ml d'eau, 3 clous de girofle

ÉQUIPEMENT Une casserole, une tasse

Si vous consommez trop de clous de girofle, vous vous exposez à des diarrhées et / ou des vomissements.

Vous pouvez aussi mâcher un clou de girofle pour éliminer la mauvaise haleine.

NAUSÉES

Une personne souffrant de nausées a la perception très vive et désagréable d'une envie de vomir, en raison de la contraction des muscles abdominaux et du diaphragme, symptôme d'un rejet du contenu gastrique. Il existe quelques remèdes de grand-mère contre ces désagréments, parfois causés par une mauvaise digestion.

LA CAMOMILLE ROMAINE

À l'époque de nos grands-mères déjà, cette plante était très appréciée pour ses propriétés naturelles. Consommée sous forme d'infusion, la camomille romaine calme les nausées et les vomissements très rapidement. Vous pouvez vous préparer une tisane en infusant 1 c. à soupe de fleurs séchées de camomille dans 200 ml d'eau.

LE BICARBONATE DE SOUDE

Pour bénéficier d'un effet immédiat et apaisant contre les nausées, il vous suffit de diluer 1/2 c. à café de bicarbonate alimentaire dans un verre d'eau que vous pouvez boire à toute heure.

LE CITRON

Cet aliment naturel a l'avantage de favoriser les fonctions digestives, car il augmente les sécrétions. En cas de nausée, vous pouvez boire de l'eau mélangée à du jus de citron, afin de soulager les spasmes.

LE GINGEMBRE

La consommation de gingembre permet d'anticiper toute nausée ou tout vomissement en cas de mal des transports. Frais ou confit, il sera toujours un très bon allié contre les maux de ventre et les nausées (voir le chapitre « Mal des transports »).

PIQÛRES DE GUÊPE

C'est un moment non seulement désagréable mais aussi très douloureux : une piqûre de guêpe crée un petit vent de panique. Voici des remèdes de grand-mère pour vous soulager instantanément.

LE VINAIGRE DE CIDRE

Grâce au vinaigre de cidre, vous pourrez soulager immédiatement la douleur. Il vous suffit d'imbiber un coton de vinaigre et de le placer sur la piqûre, avec un sparadrap. Laissez agir jusqu'à ce que vous ne ressentiez plus qu'une petite irritation.

LE CITRON

Nos grands-mères utilisaient l'action du citron pour calmer instantanément la douleur causée par la piqûre. Coupez simplement une rondelle de citron et disposez-la sur la zone touchée.

L'huile essentielle de lavande aspic

Appliquée pure sur la piqûre de guêpe, l'huile essentielle de lavande aspic apaisera instantanément la douleur.

RECETTE

Appliquez 1 goutte d'huile essentielle de lavande aspic directement sur la piqûre.

Renouvelez l'application jusqu'à 3 fois dans la journée si la douleur persiste.

INGRÉDIENTS

1 goutte d'huile essentielle de lavande aspic

PIQÛRES DE MOUSTIQUE

Vous aimez passer des vacances paisibles... mais surtout sans moustiques ! Toutefois, quand le mal est déjà fait, vous n'avez qu'une envie : arrêter de vous gratter. Nos grands-mères ont quelques plantes fétiches pour soulager ces sensations désagréables.

LE PLANTAIN

Broyez des feuilles de plantain fraîches que vous appliquerez sur les piqûres de moustique. Le suc contenu à l'intérieur des feuilles a un effet calmant.

LE PERSIL

Frottez tout simplement du persil frais sur la piqûre. Soulagement garanti !

LE CERFEUIL

Avec quelques feuilles de cerfeuil, on peut vite atténuer les picotements. Il suffit de frotter les feuilles froissées sur les piqûres.

LES FEUILLES DE CASSIS

Froissez des feuilles de cassis, puis appliquez-les directement sur les zones touchées.

LA LAVANDE

Diluez 3 gouttes d'huile essentielle de lavande aspic dans 1 c. à soupe d'huile végétale. Appliquez cette huile en massant les zones touchées pour soulager les démangeaisons et réduire les rougeurs. Renouvelez l'opération toutes les 20 minutes si nécessaire.

L'OIGNON

Coupez un oignon en deux et frottez une moitié sur la piqûre pendant quelques minutes. Cette astuce de grand-mère semble efficace pour toutes sortes de piqûres.

POUX

Indésirables, les poux sont parfois une source de stress lorsqu'il s'agit de les traiter et de les empêcher de se développer. Nos grands-mères avaient plusieurs astuces pour se débarrasser des poux sans produits chimiques.

LE VINAIGRE BLANC

On peut utiliser le vinaigre blanc autant pour le traitement contre les lentes que pour désinfecter les ustensiles comme les brosses ou les peignes. Dans un verre d'eau, diluez 1 c. à soupe de vinaigre blanc et appliquez la potion sur l'ensemble de la chevelure en massant généreusement. Ensuite, recouvrez le crâne avec une serviette chauffée pendant 15 minutes, avant de passer le peigne à poux mèche par mèche. Rincez et lavez les cheveux pour éliminer l'odeur du vinaigre. Cette opération peut être répétée quotidiennement, durant la phase de traitement.

L'HUILE DE COCO ET L'HUILE D'OLIVE

Ces deux huiles sont très efficaces, car leurs principes actifs étouffent les poux. Pour un traitement radical, on suggère de recouvrir la chevelure d'huile de coco ou d'huile d'olive, et de laisser agir toute la nuit en recouvrant la tête avec un bonnet de douche. Le lendemain matin, après avoir rincé et démêlé les cheveux, on passera le peigne à poux. Lavez ensuite les cheveux avec un shampoing.

LE BICARBONATE DE SOUDE

Appliquez du bicarbonate de soude alimentaire sur l'ensemble du cuir chevelu, en massant plusieurs minutes avant de laver les cheveux.

L'HUILE ESSENTIELLE DE LAVANDE VRAIE

C'est un répulsif très efficace ! Il vous suffit de diluer 2 gouttes d'huile essentielle de lavande vraie dans votre après-shampooing. Frictionnez l'ensemble de la chevelure, laissez agir 5 minutes puis brossez. À utiliser sur les cuirs chevelus des enfants de plus de 6 mois.

LA MAYONNAISE

Cette recette d'antan viendrait à bout des poux efficacement. Pour ce faire, prenez une mayonnaise fraîchement préparée que vous disposez sur le cuir chevelu en massant. Laissez agir 2 heures, puis passez chaque mèche au peigne à poux, avant de rincer les cheveux et de les laver avec votre shampoing habituel.

LE PEIGNE À POUX

Après avoir démêlé les cheveux avec une brosse adaptée, passez quotidiennement le peigne à poux, une mèche après l'autre (sur cheveux humidifiés ou secs). À chaque passage, vérifiez si des poux ou lentes sont accrochés au peigne, trempez-le dans une bassine d'eau, puis essuyez-le pour éviter tout transfert de lentes d'une mèche à l'autre. Vous pouvez utiliser un support blanc (papier ou tissu) au moment de peigner les cheveux, et ainsi voir les poux tomber.

astuces

Si vous suspectez la présence des poux dans des textiles, vous pouvez vous en débarrasser en enfermant les tissus, habits ou draps dans un sac plastique fermé, durant une dizaine de jours. C'est le temps nécessaire pour faire mourir ces nuisibles. Ensuite, vous pouvez laver les textiles à la machine.

Évitez d'arrêter le traitement trop tôt, même si vous ne voyez plus de lentes. En effet, beaucoup de larves peuvent survivre à un traitement ; le mieux est donc de procéder à 3 applications minimum pour détruire complètement ces dernières.

À éviter absolument : l'usage du sèche-cheveux, dont la chaleur favorise malheureusement le développement des poux sur le cuir chevelu.

Les traitements les plus efficaces sont ceux qui sont composés d'actifs 100 % naturels. Les neurotoxiques présents dans les insecticides sont peu efficaces en plus d'agresser le cuir chevelu. Il faut aussi prendre en compte le fait qu'au fil du temps les poux sont devenus très résistants aux molécules des insecticides...

PSORIASIS

Le psoriasis est une affection cutanée qui se manifeste sous la forme de lésions rougeâtres, essentiellement au niveau du cuir chevelu, des coudes et des genoux.
Nos grands-mères savaient comment apaiser la peau avec quelques astuces simples.

LE VINAIGRE DE CIDRE

Le vinaigre de cidre désinfecte et soulage les affections de la peau. Sur les petites zones touchées, il s'applique pur à l'aide d'un coton. Pour les parties plus importantes, il est conseillé de préparer un mélange liquide composé d'autant de vinaigre de cidre que d'eau. Celui-ci s'applique à l'aide d'une compresse, en évitant les zones fissurées ou sanglantes.

LA CAMOMILLE MATRICAIRE

La camomille matricaire constitue un traitement efficace contre les inflammations de l'épiderme, comme le psoriasis. Pour préparer ce remède, il vous suffit d'imbiber une compresse de tisane à la camomille matricaire et de l'appliquer sur les zones affectées.

L'HUILE D'OLIVE

Riche en acides gras oméga-3, l'huile d'olive permet d'apaiser les inflammations cutanées. Appliquée par frictions sur les zones touchées, elle va éliminer les squames et assouplir la peau.

LE CURCUMA

La curcumine, aux propriétés antioxydantes, protège l'épiderme et en accélère la cicatrisation. Pour élaborer la préparation médicinale à appliquer sur les zones affectées par le psoriasis, mélangez une dose de poudre de curcuma à une infime quantité d'eau, de manière à obtenir une pâte souple et solide mais suffisamment humide pour qu'elle adhère à la peau.

RÈGLES DOULOUREUSES

La vie d'une femme est mouvementée par les règles menstruelles. Pour certaines, cette période se passe sans mésaventures. Pour d'autres, des douleurs au niveau des ovaires se manifestent et ces quelques jours peuvent vite devenir insupportables.

LES VERTUS INCONTESTABLES DU FENOUIL

Le fenouil, dont les vertus antispasmodiques sont reconnues, vous aidera à combattre les douleurs des règles. Pour cela, laissez infuser environ 2 g de fenouil dans 150 ml d'eau chaude. Buvez des tisanes de fenouil pendant les périodes menstruelles.

LES BIENFAITS MYTHIQUES DU GINGEMBRE

Le gingembre a le pouvoir de combattre la douleur. Alors, n'attendez plus pour vous concocter des tisanes de gingembre, à raison de 3 fois par jour pendant vos règles. Pour cela, laissez infuser 1/2 c. à café de gingembre dans 250 ml d'eau frémissante et dégustez !

LE BON VIEUX REMÈDE DE LA BOUILLOTTE

Les douleurs provoquées par les règles peuvent être handicapantes. Pourtant, d'après la science, elles auraient tendance à s'atténuer avec l'âge et/ou après la première grossesse. En attendant, il faut prendre son mal en patience ou tester les propriétés de la chaleur. Poser une bouillotte chaude au niveau du bas-ventre aidera votre corps à se décontracter ; la douleur sera moins intense.

Infusion de cannelle

La cannelle a des propriétés anti-inflammatoires et antispasmodiques qui soulagent les règles douloureuses. Vous pouvez consommer la cannelle sous forme de tisane ou la saupoudrer dans vos desserts.

RECETTE

Faites bouillir l'eau dans votre casserole.

Hors du feu, ajoutez-y la cannelle.

Laissez infuser pendant 10 minutes.

Filtrez.

Buvez 1 tasse chaque jour pendant les règles.

INGRÉDIENTS 150 ml d'eau, 1 c. à café d'écorce de cannelle séchée

ÉQUIPEMENT Une casserole, une passoire ou un tamis, une tasse

RÉTENTION D'EAU

Les causes de la rétention d'eau sont nombreuses et les conséquences, désagréables : jambes lourdes, articulations rigides... Heureusement, il existe des remèdes naturels et peu coûteux pour lutter contre ce phénomène.

BUVEZ DU THÉ VERT

Utilisé depuis des millénaires en médecine chinoise, notamment pour ses vertus antirétention, le thé vert permet de drainer l'eau contenue en excès dans les tissus de l'organisme. Cette boisson, qui est la deuxième plus bue à travers le monde, permet de lutter contre la rétention d'eau.

DÉGUSTEZ UNE DÉCOCTION AU PISSENLIT

Le pissenlit possède des vertus diurétiques et peut se consommer sous forme de décoction. Pour cela, faites bouillir l'équivalent de 1 c. à soupe de feuilles de pissenlit dans 1 l d'eau, puis laissez chauffer à feu vif, pendant 15 minutes. Une fois la décoction tiède et filtrée, il est conseillé d'en boire 1 tasse avant chaque repas.

INGÉREZ UNE PETITE DOSE DE VINAIGRE DE CIDRE

Le vinaigre de cidre enrichit le corps en potassium, élément reconnu comme régulant le taux de sodium, principal agent de la rétention d'eau. En prendre contribue donc à drainer les tissus. Pour le consommer, il vous suffit de mélanger 1 c. à café de vinaigre de cidre dans un grand verre d'eau. À renouveler 2 fois par jour.

MANGEZ DE L'ARTICHAUT

De façon générale, l'artichaut permet de purifier l'intestin et de drainer les tissus, en particulier parce qu'il est riche en potassium et en fibres. Il possède en outre de l'inuline, un sucre qui permet de lutter naturellement contre la rétention d'eau. Son efficacité est garantie, quelle que soit la manière dont vous le mangez !

FAITES-VOUS UNE INFUSION DE PERSIL

Le persil a des vertus diurétiques qui permettent d'éliminer l'excédent d'eau dans les tissus du corps humain. Laissez infuser 2 c. à café de persil moulu dans une tasse d'eau bouillante, pendant 10 minutes environ, puis filtrez. Buvez 3 tasses par jour au maximum. Il est également possible de boire un jus de persil, à préparer en mixant 1/2 bouquet avec 1 c. à soupe de jus de citron.

CONSOMMEZ DE L'OIGNON

Depuis l'Antiquité, l'oignon est reconnu pour ses propriétés diurétiques. Quelle que soit la manière dont il est consommé, il se révèle efficace contre la rétention d'eau.

conseils

Diminuez votre consommation de sel (ainsi que des aliments qui en contiennent beaucoup).

Évitez le sucre.

Buvez de l'eau selon vos besoins.

Ne portez pas de vêtements trop près du corps ou congestionnants.

Pratiquez une activité physique régulière, pour éliminer l'eau et stimuler la circulation sanguine.

Dormez les jambes surélevées.

Faites contrôler une éventuelle intolérance au lactose ou au gluten, qui peut être à l'origine du problème.

Ne restez pas statique en position debout, ou assis pendant une trop longue durée.

RHUMATISMES

Les rhumatismes, qu'il s'agisse d'arthrite ou d'arthrose, se manifestent par des douleurs et raideurs au niveau des articulations. Progressivement, les articulations gonflent, se déforment, le cartilage peut dégénérer et les os ne sont plus protégés. Il faut prendre ces douleurs très au sérieux et apprendre à les soulager au quotidien.

L'HUILE DE MILLEPERTUIS

Le millepertuis est un arbuste facile à cultiver que l'on utilise souvent en haie décorative.

LA RECETTE : Prélevez 250 g de fleurs de millepertuis que vous aurez cueillies ou achetées en magasin bio, puis hachez le tout finement. Prenez un bocal et versez-y 500 ml d'huile d'olive vierge extra, première pression à froid. Ajoutez-y votre millepertuis haché. Mélangez en agitant vigoureusement le pot pendant 1 minute et laissez-le reposer 1 mois dans un endroit exposé au soleil. Chaque jour, agitez votre pot et admirez votre macération qui prend des couleurs rouge mordoré. Quand votre huile est prête, versez-la dans des petits flacons faciles à utiliser. Massez quotidiennement vos articulations douloureuses avec ce mélange pour calmer vos douleurs. Attention, veillez à ne pas vous exposer au soleil après application, car cette huile vous rend particulièrement sensible aux UV.

L'ARGILE VERTE

L'argile verte a des propriétés apaisantes pour les articulations touchées par les rhumatismes. En cataplasme, elle agit en profondeur.

LA RECETTE : Versez vos morceaux ou votre poudre d'argile verte dans un saladier en verre, en bois ou en terre. Couvrez le tout d'eau et laissez gonfler pendant 1 heure. Plongez-y ensuite compresses ou linges, puis recouvrez vos articulations douloureuses avec ces cataplasmes. Reposez-vous pendant 1 heure, en humidifiant l'argile s'il commence à sécher. Rincez et appréciez !

LA REINE-DES-PRÉS

Antalgique doux qui agit directement contre la circulation de flux acides responsables des inflammations, la reine-des-prés est particulièrement indiquée contre les rhumatismes.

LA RECETTE : Plongez 50 g de fleurs séchées dans 1 l d'eau très chaude, laissez infuser pendant 15 minutes et consommez la tisane tout au long de la journée. Si vous prenez des anticoagulants ou que vous êtes allergique à l'aspirine, choisissez un autre remède.

L'ÉPICE CURCUMA

Aromatisez votre cuisine au curcuma pour soulager vos crises quotidiennes. Le curcuma, aussi appelé « safran des Indes », est contre-indiqué chez les femmes enceintes, les personnes ayant une occlusion des voies biliaires, des ulcères ou une hyperacidité gastrique.

LE GROS SEL

Prendre un bain soulage les douleurs. Ajoutez à votre eau très chaude 250 g de gros sel et attendez quelques minutes que les cristaux se dissolvent. Mélangez puis ajoutez de l'eau froide pour obtenir une température agréable. Détendez-vous pendant 20 minutes environ.

L'HUILE D'AIL

Mélangez 1 tête d'ail finement râpée avec 4 c. à café d'huile d'olive extra-vierge, première pression à froid. Laissez macérer pendant 3 jours et massez-vous avec l'huile alors obtenue.

Cataplasme de chou

Nos grands-mères utilisaient les feuilles de chou pour traiter les rhumatismes grâce à leurs propriétés anti-inflammatoires. Le cataplasme est un remède de grand-mère qui permet de soigner les douleurs articulaires comme musculaires.

RECETTE

Ôtez les tiges fibreuses du chou pour obtenir de belles feuilles.

•

Écrasez les feuilles à l'aide d'un rouleau ou d'une bouteille en verre sur un plan de travail nettoyé, désinfecté et sec. Cette étape permet de récupérer le suc ; c'est en effet cette substance qui agit sur les différentes zones à traiter.

•

Placez 3 couches de feuilles de chou vert imbibé de suc sur la zone douloureuse, directement sur la peau.

•

Enveloppez le tout d'un linge propre ou d'une compresse que vous maintiendrez en place à l'aide d'un bandage.

•

Laissez agir pendant 2 heures pour traiter les rhumatismes.

•

Renouvelez l'opération 1 fois par jour avec des nouvelles feuilles de chou.

INGRÉDIENTS

Des feuilles de chou vert
(fraîches, lavées et bio de préférence)

ÉQUIPEMENT

Un rouleau à pâtisserie ou une bouteille en verre,
un linge propre ou une compresse stérile,
un bandage

RHUME

Causé par un virus, le rhume est généralement bénin mais pénible à supporter. Heureusement pour nous, nos grands-mères savaient comment traiter ses symptômes avec des préparations odorantes et très efficaces !

POUR LA NUIT, UN OIGNON À SON CHEVET

Loin d'être une simple plante potagère, l'oignon est doté de propriétés naturelles particulièrement appréciables pour prévenir et soulager le rhume. Coupez un oignon cru en deux et placez les deux moitiés sur votre table de nuit avant de dormir. Au cours de la nuit, l'action de l'oignon sur le système respiratoire devrait soulager efficacement le rhume. Changez d'oignon chaque nuit.

L'INCONTOURNABLE SOUPE À L'OIGNON

Non seulement cette soupe aide à soulager le rhume, mais de plus elle remonte le moral. En suivant à la lettre la recette de nos grands-mères, on pourra déguster un plat délicieux et efficace pour fluidifier les mucus. Hachez 7 oignons assez gros, et faites-les fondre dans une casserole avec du beurre. Ajoutez-y 2 gousses d'ail ainsi que 2 c. à soupe de farine. Dès que la farine se colore, versez 1 l de bouillon déjà chaud, puis laissez mijoter 15 minutes environ. Vous pouvez agrémenter le tout d'une petite branche de laurier pour le goût. Comme accompagnement, vous pouvez disposer quelques tranches de pain au four, sur lesquelles vous aurez préalablement ajouté 50 g de fromage râpé. Laissez gratiner quelques minutes avant de les servir avec la soupe à l'oignon.

LES INHALATIONS

Versez de l'eau bouillante dans un bol, avec prudence. Ajoutez une des préparations ci-dessous à l'inhalation. Laissez reposer 2 minutes. Déplacez votre bol sur une table et asseyez-vous confortablement. Baissez votre tête et déposez votre serviette sur le dessus de sorte que vous soyez dans un cocon et que les vapeurs d'eau chaude frôlent votre visage. Respirez-les doucement pendant une dizaine de minutes. Faites 2 inhalations par jour.

INHALATION DE THYM OU DE ROMARIN : Mettez simplement 2 c. à café de feuilles de thym ou de romarin dans un bol d'eau bouillante.

INHALATION DE CITRON : Faites bouillir de l'eau, puis ajoutez-y 30 ml de jus de citron.

astuce

Pour éviter les irritations, ôtez les bijoux, les lunettes, les lentilles, fermez les yeux et décontractez-vous...

LE CITRON CHAUD

Parmi les nombreuses qualités connues du citron, on lui connaît des effets antiseptiques très efficaces. De plus, sa concentration en vitamine C saura stimuler les défenses immunitaires. En boisson chaude, il a pour action de fluidifier les sécrétions, et donc de faciliter le nettoyage des voies nasales. Pour préparer l'infusion de citron des grands-mères, pressez un citron dans un verre d'eau chaude. Si le goût est trop acide, vous pouvez ajouter 1/2 c. à café de cannelle ou 1 c. à café de miel.

LE BOUILLON OU LA SOUPE DE POULE

La soupe bien chaude était le remède d'antan par excellence ! Pour le rhume, il est conseillé de boire du bouillon ou de la soupe de poule, dont les vertus anti-inflammatoires ont pour effet d'accélérer les mouvements du mucus dans les fosses nasales.

UN SIROP MAISON

Cette préparation permettra d'apprécier un sirop naturel contre le rhume et la toux. Prenez une tranche d'oignon que vous recouvrez d'une couche de miel. Laissez imbiber durant quelques heures, avant d'écraser le tout dans du lait ou de l'eau. Après filtrage, vous pouvez prendre 1 c. à soupe de ce mélange jusqu'à 4 fois par jour. Une consommation trop élevée peut provoquer des irritations gastriques.

L'EAU SALÉE

Ce remède d'antan aide à nettoyer en profondeur les voies nasales. Pour préparer cette solution nasale, il suffit de dissoudre 2 c. à café de gros sel marin dans un verre d'eau tiède (eau distillée ou minérale). Après vous être mouché, instillez le mélange dans chaque narine (idéalement avec un compte-gouttes). Répétez cette opération plusieurs fois par jour.

astuce

Vous pouvez remplacer le sel par du citron ou du bicarbonate de soude officinal.

UNE INFUSION À BASE DE THYM

Les vertus du thym sur le rhume sont impressionnantes, en particulier pour décongestionner le nez et le système bronchopulmonaire. Pour préparer l'infusion, laissez infuser 1 c. à café de thym dans une tasse d'eau bouillante pendant 10 minutes environ. Filtrez la préparation… c'est prêt ! 3 tasses quotidiennes sont recommandées.

UN BON GROG NON ALCOOLISÉ

Non seulement cette boisson est bienfaisante sur l'ensemble du système bronchopulmonaire, mais elle est particulièrement réconfortante. Il suffit de remplir un verre de lait et d'y ajouter 2 ou 3 clous de girofle, le jus de 1/2 citron ainsi qu'un bâton de cannelle.

Tisane au gingembre, miel et citron

Le gingembre est un ingrédient efficace pour lutter contre le rhume. Le citron, quant à lui, a des effets antiseptiques et une concentration en vitamine C qui permet de stimuler les défenses immunitaires. Grâce à ses pouvoirs antiseptiques, le miel aide aussi à soulager le rhume. La combinaison de ces trois ingrédients extraordinaires dans une infusion vous rendra la vie plus douce…

RECETTE

Épluchez et râpez le gingembre frais.

Versez l'eau froide dans une casserole.

Ajoutez-y le gingembre râpé, couvrez et portez l'eau à ébullition.

Retirez aussitôt du feu.

Laissez infuser cette préparation pendant 10 à 15 minutes.

Filtrez et ajoutez le miel et le jus de citron.

Buvez 1 tasse chaude jusqu'à 3 fois par jour maximum.

INGRÉDIENTS 10 g de gingembre frais, 500 ml d'eau froide, 1 c. à soupe de miel, 1 c. à soupe de jus de citron

ÉQUIPEMENT Une râpe, une casserole, une passoire ou un tamis, une tasse

Sirop de thym

Ce remède de grand-mère aide à lutter contre les infections des voies respiratoires grâce au thym, expectorant naturel, qui dégage les bronches. Découvrez toutes les étapes pour préparer un sirop contre le rhume et la toux.

RECETTE

Versez l'eau dans une casserole.

Ajoutez-y le thym et faites chauffer à feu doux.

Laissez l'eau frémir jusqu'à ce que le mélange soit réduit de moitié.

Filtrez, ajoutez le miel puis mélangez.

Transvasez le sirop dans un bocal ou un flacon en verre.

Prenez 1 c. à café de ce sirop maison toutes les 3 heures.

INGRÉDIENTS
1 l d'eau, 60 g de thym (frais de préférence), 300 g de miel

ÉQUIPEMENT
Une casserole, une passoire, un bocal ou un flacon en verre, une cuillère

Ce sirop maison se conserve 3 semaines au réfrigérateur.

RHUME DES FOINS

Yeux irrités, nez qui coule, éternuements, gorge qui gratte... telles sont les manifestations du rhume des foins, surtout pendant la saison des pollens. Pour soulager ces symptômes, voici quelques remèdes de grand-mère.

LE CITRON

Riche en vitamine C et en flavonoïdes antiallergiques, le citron présenterait des vertus efficaces contre le rhume des foins. Pour soulager, surtout en cas de crise, nos grands-mères prescrivaient de mettre quelques gouttes de citron dans les narines et d'inspirer vigoureusement.

LE VINAIGRE DE CIDRE ET LE MIEL

Dans un verre contenant 120 ml d'eau, mélangez 1 c. à café de miel liquide ainsi que 2 c. à café de vinaigre de cidre. En prévention contre la rhinite allergique ou pour combattre le rhume des foins déjà installé, prenez cette mixture tous les jours, pendant chaque repas.

L'ORTIE

L'ortie est le remède d'antan idéal contre le nez qui coule, grâce à sa propriété antihistaminique. Pour réaliser cette tisane, versez 2 g d'ortie (environ 2 c. à café) dans 150 ml d'eau bouillante. Laissez infuser pendant 10 minutes. Filtrez et buvez 3 tasses par jour. Cette infusion vous évitera les éternuements.

LA CAMOMILLE

La camomille est efficace pour apaiser les problèmes de larmoiement. Appliquez sur vos yeux deux compresses ou morceaux de coton imbibés d'une infusion froide aux fleurs de camomille. Laissez agir pendant 20 minutes.

L'ESTRAGON

L'estragon agit comme un anti-allergène et prévient le rhume des foins grâce à ses composants naturels : le coumarin et les flavones. Déposez 3 gouttes d'huile essentielle d'estragon sur un mouchoir et respirez-le 3 fois par jour.

L'HUILE ESSENTIELLE DE LAVANDE VRAIE

La lavande soulage les voies respiratoires et est très efficace en inhalations. Voici la recette de nos grands-mères : dans un bol d'eau chaude, mettez 4 gouttes d'huile essentielle de lavande vraie ; couvrez votre tête d'une serviette et respirez pendant 10 minutes.

L'INFUSION DE SUREAU

Pour faire cette infusion de sureau, c'est très simple. Tout d'abord, faites bouillir 1 l d'eau. Ajoutez-y 50 g de fleurs séchées de sureau. Laissez infuser pendant 10 minutes. Filtrez. Vous pouvez boire plusieurs tasses dans la journée. La préparation peut se conserver dans une bouteille en verre au réfrigérateur pendant 2 jours.

conseils

Attendez la fin de la journée pour aérer votre maison, car le pollen y est moins concentré.

Lavez plus souvent vos cheveux, car le pollen s'y dépose très facilement.

Il est préférable pendant cette période d'étendre votre linge à l'intérieur.

Quand vous sortez, portez des lunettes de soleil.

Consultez les comptes polliniques (accessibles sur Internet) sur le Réseau national de surveillance aérobiologique (RNSA) pour connaître les risques de pollens par ville et pour chaque type d'allergie.

RONFLEMENTS

Beaucoup de personnes ronflent pendant leur sommeil. Bien que le dormeur ne contrôle pas la situation, le ronflement peut empêcher le partenaire de dormir. Il existe des astuces pour ne plus entendre les ronrons de la nuit, mais aussi pour éviter les ronflements. Voici un chapitre aussi utile pour le ronfleur que pour son voisin !

LES BOULES QUIES : LE PARTENAIRE DE VOS NUITS

Une nuit reposante permet de se ressourcer pleinement et d'être de bonne humeur toute la journée. Si votre partenaire ronfle, vous risquez fortement de passer des nuits agitées, ce qui va jouer sur vos nerfs. Pour dormir agréablement, optez pour les bouchons d'oreilles, commercialisés en grande surface comme en pharmacie.

DES TECHNIQUES QUI MARCHENT !

Le ronfleur a les muscles totalement détendus. Si l'on perturbe son sommeil en sifflotant, en toussant ou en le remuant un peu, ses muscles se retendent et, par conséquent, le ronflement cesse. Pendant ce laps de temps, profitez-en pour vous endormir profondément. Les tactiques pour stopper les ronflements sont bien connues et leur efficacité diffère d'une personne à l'autre. À vous de trouver la bonne technique !

PLANIFIER LES HEURES DE COUCHAGE

Si vous avez l'habitude de vous endormir dans les bras de votre partenaire, il serait bon de modifier votre routine. Il existe trois phases de sommeil : le sommeil léger, le sommeil profond et le sommeil paradoxal. Lorsque vous êtes plongé dans un sommeil profond (20 minutes après le sommeil léger), vous n'entendez pas les ronflements de votre partenaire. Il est, par conséquent, astucieux de se coucher avant lui pour profiter d'une nuit apaisante.

SURÉLEVER SON OREILLER

Pour un ronfleur, il n'est pas question de dormir sans oreiller ! Celui-ci permet de diminuer l'intensité des ronflements. Surélevez votre oreiller ou optez pour un oreiller anti-ronflement.

FAIRE DES INHALATIONS

Si les ronflements sont causés par un rhume, dans ce cas il vaut mieux décongestionner rapidement le nez. Pour cela, il faut faire des inhalations ou des lavages afin d'éviter les ronflements (voir le chapitre « Rhume »).

LES ACCESSOIRES ANTI-RONFLEMENTS

Il existe les écarteurs nasaux pour mieux respirer par le nez, ou encore la gouttière buccale en plastique qui avance la mâchoire inférieure et dégage de l'espace pour la langue afin de réduire les décibels du ronflement.

NE PLUS DORMIR SUR LE DOS

Pour éviter les ronflements, il est conseillé de ne plus dormir sur le dos, car la langue bascule en arrière et bloque le passage de l'air. Pour ne plus dormir sur le dos, il existe une astuce de grand-mère : placez une balle de tennis ou de ping-pong dans un gant de toilette. Cousez celui-ci dans le dos du pyjama du ronfleur. Il lui sera alors impossible de se retourner. C'est une méthode radicale pour ne plus entendre les ronflements de son partenaire !

CHAMBRES SÉPARÉES : LA SOLUTION DE L'EXTRÊME

Tous les couples dorment généralement dans le même lit. Toutefois, les ronflements du partenaire peuvent devenir une réelle source de conflits.
Il faut savoir que 7 personnes sur 10 estiment que le ronflement est insupportable, pour ne pas dire insoutenable. Faire chambre à part peut donc être une solution pour retrouver la paix et des nuits reposantes. Par ailleurs, même si cette idée peut vous sembler inconcevable, sachez que vivre séparément améliore la vie intime…

conseils

Les ronflements peuvent être la cause du syndrome d'apnée du sommeil, une pathologie sérieuse qui doit être détectée. Parlez-en à votre médecin.

Évitez la consommation d'alcool et de tabac, qui provoquent des ronflements.

Surveillez votre poids. En effet, le surpoids peut être la cause des ronflements.

Le soir, mangez léger !
Les repas trop copieux favorisent les ronflements.

Les somnifères accroissent les ronflements.

SINUSITE

Une inflammation des sinus est très douloureuse et nécessite divers soins pendant plusieurs jours. Grâce à ces remèdes de grand-mère, vous pourrez traiter les sinus efficacement sans passer par la case médicaments.

CATAPLASME D'ARGILE VERTE

Pour traiter les sinus, nos grands-mères se procuraient de l'argile verte en poudre ou concassée qu'elles mélangeaient à de l'eau froide, pour obtenir une consistance pâteuse et épaisse. Le cataplasme peut ensuite être composé grâce à un support que l'on choisit selon ses préférences (une feuille de chou, un essuie-tout ou une bande de gaze). Placez 2 cm de pâte d'argile verte sur le support choisi, puis appliquez le cataplasme sur les ailes du nez et sur le front, directement sur la peau. Laissez agir puis nettoyez le visage après l'application. À répéter matin et soir, jusqu'à l'amélioration des symptômes.

INHALATION DE VAPEUR D'EAU CHAUDE

La vapeur d'eau seule est aussi efficace pour soulager les sinus. Après avoir fait bouillir 1 l d'eau, faites une inhalation, en suivant le même processus que ci-dessus.

Inhalation d'ail et de vinaigre de cidre

RECETTE

Épluchez et hachez finement la gousse d'ail.
•
Faites bouillir l'eau.
•
Hors du feu, versez-y le vinaigre de cidre et l'ail haché.
•
Inhalez la vapeur pendant 10 minutes.

INGRÉDIENTS 1 gousse d'ail, 500 ml d'eau, 1 c. à soupe de vinaigre de cidre

ÉQUIPEMENT Un couteau, une casserole, un inhalateur ou un bol, une serviette (si vous n'avez pas d'inhalateur)

Pour dégager au plus vite les sinus, il est important de boire beaucoup d'eau tout au long de la journée.

Mouchez-vous régulièrement.

Si l'inflammation persiste, consultez un médecin.

Inhalation d'huile essentielle de lavande

RECETTE

Faites bouillir de l'eau.

Versez l'eau chaude dans un bol ou un inhalateur.

Ajoutez-y l'huile essentielle de lavande vraie.

Incorporez-y le jus de citron, le sel et le poivre, puis mélangez.

Inhalez la vapeur pendant 10 minutes.

INGRÉDIENTS
Eau, 3 gouttes d'huile essentielle de lavande vraie, le jus de 1 citron, 1 pincée de gros sel, 1 pincée de poivre

ÉQUIPEMENT
Une casserole, un bol ou un inhalateur, un couteau, une cuillère, une serviette (si vous n'avez pas d'inhalateur)

STRESS

Le stress est partout : travail, tensions familiales, surmenage... Pour le gérer au mieux, il est bon de s'accorder quelques minutes de détente ! Une fois qu'on a cerné ses causes, il ne reste plus qu'à lutter activement contre ce mal sournois. Depuis la nuit des temps, les plantes et aliments nous offrent leurs bienfaits naturels. Profitez de leurs vertus relaxantes, apaisantes et antistress, votre corps vous en sera éternellement reconnaissant !

LE TILLEUL

Le tilleul est un grand arbre majestueux. Ses fleurs sont utilisées en infusions pour leurs propriétés calmantes et antistress. Laissez infuser 20 g de fleurs séchées de tilleul dans 1 l d'eau, filtrez. Buvez jusqu'à 2 tasses par jour. Conservez la préparation au réfrigérateur 2 jours au maximum.

LA MÉLISSE

La mélisse a des vertus anxiolytiques naturelles et son action régule en douceur le système nerveux. Buvez une infusion de mélisse quand le stress se manifeste ou le soir, en cas de troubles du sommeil. Pour une tasse : 5 feuilles séchées de mélisse à infuser dans 200 ml d'eau.

LES HUILES ESSENTIELLES À DIFFUSER

Mettez au choix quelques gouttes d'huile essentielle d'orange douce, de bois de rose, de lavande vraie ou d'ylang-ylang complète, et laissez le produit se diffuser doucement. Outre la bonne odeur qui se dégage dans votre intérieur, une sensation de plénitude va vous envahir. N'hésitez pas à diffuser ces huiles quotidiennement.

LE HOUBLON

Traditionnellement, l'infusion de houblon favorise le calme, la sérénité et un sommeil réparateur.
Pour une tisane maison : laissez infuser 30 g de cônes de houblon dans 1 l d'eau bouillante pendant 10 minutes. Dégustez cette préparation avant le repas, pour une action légèrement sédative et calmante.

LA MAGIE DU BAIN

Décompressez dans un bon bain dans lequel vous ajouterez 10 gouttes d'huile essentielle de lavande vraie diluée avec un dispersant comme le lait en poudre (4 c. à soupe).

astuce

Vous pouvez également ajouter à votre eau une poignée de feuilles de tilleul séchées ou des brins de lavande. Prenez soin de les mettre dans un filet de lavage au préalable pour ne pas avoir à nettoyer votre baignoire.

LES PRATIQUES ALTERNATIVES

Méditation, relaxation, yoga, qi gong, tai-chi, sophrologie... tous les moyens sont bons pour accéder à la sérénité. Laissez votre corps se concentrer sur les petits détails physiques et rangez vos soucis au placard ; rien de mieux pour calmer le stress.

LA BANANE

La banane est un excellent aliment contre le stress, riche en magnésium (bon pour l'apaisement) ainsi qu'en sérotonine (un neuromédiateur responsable de votre bien-être). Lorsque votre corps en produit en quantité suffisante, vous êtes épanoui !

LES AMANDES

Les amandes sont riches en vitamines B2 et E, en zinc et en magnésium, éléments ayant la propriété de faire baisser efficacement le taux d'anxiété. L'idéal est d'en consommer modérément afin de ne pas prendre de poids. Une poignée d'amandes de temps en temps sera largement suffisant.

LE CHOCOLAT NOIR

C'est la confiserie par excellence ! Les chercheurs ont démontré que le chocolat noir procure du bien-être et de l'apaisement, car il sécrète des endorphines, une sorte d'hormone du bonheur. Comme toutes les bonnes choses, il faut éviter d'en abuser puisque les graisses et le sucre qu'il contient pourraient causer d'autres troubles...

Infusion de lavande

Avec cette recette d'infusion antistress de lavande, oubliez les tracas du quotidien et relaxez-vous.

RECETTE

Faites bouillir l'eau.

Hors du feu, jetez-y les fleurs de lavande.

Laissez infuser pendant 10 minutes.

Filtrez.

Buvez 2 ou 3 tasses par jour.

INGRÉDIENTS

1 l d'eau, 15 g de fleurs séchées de lavande officinale

ÉQUIPEMENT

Une casserole, une passoire ou un tamis, une tasse

TENDINITE

Sportif ou sédentaire, personne n'est à l'abri d'une inflammation du tendon, dont la douleur peut être plus ou moins sévère. Dans le jargon médical, cette inflammation se nomme la « tendinite ». Voici une astuce de grand-mère pour la soulager.

Cataplasme d'argile verte

RECETTE

Mettez l'argile dans un récipient.

Couvrez-la avec de l'eau (un petit volume, une couche de 2 cm au-dessus de l'argile).

Réservez pendant 2 heures sans mélanger.

Si nécessaire, ajustez avec de l'eau ou de l'argile pour avoir une pâte homogène, et mélangez.

Étalez la pâte obtenue en couche épaisse d'environ 2 cm sur un tissu.

Appliquez ce cataplasme directement sur la zone douloureuse.

Maintenez le cataplasme à l'aide d'un bandage ou d'une bande élastique.

Laissez agir 1 heure.

Rincez à l'eau tiède.

INGRÉDIENTS 3 c. à soupe d'argile verte concassée, eau

ÉQUIPEMENT Un bol en verre, en terre ou en bois, une cuillère en bois, un tissu, un bandage ou une bande élastique

Renouvelez votre cataplasme si nécessaire.

Jetez votre cataplasme après utilisation.

Ne laissez jamais l'argile sécher sur votre peau.

TORTICOLIS

Le torticolis est une douleur cervicale fréquente due à des tensions musculaires. Il peut être soulagé par ces remèdes de grand-mère.

LA BOUILLOTTE

Une source de chaleur appliquée au niveau de la nuque peut soulager un torticolis. Il suffit de poser une bouillotte – soit aux noyaux de cerises, soit à l'eau chaude – sur le cou et la douleur aura quasiment disparu !

L'HUILE DE MILLEPERTUIS

L'huile de millepertuis est connue pour ses vertus apaisantes sur les tensions au niveau de la nuque ou les douleurs musculaires. Le millepertuis est donc recommandé pour soulager le mal de dos ou les torticolis.

LA RECETTE : Procurez-vous 500 g de feuilles de millepertuis et laissez-les macérer au soleil pendant 3 semaines dans 1 l d'huile d'olive. Pour finir, il vous suffira de filtrer la potion et de la verser dans une bouteille de verre opaque. Attention, cette huile est photosensibilisante, il faudra donc éviter de vous exposer au soleil après son application.

Vous pouvez également trouver de l'huile de millepertuis prête à l'emploi dans les magasins bio.

L'HUILE ESSENTIELLE D'ESTRAGON

L'huile essentielle d'estragon possède elle aussi un pouvoir de soulagement puissant et immédiat en cas de torticolis. Diluez quelques gouttes d'huile essentielle d'estragon dans de l'huile végétale, puis appliquez le mélange sur la nuque tout en massant afin de faire pénétrer l'huile et détendre les tissus.

TOUX

Les quintes de toux sont très pénibles, empêchant parfois de parler et irritant la gorge. Dur de dormir dans ces conditions ! Voici comment utiliser des remèdes de grand-mère pour soigner la toux naturellement.

SOIGNEZ LA TOUX GRASSE PAR DES PLANTES

La toux grasse se traduit par un encombrement des bronches ; il est important d'aider ces dernières à évacuer les nombreuses sécrétions, et ainsi dégager les voies respiratoires. Pour cela, nos grands-mères suggéraient d'utiliser des plantes expectorantes dont l'action naturelle serait immédiate. Parmi celles-ci, on trouve le fenouil, la mauve, le bouillon-blanc, mais aussi le lierre grimpant ou encore le marrube blanc. Ces plantes sont spécialement efficaces, car elles fluidifient les sécrétions et limitent l'encombrement en aidant à l'évacuation. On peut les utiliser pour composer un sirop contre la toux grasse. Vous pouvez consommer ces plantes sous forme de tisane essentiellement. Vous pouvez aussi les associer à d'autres plantes aux vertus adoucissantes.

LA RECETTE : Mélangez 15 g de bouillon-blanc, 15 g de feuilles de mauve, 10 g de feuilles de lierre, 10 g de thym, 10 g de racines de réglisse et 10 g de racines de guimauve. Versez 1 c. à café de ce mélange dans une tasse d'eau bouillante que vous laissez infuser 10 minutes environ. Buvez ! À consommer plusieurs fois par jour tant que la toux persiste.

CONTRE LA TOUX SÈCHE, LE THYM

Le thym est l'allié parfait pour lutter contre la toux. Il possède des vertus antalgiques, apaisant l'inflammation de la gorge, et des propriétés spasmolytiques qui calment les quintes de toux. Enfin, c'est un antiseptique naturel, aidant à lutter contre l'infection ou le virus qui a généré la toux. On peut le consommer sous forme de tisane, en laissant infuser 1 c. à café de thym dans une tasse d'eau chaude pendant 15 minutes. Vous pouvez en boire jusqu'à 3 tasses par jour, avec 1 c. à café de miel pour adoucir la gorge.

DES NUITS PAISIBLES GRÂCE AU MIEL

Les toux d'irritation s'intensifient malheureusement durant la nuit, ce qui perturbe le sommeil.
Contre cela, nos grands-mères proposaient de consommer du miel, un antiseptique naturel qui aide à combattre le virus et accélère la guérison.
Son action cicatrisante couplée au fait qu'il tapisse les muqueuses de la gorge aident à calmer l'irritation très pénible.
Avant d'aller vous coucher, prenez 1 ou 2 c. à café de miel, en privilégiant les miels de lavande, de sapin, de thym ou d'eucalyptus, qui sont riches en actifs antiseptiques. Mais tout autre miel peut être utilisé également. Ne surtout pas donner de miel aux enfants de moins de 12 mois car il pourrait induire un risque de botulisme infantile.

astuce

Lavez-vous les dents 30 minutes après avoir pris le miel, car ce dernier entraîne une érosion de l'émail.

Sirop de carotte

Nos aïeules préparaient un sirop de carotte pour lutter contre la toux. Ce légume, riche en vitamines et en minéraux, aide à renforcer le système immunitaire.

RECETTE

Lavez bien la carotte sans l'éplucher, puis coupez-la en rondelles.

•

Placez les morceaux dans un bol.

•

Recouvrez-les d'une couche de sucre en poudre ou de miel, puis mélangez.

•

Couvrez le bol avec du film plastique.

•

Laissez mariner toute une nuit au réfrigérateur.

•

Le lendemain, filtrez le sirop de carotte et versez-le dans un flacon fermé.

•

Prenez 1 c. à soupe 3 fois par jour jusqu'à la guérison.

INGRÉDIENTS
1 grosse carotte bio non épluchée, 2 c. à soupe de sucre en poudre ou de miel liquide

ÉQUIPEMENT
Un couteau, un bol, une cuillère, du film plastique, une passoire ou un tamis, un flacon

Le sirop de carotte se conserve 7 jours au réfrigérateur.

Sirop de navet

Grâce à ses propriétés antiseptiques et anti-inflammatoires, le navet est très utile contre la toux. Le goût va peut-être vous surprendre et le résultat aussi !

RECETTE

Creusez un gros trou à l'intérieur du navet.

•

Versez-y le sucre en poudre.

•

Couvrez de film plastique et laissez macérer l'ensemble au réfrigérateur pendant toute une nuit.

•

Le lendemain, récupérez le jus et versez-le dans un flacon.

•

Buvez 1 c. à soupe 3 fois par jour jusqu'à la guérison.

INGRÉDIENTS
1 gros navet bio non épluché, 1 c. à soupe de sucre de canne en poudre

ÉQUIPEMENT
Un couteau, du film plastique, un flacon

Conservez votre sirop contre la toux au maximum 7 jours au réfrigérateur.

Infusion de bouillon-blanc

Le bouilln-blanc agit comme expectorant contre la toux et soulage les maux de gorge. Cette plante peut donc être utilisée en cas de bronchite, laryngite, trachéite, pharyngite, et d'inflammation des voies respiratoires.

Le saviez-vous ? Les graines de bouillon-blanc peuvent être toxiques, il est donc préférable d'acheter cette plante en magasin spécialisé.

Il est conseillé de bien filtrer l'infusion de bouillon-blanc car cette plante contient des petits poils qui irritent la gorge.

RECETTE

Faites bouillir l'eau dans votre casserole.

Éteignez le feu, puis jetez-y les fleurs séchées de bouillon-blanc.

Laissez infuser pendant 10 minutes.

Filtrez soigneusement le liquide et ajoutez du miel si vous le souhaitez.

Buvez 1 à 3 tasses par jour pendant 1 semaine maximum.

INGRÉDIENTS

150 ml d'eau, 2 c. à café de fleurs séchées de bouillon-blanc (1 g environ), 1 c. à café de miel (facultatif)

ÉQUIPEMENT

Une casserole, une passoire ou un tamis, une tasse

Sirop d'oignon

Expectorant et antimicrobien, l'oignon agit comme antitussif. Ce remède de grand-mère est utilisé depuis des générations comme sirop contre la toux.

RECETTE

Émincez l'oignon et mettez les morceaux dans un bol.

Recouvrez-les de miel.

Mélangez et couvrez de film plastique.

Laissez macérer le mélange pendant 12 heures dans votre réfrigérateur.

Filtrez les oignons et récupérez le sirop.

Buvez 1 c. à café 3 fois par jour de ce sirop d'oignon jusqu'à guérison.

INGRÉDIENTS

1 oignon, 2 c. à soupe de miel liquide

ÉQUIPEMENT

Un couteau, un bol, une cuillère, du film plastique, une passoire ou un tamis

Conservez le sirop d'oignon au réfrigérateur dans un flacon fermé pendant 24 heures maximum.

Une consommation trop élevée d'oignon peut provoquer des irritations gastriques.

TROUBLES DU SOMMEIL

Nous passons en moyenne un tiers de notre vie à dormir. Et pour cause, le sommeil est vital pour la mémoire et essentiel pour notre organisme. Pourtant, il n'est pas toujours facile de tomber dans les bras de Morphée. Si vous luttez quotidiennement pour trouver le sommeil, ou si vous avez tout simplement besoin de repos, voici quelques remèdes de grand-mère !

LE LAIT

Le lait est un excellent remède pour détendre votre esprit mais aussi votre corps, car il contient du tryptophane, qui favorise le sommeil. Alors, pourquoi ne pas vous détendre tout en sirotant une tasse de lait chaud juste avant d'aller vous coucher ? Le lait d'amandes est également une excellente source de calcium, aidant le cerveau à fabriquer de la mélatonine.

L'HUILE ESSENTIELLE DE LAVANDE

L'huile essentielle de lavande est connue depuis longtemps par nos grands-mères pour ses propriétés apaisantes, et elle est même bien souvent considérée comme un allié de taille pour soigner les personnes qui ont des troubles du sommeil.
Avant de vous coucher, prenez le temps de vous prélasser dans un bain chaud aromatisé à l'huile essentielle de lavande vraie. Pour ce faire, diluez 15 gouttes de cette huile avec 4 c. à soupe de lait en poudre ou de sel de bain et incorporez la préparation obtenue à l'eau du bain.
Vous pouvez également diffuser quelques gouttes d'huile essentielle de lavande vraie dans votre chambre, 30 minutes avant d'aller dormir. Si vous n'avez pas de diffuseur, vous pouvez déposer une goutte sur votre oreiller.

LE MIEL

Ajouter 2 c. à café de miel à vos boissons chaudes favorisera la synthèse du tryptophane, qui joue un rôle déterminant dans la régulation de l'humeur, du moral, mais aussi… du sommeil !

LES TISANES

Certaines plantes favorisent le sommeil. Au choix : une infusion de camomille, de verveine, de fleur d'oranger, de tilleul ou de valériane 30 minutes avant de vous coucher vous aidera à vous endormir.

conseils

Avant de dormir, ne mangez ni trop léger ni trop copieux. Privilégiez les sucres lents comme les pâtes, le riz, le blé… et surtout, évitez un dîner trop riche en protéines !

Le rituel du coucher peut se révéler indispensable pour s'endormir rapidement. Lisez, écoutez de la musique, prenez un bain…

Couchez-vous au moindre signe de sommeil (bâillements, nuque raide, picotement des yeux, etc.), si vous ne voulez pas attendre le prochain cycle !

Faites le vide dans votre tête ! Notez sur un cahier tout ce qui vous tracasse ou ce que vous devez faire pour le lendemain, afin de ne plus y penser. Méditez et concentrez-vous sur votre respiration.

Certaines personnes arrivent mieux à dormir dans le noir total ; dans ce cas, éteignez toutes vos lumières de veille. S'il reste encore de la lumière, utilisez un masque oculaire.

Respectez une heure de lever et de coucher la plus régulière possible, semaine comme week-end, si vous le pouvez !

Réglez la température de votre chambre à 20 °C au maximum. S'il fait trop chaud, aérez juste avant de dormir.

Si après avoir essayé toutes ces méthodes, vous ne trouvez toujours pas le sommeil, levez-vous et faites quelque chose de calme. Dès que le moindre signe de sommeil apparaîtra, vous retournerez vous coucher.

À PRESCRIRE

Un oreiller confortable : il doit bien vous soutenir la nuque.

Un bon matelas : il faut en changer tous les 7 à 10 ans.

Une activité physique régulière : pour être fatigué le soir, rien de tel qu'un peu de sport pendant 30 minutes au moins dans la journée. À éviter juste avant de se coucher.

À ÉVITER

La sieste de plus de 30 minutes dans la journée. En revanche, une sieste de 20 minutes sera parfaite !

À BANNIR

Les excitants, comme la nicotine et l'alcool, 2 heures avant le coucher.

Le café et le thé après 16 heures.

La télévision, le téléphone portable ou l'ordinateur dans votre chambre.

Lait au miel de tilleul

Ce remède populaire de nos grands-mères va favoriser le sommeil grâce à la présence du miel de tilleul qui a des vertus apaisantes.

Ne surtout pas donner de miel aux enfants de moins de 12 mois car il pourrait y avoir un risque de botulisme infantile.

En raison de la présence de miel dans cette recette, il est fortement conseillé de se brosser les dents après avoir bu ce lait chaud.

RECETTE

Faites chauffer le lait dans une casserole.

•

Versez le lait chaud dans une tasse.

•

Ajoutez-y le miel de tilleul et mélangez.

•

Buvez votre tasse 30 minutes avant de vous coucher.

INGRÉDIENTS

200 ml de lait chaud,
2 c. à café de miel de tilleul

ÉQUIPEMENT

Une casserole, une tasse, une cuillère

Une technique incroyable pour s'endormir rapidement !

Connaissez-vous la technique du 4-7-8 ?
D'après un médecin diplômé de Harvard,
elle permettrait à de nombreuses personnes de
s'endormir en un clin d'œil (moins de 1 minute).

RECETTE

Allongez-vous.

•

Collez le bout de votre langue sur votre palais juste derrière vos incisives.

•

Inspirez par le nez pendant 4 secondes.

•

Stoppez la respiration pendant 7 secondes.

•

Expirez lentement par la bouche pendant 8 secondes.

•

Renouvelez les étapes 4 fois.

Il faut néanmoins être patient : la méthode n'est efficace que si elle est pratiquée à raison de 2 fois par jour, et les premiers effets se feront sentir au bout de 6 à 8 semaines.

VARICES

Jambes lourdes, veines gonflées, douleurs ?
Les varices sont des dilatations des veines causées par une insuffisance veineuse.
Cette maladie peut devenir un vrai calvaire pour les personnes qui en souffrent.
Voici quelques remèdes de grand-mère pour éviter d'avoir des varices.

LA VIGNE ROUGE

La vigne rouge active la circulation sanguine et soulage les jambes lourdes. Ses feuilles sont donc bénéfiques en cas d'insuffisance veineuse.

EN INFUSION : Dans une tasse d'eau chaude, laissez infuser 1 c. à café de feuilles sèches de vigne rouge pendant 10 minutes. Filtrez et buvez 1 à 3 tasses par jour.

EN DÉCOCTION : Pour 1 l, faites bouillir 50 g de feuilles de vigne rouge dans une casserole. Filtrez et buvez 1 tasse avant chaque repas pendant 3 mois maximum.

LE MARRONNIER D'INDE

L'extrait de marronnier d'Inde que l'on trouve en pharmacie est efficace pour prévenir l'apparition des varices. Demandez conseil à votre médecin ou pharmacien, car il y a de nombreuses contre-indications.

Évitez de porter des vêtements trop serrés.

Évitez les bains trop chauds qui favorisent l'apparition des varices.

Terminez votre douche par un jet d'eau froide sur les jambes.

L'HAMAMÉLIS

L'hamamélis tonifie la circulation sanguine. Ses feuilles, que l'on peut trouver en pharmacie, sont employées en tisane pour lutter contre l'insuffisance veineuse. Pour ce faire, mettez 3 g de feuilles d'hamamélis dans une tasse d'eau chaude. Laissez infuser pendant 10 minutes. Filtrez et buvez 1 à 3 tasses par jour. Attention, le goût, quelque peu amer et âpre, peut surprendre !

Pratiquez une activité physique régulière comme la marche, afin de stimuler la circulation du sang.

Préférez porter des chaussures avec des talons entre 2 et 5 cm.

Évitez de rester trop longtemps statique (debout ou assis).

Surélevez vos jambes dans votre lit afin d'améliorer la circulation sanguine.

VERRUES

Indésirables et parfois difficiles à traiter, les verrues se transmettent facilement, en particulier dans les lieux publics comme les piscines. Jadis, nos ancêtres utilisaient de miraculeux remèdes pour éliminer les verrues.

LE VINAIGRE DE CIDRE

Connu pour ses multiples propriétés, le vinaigre de cidre occupe une place de choix dans les remèdes de grand-mère. Ainsi, pour éradiquer une verrue, imbibez un coton de ce vinaigre que vous appliquerez directement sur l'indésirable. Maintenez le coton avec un sparadrap. Changez quotidiennement le coton. Au fil des jours, la verrue va grossir, noircir et enfin tomber.

L'AIL

Particulièrement efficace pour lutter contre les verrues plantaires, l'ail est un antimycosique et antiviral reconnu. Coupez l'ail frais en deux et déposez la partie coupée directement sur la verrue en la fixant avec un sparadrap ou un bandage. Laissez agir pendant 48 heures, puis renouvelez l'opération durant quelques semaines.

LA BANANE

Si vous ne le saviez pas, la peau de banane regorge de vertus insoupçonnées. Appliquez la partie blanche directement sur la verrue et maintenez-la avec du sparadrap pendant 3 bonnes heures. Changez la peau de banane quotidiennement jusqu'à ce que la verrue se soit volatilisée.

LA SÈVE DE CHÉLIDOINE

Les propriétés antiseptiques de la chélidoine lui confèrent le surnom d'« herbe aux verrues ». En appliquant régulièrement de son suc sur les verrues, vous les ferez se dessécher rapidement, jusqu'à leur disparition complète. Vous pouvez trouver facilement cette plante en pleine nature ou en vente dans les herboristeries sous forme de teinture.

L'ÉCORCE DE BOULEAU

Dotée de propriétés antivirales très efficaces contre les virus responsables de l'apparition des verrues, l'écorce de bouleau est généralement utilisée comme un pansement. Pour ce faire, il vous suffit d'en prélever un morceau directement sur l'arbre, de l'humidifier et de le déposer sur la verrue. L'opération peut être répétée jusqu'à la disparition de la verrue.

LE SAULE BLANC

Vous pouvez traiter les verrues en utilisant les feuilles de saule blanc sous forme d'emplâtre. Tout d'abord, faites-en bouillir une bonne quantité dans de l'eau, puis récupérez le liquide lorsqu'il est refroidi et appliquez-le en compresse.

Solution au citron et au vinaigre blanc

L'écorce du citron jaune correspond à la partie blanche de la peau. Conjuguée au vinaigre blanc, cette solution antiseptique ramollit la peau après application afin de faire disparaître la verrue.

RECETTE

Ôtez la peau du citron puis coupez-la en morceaux.

Déposez les morceaux obtenus dans un bol de vinaigre blanc.

Laissez macérer le mélange pendant 2 jours au minimum (7 jours si possible).

Frottez la verrue plantaire avec un coton imbibé du liquide obtenu.

Ajoutez ensuite un petit morceau d'écorce mariné sur la verrue.

Maintenez en place pendant toute une nuit à l'aide d'un sparadrap.

Au matin, enlevez le sparadrap et jetez-le.

Renouvelez l'opération tous les soirs jusqu'à disparition totale de la verrue plantaire.

INGRÉDIENTS L'écorce de 1 citron, 200 ml de vinaigre blanc

ÉQUIPEMENT Un couteau, un flacon en verre ou un bol, du coton, du sparadrap

Il est conseillé de porter des tongs ou des chaussons en latex adaptés pour éviter la contagion quand vous allez à la piscine.

Beauté

Cheveux

CHEVEUX ABÎMÉS

Avec la pollution, le vent, une alimentation déséquilibrée ou encore des produits inadaptés, les cheveux s'abîment et deviennent cassants. Mais grâce à ces recettes de beauté de nos grands-mères, il existe des gestes simples pour y remédier et rendre vos cheveux plus soyeux et plus résistants !

SOIN À LA MAYONNAISE

Nos grands-mères préparaient un soin à base de mayonnaise pour réparer les cheveux abîmés. Et pour cause, la mayonnaise est confectionnée avec trois produits très nutritifs : l'huile, l'œuf et le vinaigre. Pour ce faire, mettez 2 jaunes d'œufs dans un bol auxquels vous ajoutez 1 c. à café de vinaigre de cidre. Versez 150 ml d'huile de pépins de raisin tout en fouettant continuellement jusqu'à l'émulsion. Appliquez ce soin à la mayonnaise à l'aide d'un pinceau de coloration mèche par mèche sur les cheveux abîmés. Laissez agir 20 à 30 minutes puis procédez au shampoing. Rincez bien.

MASQUE AU YAOURT

Dans un bol, mélangez 1 c. à soupe de yaourt, 1 jaune d'œuf, 2 c. à café d'huile de pépins de raisin et 1 c. à café de miel. À l'aide d'un pinceau de coloration, appliquez ce masque mèche par mèche sur l'ensemble de la chevelure humide. Passez une serviette sous l'eau chaude et essorez-la. Laissez poser la serviette pendant 20 à 30 minutes sur vos cheveux. Enfin, lavez vos cheveux avec un shampoing doux, puis rincez à l'eau froide.

Évitez de brosser vos cheveux quand ils sont humides ou mouillés, vous risqueriez de les casser !

Masque réparateur à l'avocat

L'huile d'avocat, très riche en vitamines, est utilisée dans de nombreux produits cosmétiques, car elle permet d'hydrater la chevelure en profondeur. Redonnez du tonus et de la vitalité à vos cheveux abîmés avec ce masque.

RECETTE

Mettez tous les ingrédients dans un récipient.

•

Mixez l'ensemble jusqu'à obtenir un mélange homogène.

•

Répartissez la préparation à l'aide du pinceau sur l'ensemble de la chevelure humide.

•

Enveloppez votre tête d'une charlotte en plastique et recouvrez-la d'une serviette que vous aurez passée sous l'eau chaude et essorée.

•

Laissez agir pendant 30 minutes.

•

Rincez abondamment et délicatement vos cheveux à l'eau tiède.

INGRÉDIENTS

Pulpe d'1 avocat, 1 jaune d'œuf, 1 c. à café d'huile d'avocat

ÉQUIPEMENT

Un récipient, un mixeur, un pinceau à coloration, une charlotte en plastique ou du film plastique

Vous pouvez appliquer ce masque 1 fois par semaine.

Si seules vos pointes sont abîmées, appliquez ce soin uniquement sur les pointes.

CHEVEUX GRAS

Les cheveux gras ne sont pas une fatalité ! Voici des astuces de grand-mère pour vous aider à soigner et à revitaliser de manière naturelle votre cuir chevelu.

EAU DE RINÇAGE AU THYM

Voici une bonne astuce pour réguler la production de sébum de votre cuir chevelu : une eau de rinçage au thym, plante réputée pour ses vertus antiseptiques et purifiantes. Pour cela, faites infuser 10 g de thym frais dans 1 l d'eau bouillante pendant 15 minutes. Filtrez. Faites le shampoing, puis rincez avec cette infusion tiède.

EAU DE RINÇAGE ANTI-CHEVEUX GRAS

Une fois votre shampoing effectué, rincez-vous les cheveux avec cette eau de rinçage que vous aurez préalablement concoctée. Pour ce faire, laissez infuser l'écorce de 1 citron dans 1 l d'eau bouillante pendant 20 minutes. Filtrez la préparation et laissez tiédir. Ajoutez-y enfin 1 c. à soupe de vinaigre de cidre.

Masque assainissant à l'argile et au vinaigre

Ce mélange d'argile et de vinaigre va renforcer vos cheveux et leur procurer de la brillance, tout en régulant la sécrétion de sébum.

RECETTE

Versez l'argile verte ainsi que le vinaigre de cidre dans un bol.

•

Laissez reposer quelques minutes et mélangez avec une cuillère en bois.

•

À l'aide du pinceau, étalez soigneusement l'argile sur vos cheveux à partir des racines, en suivant la raie pour faciliter l'application.

•

Laissez agir pendant 10 minutes avant de rincer à l'eau tiède.

•

Lavez-vous les cheveux avec votre shampoing habituel et admirez le résultat !

INGRÉDIENTS 2 c. à soupe d'argile verte ultraventilée, 2 c. à soupe de vinaigre de cidre

ÉQUIPEMENT Un bol en verre, une cuillère en bois, un pinceau à coloration

Appliquez ce soin 1 fois par semaine pour en observer les bienfaits sur votre cuir chevelu.

N'utilisez pas de métaux ou de plastique pour la préparation de la pâte d'argile.

CHEVEUX SECS

Le soleil, le vent, le chlore de la piscine ou le sel de la mer sont des ennemis pour les cheveux. Parmi leurs dégâts, on compte les pointes sèches ou fourchues. Grâce à ces astuces de grand-mère, vous pourrez redonner de l'éclat à votre chevelure, tout en profitant des beaux jours !

SHAMPOING À LA LAVANDE

Dans un bol, mélangez 1 c. à café d'huile végétale de jojoba avec 2 gouttes d'huile essentielle de lavande vraie. Ajoutez-y 2 c. à soupe de shampoing neutre et mélangez à nouveau. Votre dose de shampoing pour cheveux secs est prête !

Soin hydratant à l'huile de germe de blé

Ce masque va hydrater vos cheveux secs en profondeur, et en particulier les pointes, grâce aux vertus nutritives de l'huile de germe de blé.

RECETTE

Mettez tous les ingrédients dans un bol et mixez.

•

Humidifiez vos cheveux et appliquez ce soin hydratant sur les pointes.

•

Enveloppez votre chevelure d'une charlotte en plastique et recouvrez d'une serviette que vous aurez passée sous l'eau chaude et essorée.

•

Laissez agir pendant 30 minutes.

•

Rincez abondamment et délicatement.

•

Enfin, lavez vos cheveux avec votre shampoing doux habituel.

INGRÉDIENTS 1 jaune d'œuf, 2 c. à soupe d'huile végétale de germe de blé, 2 c. à café de beurre de karité

ÉQUIPEMENT Un bol, un mixeur, une charlotte en plastique ou du film plastique

Où trouver du beurre de karité ? Dans les magasins bio, les parapharmacies et sur Internet.

Il est recommandé d'appliquer ce soin 1 fois par semaine.

Masque à la banane

La banane est un fruit nourrissant et hydratant.
Avec ce masque à la banane de nos grands-mères, vos cheveux seront revitalisés !
Testez vite cette recette simple à réaliser pour prendre soin de vos cheveux secs ou fourchus.

RECETTE

Dans un bol, mixez la banane avec l'huile de coco et le miel.

•

Appliquez cette préparation à l'aide du pinceau sur les cheveux humides.

•

Enveloppez votre chevelure d'une charlotte en plastique et recouvrez-la d'une serviette que vous aurez passée sous l'eau chaude et essorée.

•

Laissez agir pendant 30 minutes.

•

Rincez abondamment et faites votre shampoing habituel.

INGRÉDIENTS
1 banane bien mûre,
2 c. à café de miel,
1 c. à café d'huile végétale de coco

ÉQUIPEMENT
Un bol, un mixeur,
une charlotte en plastique
ou du film plastique,
un pinceau à coloration

CHEVEUX TERNES

Pour retrouver des cheveux brillants et vigoureux, voici quelques recettes naturelles à faire chez soi, à base de produits sains et nourrissants.

MASQUE À L'HUILE D'ARGAN ET À L'HUILE DE COCO

Les vertus combinées de ces deux huiles redonnent éclat et vigueur aux cheveux, en particulier aux pointes fragiles. Pour préparer ce masque, mélangez 1 c. à soupe de chaque huile dans un bol, avant d'appliquer la préparation sur la chevelure, en insistant sur les pointes et en évitant les racines. Laissez poser durant toute une nuit. Le lendemain matin, lavez vos cheveux avec votre shampoing habituel. Vous pourrez admirer leur éclat et leur brillance dès le séchage.

EAU DE RINÇAGE BRILLANCE POUR LES CHEVEUX BRUNS OU CHÂTAIN FONCÉ

Pour raviver les cheveux bruns ou châtain foncé, nos aïeules recouraient à une infusion forte de thé noir. Pour ce faire, faites infuser 15 g de feuilles de thé noir dans 1 l d'eau bouillante pendant 30 minutes. Conservez la préparation au réfrigérateur. Une fois l'infusion refroidie, utilisez-la en eau de rinçage après votre shampoing. Vous obtiendrez ainsi des cheveux brillants avec de magnifiques reflets !

EAU DE RINÇAGE BRILLANCE POUR LES CHEVEUX BLONDS

L'eau de rinçage à la camomille permet aux cheveux blonds d'obtenir des reflets dorés. Pour ce faire, laissez infuser 15 g de fleurs de camomille dans 750 ml d'eau chaude pendant 20 minutes. Une fois la décoction refroidie, rincez votre shampoing avec.

Eau de rinçage au jus de citron

Après votre shampoing, rincez vos cheveux avec cette eau de rinçage de nos grands-mères. Anticalcaire par excellence, le citron va faire briller vos cheveux en un clin d'œil !

RECETTE

Pressez le jus de citron directement dans la bouteille à l'aide de l'entonnoir.

•

Remplissez la bouteille d'eau froide.

•

Versez cette eau de rinçage sur vos cheveux après votre shampoing.

INGRÉDIENTS
Jus de 1/2 citron

ÉQUIPEMENT
Une bouteille de 1 l, un entonnoir

Évitez une exposition prolongée au soleil juste après l'application de cette eau de rinçage, car le citron pourrait éclaircir naturellement vos cheveux.

CHUTE DE CHEVEUX

Vous en avez marre de voir vos cheveux tomber ?
Grâce à ces astuces d'antan, vous aurez enfin toutes les clés pour préserver votre chevelure !

LOTION AUX FEUILLES D'ORTIE

Cette lotion à base d'ortie permet de stimuler la circulation du cuir chevelu, donc de stopper la chute des cheveux. Mettez 3 c. à soupe de feuilles d'ortie en poudre dans 1 l d'eau bouillante. Laissez infuser pendant 10 minutes, avant de filtrer. Frictionnez vos cheveux avec cette lotion anti-chute.

LOTION AU VINAIGRE DE CIDRE ET AU ROMARIN

Laissez macérer 20 g de romarin frais dans 1 l de vinaigre de cidre pendant 15 jours. Filtrez et versez le vinaigre dans une bouteille en verre. Avant votre shampoing habituel, frictionnez votre cuir chevelu pendant 10 minutes avec cette lotion.

EAU DE RINÇAGE AU BASILIC

Le basilic, aux vertus curatives, est idéal pour lutter contre la chute des cheveux. Pour préparer cette eau de rinçage, il vous suffit de laisser infuser 3 poignées de feuilles de basilic dans 1 l d'eau bouillante pendant 30 minutes. Une fois la décoction refroidie, filtrez-la et utilisez-la comme eau de rinçage après votre shampoing.

Lotion anti-chute

Le thym, quant à lui, est un excellent stimulant capillaire ! Cette lotion va ralentir la chute des cheveux en fortifiant les racines. Vous ne jurerez plus que par ce remède de grand-mère !

RECETTE

Faites bouillir le thym séché dans une casserole d'eau.

•

Laissez reposer pendant 10 minutes environ.

•

Filtrez la préparation puis laissez refroidir.

•

Appliquez cette lotion sur vos cheveux humides après votre shampoing en massant le cuir chevelu.

•

Essorez vos cheveux, inutile de rincer.

INGRÉDIENTS 15 g de thym séché, 500 ml d'eau

ÉQUIPEMENT Une casserole, un filtre

Masque tonifiant

Grâce à sa propriété tonifiante, l'huile essentielle d'ylang-ylang va favoriser la pousse des cheveux et lutter contre leur chute. L'huile de jojoba, quant à elle, va nourrir vos cheveux en profondeur et leur redonner force et vitalité.

RECETTE

Mettez le jaune d'œuf dans un bol.

•

Ajoutez-y l'huile de jojoba et l'huile essentielle d'ylang-ylang.

•

Mélangez le tout à l'aide de la fourchette.

•

Appliquez ce masque tonifiant sur le cuir chevelu à l'aide d'un pinceau en évitant les yeux.

•

Laissez agir pendant 15 minutes sous une serviette humide.

•

Rincez abondamment.

INGRÉDIENTS

1 jaune d'œuf, 1 c. à soupe d'huile de jojoba,
1 goutte d'huile essentielle d'ylang-ylang complète

ÉQUIPEMENT

Un bol, une fourchette, un pinceau à coloration

Si vous n'avez pas d'huile de jojoba chez vous, vous pouvez la remplacer par de l'huile d'olive ou de l'huile d'argan.

Si vous êtes pressé, vous pouvez ajouter 1 goutte d'huile essentielle d'ylang-ylang complète à votre dose de shampoing habituel.

PELLICULES

Il arrive que les glandes sébacées se trouvant sous notre cuir chevelu soient perturbées, créant des squames qui se détachent et forment ce que l'on appelle les « pellicules ». Mais comment s'en débarrasser sans devoir utiliser des produits chers et parfois inefficaces ? Il existe quelques remèdes de grand-mère qui permettent d'y remédier.

LE BICARBONATE DE SOUDE

Le bicarbonate de soude permet de lutter contre les pellicules mais également de nettoyer les cheveux des résidus de gel ou de laque. Ajoutez 1 c. à café de bicarbonate de soude alimentaire à la dose de shampoing habituelle. Appliquez et massez délicatement vos cheveux, puis rincez.

LE SEL FIN

Le sel, en stimulant la circulation sanguine du cuir chevelu, élimine les pellicules. Mélangez une poignée de sel fin dans 100 ml d'eau. Ensuite, il n'y a plus qu'à frictionner le cuir chevelu avec et à dire adieu aux pellicules !

Eau de rinçage au vinaigre de cidre

Grâce aux enzymes et aux acides contenus dans le vinaigre de cidre, les bactéries responsables des pellicules peuvent être éliminées. Cette eau de rinçage est un remède de grand-mère efficace pour lutter contre l'apparition des pellicules.

RECETTE

Versez le vinaigre de cidre dans une bouteille, à l'aide d'un entonnoir.

•

Ajoutez l'eau et secouez légèrement votre bouteille.

•

Après avoir rincé votre shampoing habituel, appliquez cette eau de rinçage sur toute la chevelure et essorez vos cheveux.

INGRÉDIENTS

2 c. à soupe de vinaigre de cidre, 1 l d'eau

ÉQUIPEMENT

Une bouteille vide de 1,5 l, un entonnoir

Eau de rinçage au romarin

Voilà plusieurs millénaires que cette plante, réputée pour améliorer la circulation du cuir chevelu et le fortifier, est utilisée pour soigner la chevelure. Cette lotion est très efficace pour lutter contre les pellicules et les démangeaisons !

RECETTE

Portez l'eau à ébullition.

•

Jetez-y le romarin.

•

Laissez chauffer à feu moyen pendant 15 minutes.

•

Filtrez le romarin.

•

Patientez jusqu'à ce que l'eau soit refroidie.

•

Utilisez cette eau de rinçage après votre shampoing.

INGRÉDIENTS
3 c. à soupe de romarin séché (8 g environ),
1 l d'eau

ÉQUIPEMENT
Une casserole, un filtre,
un flacon de 1 l

Lotion aux feuilles d'ortie

L'ortie permet de réguler la sécrétion de sébum et d'assainir le cuir chevelu. Avec cette lotion de nos grands-mères, dites stop aux pellicules !

RECETTE

Placez les feuilles d'ortie et l'huile d'olive dans votre mixeur.

•

Mixez jusqu'à l'obtention d'une préparation homogène.

•

Avant votre shampoing, appliquez cette lotion tout en massant le cuir chevelu.

•

Recouvrez votre tête d'une charlotte en plastique et laissez agir pendant 15 minutes environ.

•

Rincez abondamment et lavez-vous les cheveux avec votre shampoing habituel.

INGRÉDIENTS
16 feuilles d'ortie fraîches,
4 c. à soupe d'huile d'olive

ÉQUIPEMENT
Un mixeur,
une charlotte en plastique
ou du film plastique

Corps

CELLULITE

Une femme sur deux se plaint d'avoir de la « peau d'orange » sur les fesses, les cuisses et le ventre. La cellulite est causée par un amas de cellules graisseuses qui sature et favorise une mauvaise circulation. Face à ce constat, les femmes s'adonnent au sport et tentent le légendaire palper-rouler ! Sachez qu'il existe aussi des astuces de grand-mère...

GOMMAGE AU MARC DE CAFÉ

Pour jouer avec les propriétés exfoliantes du marc de café, il suffit d'un gommage 1 ou 2 fois par semaine. Pour ce faire, mélangez dans un bol 25 g de marc de café (2 c. à soupe environ) avec 1 c. à café d'huile d'amande douce et 2 c. à café de miel liquide. Sous la douche, appliquez le gommage sur la zone celluliteuse et massez circulairement en jouant avec les particules pendant 10 minutes environ. Puis rincez abondamment et terminez par un jet d'eau froide.

LOTION AU VINAIGRE DE CIDRE

Afin de lutter contre la cellulite, nos aïeules appliquaient chaque jour une lotion au vinaigre de cidre sur leur « peau d'orange ». Pour ce faire, mélangez 1 c. à soupe d'huile d'olive avec 3 c. à soupe de vinaigre de cidre dans un bol. Appliquez la préparation sur les zones concernées en effectuant un massage circulaire pendant 10 minutes à l'aide d'un gant de toilette ou un luffa. Rincez-vous sous la douche avec un savon de Marseille. Vous pouvez terminer par un palper-rouler. Cette méthode stimule les tissus et aide l'organisme à chasser les toxines.

DÉCOCTION DE LIERRE GRIMPANT

Faites bouillir 1 l d'eau dans une casserole. Jetez-y aussitôt 200 g de feuilles de lierre grimpant. Laissez chauffer pendant 1 heure à feu moyen, tout en surveillant. Filtrez, puis ajoutez 1 c. à café d'huile d'amande douce. Imbibez des compresses avec cette décoction que vous appliquerez sur les zones celluliteuses.

conseils

Afin d'éviter l'apparition de cellulite :
- Buvez beaucoup d'eau afin de permettre l'évacuation des cellules graisseuses.
- Pratiquez une activité physique régulière comme la natation, la marche rapide, le vélo, l'endurance.
- Adoptez une alimentation pauvre en sucre et en sel.

Décoction anticellulite de queues de cerises

Les queues de cerises ont des vertus diurétiques et drainantes.
Après absorption d'une décoction de queues de cerise, l'organisme chasse l'excès d'eau et les toxines accumulées.

RECETTE

Laissez macérer pendant toute une nuit les queues de cerises dans l'eau.

•

Le lendemain, faites bouillir le tout dans une casserole pendant 10 minutes.

•

Couvrez et laissez infuser pendant 15 minutes environ.

•

Filtrez.

•

Buvez jusqu'à 3 tasses par jour pendant 10 jours en renouvelant cette recette.

•

Conservez la préparation au réfrigérateur pendant 2 jours maximum.

INGRÉDIENTS
1,5 l d'eau, 30 g de queues de cerises séchées

ÉQUIPEMENT
Une casserole

Vous pouvez récupérer des queues de cerises sur des cerises non traitées. Il est également possible de s'en procurer dans les magasins bio et les parapharmacies.

MINCEUR

Aujourd'hui, le marché de la minceur se porte très bien et a certainement de beaux jours devant lui. Pas étonnant, puisque la population est de plus en plus touchée par le surpoids et l'obésité. Il ne s'agit pas d'avoir une taille de guêpe, mais d'arriver à un Indice de masse corporel (IMC) normal afin de préserver sa santé. Au lieu de dépenser votre argent dans des produits prétendument « miracles », adoptez plutôt les secrets de nos grands-mères pour mincir naturellement !

Boisson minceur au vinaigre de cidre

Le vinaigre de cidre est connu depuis l'Antiquité pour être un coupe-faim naturel. Cette boisson de grand-mère favorise l'élimination des toxines, draine le corps et facilite la digestion.

RECETTE

Versez l'eau tiède dans votre verre.

•

Incorporez-y le vinaigre de cidre et le miel.

•

Buvez cette boisson minceur 3 fois par jour, 30 minutes avant chaque repas pendant 1 mois.

INGRÉDIENTS

200 ml d'eau tiède, 2 c. à café de vinaigre de cidre, 1 c. à café de miel

ÉQUIPEMENT

Un grand verre, une cuillère

Le vinaigre de cidre est contre-indiqué chez les personnes souffrant d'hyperacidité, de gastrite ou d'ulcère.

Attention, l'acidité du vinaigre de cidre peut entraîner des problèmes dentaires, il est donc nécessaire de se rincer la bouche après avoir bu cette potion.

Citronnade détox

Le citron est pauvre en sucres et riche en vitamine C, ce qui freine efficacement l'absorption des sucres. Le jus de citron est donc un allié minceur qui agit également comme coupe-faim naturel dans le cadre d'un régime.

RECETTE

Versez l'eau dans une tasse.

•

Pressez-y le citron.

•

Buvez cette citronnade à jeun, chaque matin, 15 minutes avant votre petit-déjeuner pendant 15 jours.

INGRÉDIENTS

125 ml d'eau, 1 citron

ÉQUIPEMENT

Un couteau, une tasse

Ce remède de grand-mère est déconseillé aux personnes ayant des brûlures d'estomac, des problèmes rénaux ou la maladie de Crohn.

Vous pouvez renouveler cette cure à 4 mois d'intervalle.

LES CONSEILS POUR GARDER LA LIGNE

Pour garder la forme et la santé, il faut faire attention à son alimentation et pratiquer un peu de sport. Ces conseils peuvent vous aider à garder la ligne, stabiliser votre poids ou tout simplement adopter de nouvelles habitudes pour mincir.

RIEN NE SERT DE S'ENFERMER, IL FAUT BOUGER

Pour éviter de prendre du poids, il faut pratiquer une activité physique régulière (au moins 30 minutes par jour) comme la marche, la natation ou le fitness. L'activité physique aide à brûler les calories et développe la masse musculaire. En brûlant ce qu'on a mangé, on mincit assurément !

RIEN NE SERT DE SE DÉPÊCHER, IL FAUT DÉGUSTER

Dévorer n'est pas une bonne chose ! Et pour cause, lorsqu'on ne prend pas le temps de mastiquer les aliments, le cerveau n'a pas conscience que l'estomac est rassasié. L'information n'étant pas correctement transmise, l'être humain a donc tendance à manger goulûment. Stoppez cette mauvaise habitude ! Apprenez à vous délecter des aliments en prenant le temps de les mâcher longuement et arrêtez-vous dès que vous ressentez la satiété. Il a été constaté qu'une personne sur deux ne ressent plus l'envie du grignotage après avoir adopté cette méthode.

astuce

Troquez la fourchette contre des baguettes chinoises.

RIEN NE SERT DE SE GOINFRER, IL FAUT MANGER À SA FAIM

Se sentir lourd après un repas est le symptôme même d'un excès de gourmandise. Ainsi, il est préférable de cuisiner en petite quantité pour éviter de se jeter sur les restes.

astuce

Choisissez toujours une assiette de petite contenance et de couleur bleue. Cette teinte ne stimule pas l'appétit et donne l'impression de manger sans se restreindre.

LES COUPE-FAIM NATURELS

Grâce aux coupe-faim naturels, il est très facile de lutter contre l'envie de grignoter. Trois ingrédients en particulier peuvent se révéler très efficaces.

LA POMME

Ce fruit recèle des effets miraculeux sur la santé, en plus d'être très peu calorique (une pomme contient 50 calories environ). Au niveau digestif, la pomme a l'avantage de colmater l'estomac avec un gel naturel, qui va piéger les graisses présentes dans d'autres aliments consommés. De plus, elle possède des fibres et des pectines qui permettent de stabiliser la faim, de même que le taux de sucre présent dans le sang. On recommande également de ne pas se priver de la peau (dans ce cas, choisissez une pomme bio), particulièrement riche en fibres (manger une pomme avec sa peau apporte 3,7 g de fibres, et seulement 2,1 g sans la peau). À laver et à croquer sans modération !

L'EAU MINÉRALE

L'eau est un merveilleux coupe-faim ! Quand on en boit, l'estomac se remplit et la sensation de faim diminue. Mais il faut noter que l'effet est de courte durée, car le transit est assez rapide. On suggère donc aussi d'opter pour des soupes, très appréciées pour leur fonction rassasiante grâce aux fibres présentes dans les légumes (double effet coupe-faim !).

astuce

Buvez 500 ml d'eau 30 minutes avant chaque repas pour diminuer l'appétit.

L'AGAR-AGAR

Ce produit naturel japonais a des effets bénéfiques pour calmer la faim et mincir naturellement. Lorsque l'agar-agar, riche en fibres, se trouve dans l'estomac, un mécanisme de gonflement se produit et amplifie l'effet coupe-faim. On peut le consommer peu avant le repas. Pour cela, mélangez 1 c. à café d'agar-agar à votre boisson habituelle. Ce produit qui n'a ni odeur ni saveur peut être également ajouté aux diverses préparations culinaires pour garder la ligne.

LES PLANTES MINCEUR

Les efforts d'un régime peuvent être boostés par l'action de cinq plantes naturelles, qui accélèrent le processus d'élimination des graisses. Elles complètent merveilleusement bien une phase de régime combinant activité physique et alimentation équilibrée.

LE MATÉ

Le maté possède un atout majeur pour la santé : il est très riche en caféine. Son action est essentielle sur les lipides, les graisses et les sucres, qui sont très rapidement brûlés. On le trouve en Amérique du Sud, où il est généralement consommé sous forme d'infusion de feuilles de maté.

LE GUARANA

Le guarana contient dans chacune de ses graines une quantité impressionnante de caféine. C'est un aliment naturel qui stimule de façon incroyable les catécholamines et l'adrénaline. La libération de ces hormones motive ainsi l'organisme de façon accrue, afin de brûler et éliminer les graisses efficacement.

LE THÉ VERT

Le thé vert, grâce à ses propriétés diurétiques, est un amincissant efficace. Les feuilles de thé vert sont en effet riches en caféine, et leur action permet de détruire les graisses rapidement, notamment les graisses dites « de réserve », un vrai fléau qui provoque des excédents de poids.

LA REINE-DES-PRÉS

Pour mincir et résorber la cellulite, la reine-des-prés est une plante très appropriée. Grâce à sa teneur riche en sels de potassium, elle permet d'éliminer l'eau rapidement. Elle est recommandée pour les régimes amincissants.

LE PISSENLIT

Dans la famille des plantes dépuratives, le pissenlit est également un allié de choix. Il permet à l'organisme de libérer facilement ses toxines. Qui plus est, grâce à ses propriétés diurétiques, il favorise la digestion des graisses et régule le taux de glycémie dans le corps.

SOINS DU CORPS

Grâce à ces recettes de beauté de nos grands-mères, profitez d'une peau douce et éclatante !

GOMMAGE AU SUCRE

Le gommage au sucre va éliminer les cellules mortes de la peau. Cette recette de beauté est facile à préparer : dans un bol, mélangez 2 c. à soupe de sucre en poudre avec 2 c. à soupe de miel, puis ajoutez-y 1 c. à soupe d'huile de pépins de raisin. Sous la douche, appliquez le gommage sur le corps en effectuant des massages circulaires pendant 10 minutes environ. Enfin, rincez abondamment.

GOMMAGE AU MIEL

Dans un bol, mélangez 2 c. à soupe de miel avec 2 c. à café d'huile de macadamia et 2 c. à café de jus de citron. Badigeonnez-vous le corps avec ce gommage puis effectuez des massages circulaires pendant 5 minutes. Vous pouvez ensuite rincer et profiter de votre peau douce et lisse.

GOMMAGE AUX AMANDES EN POUDRE

Pour un gommage en douceur, mélangez dans un bol 3 c. à soupe d'amandes en poudre, 3 c. à café de miel et 3 c. à soupe d'eau florale de tilleul. Appliquez immédiatement la préparation sur le corps, sans masser, et laissez sécher. Procédez ensuite à un massage circulaire pour gommer les peaux mortes, avant de rincer.

GOMMAGE AU GROS SEL

Tout comme le sucre, le gros sel est un bon exfoliant. La préparation est rapide : dans un bol, diluez 6 gouttes d'huile essentielle de citron avec 2 c. à soupe d'huile d'amande douce. Ajoutez-y 1 c. à soupe de gros sel et mélangez. Appliquez la préparation sous la douche sur votre peau encore humide. À l'aide d'un gant de toilette, frictionnez-vous le corps aux endroits souhaités, puis rincez abondamment.

Gommage corporel au citron

Rien de tel qu'un gommage à l'arôme envoûtant de citron pour avoir une peau douce et exfoliée !

RECETTE

Dans un bol, mélangez le sucre roux, le jus de citron et l'huile d'amande douce.

•

Appliquez ce gommage sous la douche, sur votre peau encore humide. Effectuez des massages circulaires sur le corps pendant quelques minutes.

•

Rincez. Votre peau est douce et lisse !

INGRÉDIENTS

1 c. à soupe de jus de citron, 2 c. à soupe de sucre roux, 1 c. à café d'huile d'amande douce

ÉQUIPEMENT

Un bol, une cuillère

Faites un gommage 1 fois par semaine au maximum. Au-delà, cela risque de fragiliser la peau.

TRANSPIRATION DES AISSELLES

Les personnes qui transpirent abondamment des aisselles peuvent en souffrir au quotidien. Il existe quelques astuces de grand-mère pour atténuer les odeurs tout en respectant le phénomène naturel de la transpiration.

L'HUILE ESSENTIELLE DE PALMAROSA

Les propriétés de cette huile essentielle sont très appréciées pour masquer les odeurs de transpiration. Préparez votre mélange en diluant 1 goutte d'huile essentielle de palmarosa avec 1 goutte d'huile végétale de votre choix ; mélangez et appliquez simplement chaque matin sur les aisselles propres, avec les doigts. Lavez et séchez bien vos aisselles avant l'application.

LE VINAIGRE DE CIDRE

Doté de propriétés astringentes et antibactériennes, le vinaigre de cidre est efficace pour réguler et réduire la transpiration. Le matin, imprégnez un coton de vinaigre de cidre que vous placez sous les aisselles pendant 5 à 10 minutes. Puis rincez simplement à l'eau claire. Toutefois, comme avec les déodorants classiques, vous éviterez d'utiliser le vinaigre de cidre sur la peau tout juste rasée, car celle-ci pourrait en effet subir une brûlure.

LE BICARBONATE DE SOUDE

Le bicarbonate a la capacité de neutraliser les mauvaises odeurs. Son action fongistatique va empêcher la croissance des bactéries. Voici deux façons d'utiliser le bicarbonate de soude pour remplacer l'utilisation d'un déodorant :

CHAQUE MATIN, vous pouvez déposer un peu de poudre de bicarbonate alimentaire sur votre stick déodorant, avant de l'appliquer sur les aisselles propres.

LE SOIR, vous pouvez également préparer une pâte que vous appliquerez directement sur les aisselles. Pour ce faire, versez 1 c. à café d'eau dans un bol et ajoutez progressivement du bicarbonate alimentaire jusqu'à la formation d'une pâte homogène. Inutile de rincer.

VERGETURES

Adolescence, grossesse, ménopause... les femmes sont sujettes à des changements importants à certaines étapes de leur vie, qui peuvent favoriser l'apparition de vergetures. Celles-ci se forment par de déchirements dans le derme et juste à la limite de l'hypoderme, créant des stries visibles en surface, principalement sur les cuisses, le fessier et le ventre. Lorsqu'elles sont installées, il est difficile de les faire partir définitivement. Avec ces astuces de grand-mère, il est possible de les rendre moins visibles ou même de prévenir leur apparition.

L'ALOE VERA

Le gel d'aloe vera a des propriétés hydratantes, régénérantes et cicatrisantes. Il est donc très utile pour traiter et prévenir l'apparition des vergetures ! Pour concocter cette crème anti-vergetures, mélangez dans un bol 2 c. à soupe de gel d'aloe vera (pur à au moins 98 %) avec 2 c. à café d'huile de jojoba. Appliquez ce soin tous les jours pendant les périodes propices à l'apparition des vergetures sur la peau propre en effectuant des massages circulaires.

LES HUILES VÉGÉTALES

Riches en vitamines et en acides gras, les huiles végétales sont très bénéfiques pour la peau car elles facilitent l'atténuation des vergetures et ont une action de tenseur de l'épiderme, lorsqu'on les applique en massage 2 fois par jour, matin et soir. Idéalement, il est conseillé de choisir une huile végétale bio et pure, afin de supprimer tous les risques de contamination occasionnée par des pesticides ou autres produits toxiques. Parmi toutes les huiles disponibles, vous pouvez essayer l'huile d'avocat, l'huile de rosier muscat, l'huile d'amande douce, l'huile de jojoba ou encore l'huile d'olive, dont les propriétés sont régénérantes et cicatrisantes.

Mains

ONGLES

Pour entretenir, nourrir et fortifier leurs ongles, nos grands-mères utilisaient des produits naturels très efficaces. Voici leurs secrets !

LE CITRON

Vos ongles sont cassants et ternes ? Utilisez les pouvoirs nourrissants et blanchissants du citron ! Versez le jus de 1/2 citron pressé dans un bol et trempez-y vos doigts pendant une dizaine de minutes. Résultat garanti !

LE BICARBONATE DE SOUDE

Rien n'est plus gênant que des ongles sales. Pour en déloger les impuretés, il faut penser à les brosser régulièrement. Pour ce faire, saupoudrez votre brosse à ongles de bicarbonate alimentaire et brossez délicatement sous vos ongles. Si vous n'avez pas de brosse à ongles, une brosse à dents usagée fera l'affaire.

L'HUILE D'OLIVE

L'huile d'olive va permettre de rendre vos ongles plus résistants. Pour cela, il vous suffit d'en appliquer à l'aide d'un Coton-Tige imbibé. Laissez agir 15 minutes, puis rincez.

LE VINAIGRE BLANC

Vos ongles sont mis à rude épreuve tout au long de la journée, et pour qu'ils ne se cassent pas, il faut les fortifier. Pour cela, le vinaigre blanc est le partenaire idéal ! Dans un bol, mélangez 250 ml d'eau chaude avec 2 c. à café de vinaigre blanc. Lorsque la solution est prête, plongez-y le bout de vos doigts durant 5 minutes. Rincez-les abondamment à l'eau claire sans oublier de les essuyer avec délicatesse.

Soin des ongles à l'huile de ricin et à l'huile essentielle de citron

Vos ongles se cassent facilement et ont du mal à pousser ? L'huile de ricin et l'huile essentielle de citron vont les fortifier et ainsi leur permettre de pousser plus vite.

RECETTE

Dans un bol, diluez l'huile essentielle de citron avec l'huile de ricin.

•

Versez votre préparation dans un flacon à l'aide d'un entonnoir.

•

Appliquez chaque soir cette huile fortifiante sur vos ongles, en effectuant de petits massages pendant 10 minutes environ.

INGRÉDIENTS 10 gouttes d'huile essentielle de citron, 50 ml d'huile de ricin

ÉQUIPEMENT Un bol, un flacon, un entonnoir

Conservez votre flacon à l'abri de la chaleur et de la lumière.

Évitez d'exposer vos mains au soleil après l'application de l'huile essentielle de citron, car elle est photosensibilisante.

Où acheter de l'huile de ricin ? Dans les magasins bio et les pharmacies.

Vous pouvez faire ce soin pendant 3 semaines 2 fois par an.

SOINS DES MAINS

Voici des recettes de grand-mère pour prendre soin de vos mains, qu'elles soient sèches ou abîmées. Quelques gestes suffisent pour chouchouter vos mains et les protéger contre les agressions extérieures !

GOMMAGE EXPRESS AU CITRON

Le citron a des vertus désinfectantes, purifiantes et adoucissantes. C'est, par conséquent, un partenaire idéal pour vos mains. Pour réaliser ce gommage au citron, pressez 1/2 citron dans un bol auquel vous ajouterez 1 c. à soupe de sucre en poudre. Versez un peu de cette préparation dans le creux de vos mains et frictionnez-les l'une l'autre quelques minutes afin de les débarrasser des cellules mortes. Enfin, rincez à l'eau claire. Résultat : des mains douces et soyeuses ! Le mélange obtenu peut se conserver au maximum 2 jours au réfrigérateur.

Gommage au marc de café et à l'huile d'olive

Nos mains sont souvent agressées. Il est agréable de se réserver un petit moment pour en prendre soin. Avec ce gommage de grand-mère, vos mains seront toutes douces !

RECETTE

Dans un bol, mélangez le marc de café avec l'huile d'olive.

•

Une fois la préparation prête, procédez au gommage en massant vos mains au-dessus d'un évier ou d'une bassine.

•

Rincez à l'eau tiède, puis essuyez.

INGRÉDIENTS 1 c. à soupe de marc de café, 1 c. à soupe d'huile d'olive

ÉQUIPEMENT Un bol, une cuillère

Soin à l'huile d'amande douce

Profitez d'un soin de douceur pour sublimer vos mains. L'huile d'amande douce va nourrir en profondeur, tandis que le miel va apaiser votre peau et le citron vous enivrer de son parfum.

RECETTE

Mettez le miel et l'huile d'amande douce dans un bol.

•

Ajoutez-y le jus de citron et mélangez.

•

Massez vos mains avec ce soin naturel pendant 10 minutes.

•

Rincez délicatement à l'eau tiède puis séchez.

INGRÉDIENTS 2 c. à soupe d'huile d'amande douce, 2 c. à café de miel, 3 c. à café de jus de citron

ÉQUIPEMENT Un bol, une cuillère

Savon liquide maison

Cette recette express est un moyen de remplacer les savons achetés dans le commerce, parfois agressifs pour la peau. Retrouvez des mains douces grâce à ces ingrédients naturels, parmi lesquels la glycérine qui va hydrater votre peau.

RECETTE

Râpez finement le savon de Marseille.

•

Mettez les copeaux de savon dans un grand récipient.

•

Versez-y l'eau chaude.

•

Mélangez bien, afin de dissoudre les copeaux.

•

Ajoutez-y la glycérine végétale et l'huile essentielle de lavande (facultatif).

•

Laissez tiédir.

•

À l'aide d'un entonnoir, versez l'eau savonneuse dans votre flacon.

•

Patientez une nuit avant de l'utiliser.

INGRÉDIENTS

45 g de savon de Marseille à l'huile d'olive,
450 ml d'eau chaude, 2 c. à soupe de glycérine végétale naturelle,
10 gouttes d'huile essentielle de lavande vraie (facultatif)

ÉQUIPEMENT

Un grand récipient propre, une grande cuillère,
un flacon pompe d'au moins 500 ml, un entonnoir, une râpe

Stockez vos chutes de savon dans un sachet en sisal pour éviter le gaspillage.

Soin au miel pour les mains sèches

L'huile de macadamia est une huile adoucissante. Associée au miel qui est réparateur et cicatrisant, elle offrira à vos mains toute la douceur qu'elles méritent.

RECETTE

Mélangez le miel et l'huile dans un bol.

•

Appliquez ce soin tout en massant vos mains pendant 10 minutes.

•

Rincez vos mains à l'eau tiède et essuyez-les, elles sont maintenant douces et hydratées.

INGRÉDIENTS
1 c. à soupe de miel d'acacia,
1 c. à soupe d'huile de macadamia

ÉQUIPEMENT
Un bol, une cuillère

Vous pouvez remplacer l'huile de macadamia par de l'huile d'amande douce ou de l'huile d'argan.

Vous pouvez faire ce soin 1 fois par semaine.

Crème pour les mains abîmées

Les mains sont souvent agressées par les produits ménagers et les changements de température. Découvrez cette recette simple à confectionner pour avoir de belles mains, même en hiver !

RECETTE

Mettez le miel, l'huile, le citron et le jaune d'œuf dans un bol.

•

Mélangez brièvement et délicatement pour conserver une texture homogène.

•

Appliquez ce soin naturel sur vos mains.

•

Laissez agir pendant 10 minutes, puis rincez.

INGRÉDIENTS
2 c. à café de miel, 1 c. à café d'huile d'olive,
1 c. à café de jus de citron, 1 jaune d'œuf

ÉQUIPEMENT
Un bol

Attention, cette préparation ne se conserve pas !

Vous pouvez faire ce soin 1 fois par semaine tant que vos mains sont abîmées.

Pieds

AMPOULES

Une grosse ampoule vous empêche de marcher ? Pour la soulager efficacement et permettre une cicatrisation rapide, voici quelques astuces de nos aïeules.

BAIN DE PIEDS AU BICARBONATE DE SOUDE

Pour soulager les ampoules et accélérer la cicatrisation, nos grands-mères préparaient un bain de pieds au bicarbonate de soude. Pour ce faire, diluez 3 c. à soupe de bicarbonate de soude alimentaire dans une bassine remplie d'eau chaude et laissez-vous aller à la détente pendant 10 minutes environ. Pensez à bien vous sécher les pieds, y compris entre les orteils. N'hésitez pas à réitérer ce bain jusqu'à la guérison de l'ampoule.

CATAPLASME DE CHOU

Le chou a des vertus anti-inflammatoires qui permettent de soulager certains désagréments corporels externes comme les ampoules. Ce cataplasme fait des merveilles ! Pour le préparer, prélevez une feuille de chou vert puis écrasez-la au rouleau à pâtisserie pour en extraire le jus. Appliquez ensuite sur la zone à soigner 3 épaisseurs de feuilles que vous recouvrirez de gaze. Fixez par une bande sans trop serrer, puis laissez agir quelques heures.

Bain de pieds adoucissant à l'avoine

Les flocons d'avoine ont des propriétés hydratantes qui permettent d'adoucir les peaux sèches et de soulager diverses démangeaisons. Dans l'Antiquité déjà, on les utilisait pour guérir les infections cutanées. Ce soin des pieds est aussi recommandé contre les cors et les durillons.

RECETTE

Versez l'eau froide dans une marmite.

•

Jetez-y les flocons d'avoine.

•

Mélangez, puis laissez macérer pendant 1 heure environ.

•

Faites bouillir ensuite le tout pendant 10 minutes en mélangeant de temps en temps.

•

Quand l'eau est tiède, versez-la dans une bassine propre.

•

Plongez vos pieds dans ce bain maison pendant 15 minutes.

INGRÉDIENTS

4 l d'eau environ,

100 g de flocons d'avoine

ÉQUIPEMENT

Une marmite,

une cuillère en bois,

une bassine

SOINS DES PIEDS

Pieds douloureux, fatigués, secs ou gonflés ? Il est temps pour eux d'être soulagés ! Adoptez vite ces recettes de bain et gommage de nos grands-mères pour prendre soin de vos petons.

Gommage douceur pour les pieds

Pour chouchouter vos pieds, rien de tel qu'un gommage naturel ! Facile à préparer, ce soin au citron vous aidera à avoir des pieds lisses et doux.

RECETTE

Pressez le jus de citron dans un bol.

•

Ajoutez-y l'huile d'amande douce et le sel puis mélangez.

•

Massez-vous les pieds avec ce gommage naturel en faisant des mouvements circulaires.

•

Rincez à l'eau, puis appliquez une crème hydratante pour les pieds.

INGRÉDIENTS

Jus de 1/2 citron,
1 c. à soupe d'huile d'amande douce,
2 c. à soupe gros sel

ÉQUIPEMENT

Un bol, une cuillère

Bain de pieds purifiant au citron

Ce soin naturel aide à purifier les pieds et réduire les callosités. Après une longue promenade, quel soulagement de se détendre grâce à ce mélange relaxant !

RECETTE

Remplissez une bassine avec de l'eau chaude.

•

Ajoutez-y le jus de citron, le lait et l'huile d'olive.

•

Mélangez le tout.

•

Quand l'eau est à 38 °C, plongez-y vos pieds pendant 10 à 15 minutes.

•

Séchez bien vos pieds y compris entre les orteils.

INGRÉDIENTS

4 l d'eau chaude, jus de 1/2 citron,
2 c. à soupe d'huile d'olive,
125 ml de lait

ÉQUIPEMENT

Une bassine, une cuillère

Bain de pieds tonifiant à la menthe

Grâce à l'action tonifiante et rafraîchissante de la menthe, voici un bain efficace pour réveiller les pieds fatigués après une longue promenade ou une journée de travail !

RECETTE

Versez l'eau chaude dans la bassine.

•

Jetez-y aussitôt la menthe et le gros sel.

•

Laissez infuser jusqu'à ce que l'eau soit à environ 38 °C.

•

Plongez vos pieds dans la bassine d'eau et détendez-vous pendant 10 à 15 minutes.

•

Séchez bien vos pieds, y compris entre les orteils.

INGRÉDIENTS

4 l d'eau chaude, 10 g de feuilles de menthe fraîche, 1 c. à soupe de gros sel ou sel d'Epsom

ÉQUIPEMENT

Une bassine

Où acheter du sel d'Epsom ? Dans les magasins bio, les parapharmacies et sur Internet.

Bain de pieds relaxant à la lavande

La lavande est calmante et apaisante, son odeur est agréable et relaxante. Le sel aide également à réduire le stress et calme les douleurs des pieds.

RECETTE

Remplissez une bassine d'eau chaude, à environ 38 °C.

•

Dans un bol, mélangez l'huile essentielle de lavande vraie et le sel que vous ajouterez ensuite à l'eau.

•

Laissez reposer vos pieds dans la bassine pendant 10 à 15 minutes.

•

Séchez vos pieds avec une serviette propre.

INGRÉDIENTS

4 l d'eau chaude, 6 gouttes d'huile essentielle de lavande vraie, 2 c. à soupe de gros sel ou sel d'Epsom

ÉQUIPEMENT

Une bassine, un bol

TRANSPIRATION DES PIEDS

Une personne sur trois connaît des problèmes de transpiration, et une des zones les plus touchées est celle des pieds. Pour chasser les odeurs dans les chaussures et ainsi réguler la transpiration, il existe quelques astuces de grand-mère efficaces.

BAIN DE PIEDS AU VINAIGRE DE CIDRE

Transpirer des pieds est souvent synonyme de mauvaises odeurs. Pour éviter ces désagréments, nos grands-mères recommandaient le bain de pieds au vinaigre de cidre. Les vertus antiseptiques et astringentes de ce vinaigre vont combattre les microbes tout en neutralisant la transpiration. Pour faire ce bain de pieds, il vous suffit de verser un grand verre de vinaigre de cidre dans une bassine d'eau chaude. Pour en augmenter les bienfaits, vous pouvez y ajouter 1 c. à soupe de gros sel. Séchez ensuite vos pieds à l'aide d'une serviette.

Pour lutter contre la transpiration des pieds, faites régulièrement des bains de pieds.

Changez de chaussettes tous les jours pour éviter les mauvaises odeurs.

Désodorisant maison pour chaussures

Parfois les chaussures dégagent vraiment de mauvaises odeurs ! Les responsables : les champignons, les bactéries, etc. Voici comment assainir vos chaussures.

RECETTE

Saupoudrez l'intérieur de vos chaussures de bicarbonate de soude ou de gros sel.

•

Laissez agir toute une nuit.

•

Le lendemain, retirez le bicarbonate ou le sel : l'odeur aura disparu !

INGRÉDIENTS

2 c. à soupe de bicarbonate de soude alimentaire ou de gros sel

Bain de pieds au thé

Le bain de pieds au thé permet de réduire efficacement les mauvaises odeurs, car le tanin présent dans le thé régule la transpiration. Vous pourrez enfin respirer !

RECETTE

Faites chauffer 2 l d'eau dans une casserole.

•

Plongez-y les sachets de thé noir.

•

Laissez bouillir pendant 5 minutes.

•

Versez dans une bassine contenant déjà 2 litres d'eau froide.

•

Une fois l'eau tiède, trempez-y vos pieds pendant 15 minutes environ.

•

Séchez soigneusement vos pieds, y compris entre les orteils.

INGRÉDIENTS

2 l d'eau chaude, 2 l d'eau froide, 4 sachets de thé noir

ÉQUIPEMENT

Une grande casserole, une bassine

Préférez les chaussettes en coton ou en laine plutôt que celles en Nylon ou polyester, qui empêchent les pieds de bien respirer.

Lavez-vous les pieds tous les jours pour combattre la transpiration excessive.

Visage

ACNÉ

L'acné est un problème de peau fréquent et parfois difficile à vivre. En première ligne : les adolescents, dont environ 80 % sont touchés. Voici quelques soins de grand-mère pour réguler la sécrétion de sébum qui, en excès, favorise l'apparition de boutons.

HUILE ANTI-ACNÉ

Dans un bol, diluez 8 gouttes d'huile essentielle de lavande vraie avec 30 ml d'huile de jojoba ou de nigelle. Versez cette préparation dans un flacon en verre à l'aide d'un entonnoir. Appliquez cette huile anti-acné sur le visage tous les soirs, en procédant à de légers massages pénétrants. Secouez le flacon avant chaque utilisation.

GOMMAGE AU BICARBONATE DE SOUDE

Versez dans un bol 1 c. à soupe de bicarbonate de soude alimentaire. Ajoutez-y 2 c. à café d'huile de jojoba. Mélangez et appliquez la préparation sur le visage en effectuant de petits mouvements circulaires. Rincez délicatement à l'eau tiède avec une serviette. Vous pouvez effectuer ce gommage 1 fois par semaine maximum.

MASQUE À LA TOMATE

La tomate va nettoyer en profondeur les pores obstrués et ainsi éviter l'apparition de comédons. Nos aïeules découpaient une tomate bien mûre en fines tranches qu'elles déposaient sur les boutons. Elles laissaient agir pendant 15 minutes environ puis rinçaient leur visage à l'eau claire. Pour plus d'efficacité, elles répétaient l'opération tous les jours pendant une semaine.

Ne percez pas ou ne grattez pas vos boutons au risque qu'ils s'infectent.

Masque au miel et au blanc d'œuf

Le blanc d'œuf est un astringent naturel qui absorbe l'excès de sébum. Le miel va éliminer les impuretés pour faire place à une peau nette et douce.

RECETTE

Dans un récipient, montez le blanc d'œuf en neige et incorporez-y le miel.

•

Mélangez délicatement à l'aide d'une cuillère en bois.

•

Appliquez la préparation sur les boutons d'acné en évitant le contour des yeux.

•

Laissez agir ce masque anti-acné pendant 10 à 15 minutes.

•

Rincez ensuite à l'eau tiède à l'aide d'un gant de toilette et séchez délicatement.

INGRÉDIENTS

1 blanc d'œuf, 1 c. à soupe de miel

ÉQUIPEMENT

Un récipient, un batteur électrique, une cuillère en bois

Lotion au citron

L'acide citrique présent dans le citron agit efficacement contre l'acné. Le miel, quant à lui, est un agent antibactérien qui apaise et hydrate la peau. Deux ingrédients indispensables pour composer une véritable lotion anti-acné.

RECETTE

Dans un bol, mélangez le miel, le yaourt et le jus de citron.

•

Appliquez la préparation sur votre visage à l'aide de coton.

•

Laissez agir pendant 10 minutes.

•

Rincez soigneusement à l'eau tiède avec un gant de toilette.

INGRÉDIENTS

1 c. à soupe de miel, 1 c. à soupe de yaourt, 1 c. à soupe de jus de citron

ÉQUIPEMENT

Un bol, des cotons

Cette lotion au citron peut se conserver 2 jours au réfrigérateur, en prenant soin de la recouvrir d'un film plastique.

CERNES ET POCHES SOUS LES YEUX

Les cernes et les poches touchent presque tout le monde à un moment donné de sa vie. Les causes sont multiples : génétique, vieillissement, allergie, stress, fatigue, tabac... Voici les astuces de nos grands-mères pour prendre soin du contour de vos yeux !

LE CONCOMBRE

Les tranches de concombre sont utilisées depuis des siècles par nos grands-mères pour réduire les poches et les cernes sous les yeux. Cet aliment composé à 95 % d'eau est une incroyable source d'hydratation. Il apporte également du cuivre, ce qui favorise la formation de collagène.
Si vous voulez suivre cette astuce, il vous suffit de couper deux tranches de concombre et de les laisser refroidir pendant 1 heure minimum au réfrigérateur. Ensuite, allongez-vous, en maintenant la tête légèrement surélevée, et placez une tranche de concombre sur chaque cerne pendant 10 à 15 minutes, en gardant les yeux fermés.

DU FROID SUR LE CONTOUR DES YEUX

Au contact du froid, la circulation sanguine est stimulée et les tissus lymphatiques sont régénérés, ce qui aide à atténuer les cernes. Le froid permet aussi de décongestionner les poches. L'astuce : confectionnez deux poches de glace en enveloppant des glaçons dans un tissu que vous appliquerez sur chaque œil. Si vous préférez, vous pouvez aussi appliquer sur vos yeux le dos d'une cuillère en métal préalablement refroidie au réfrigérateur et laisser agir 10 minutes environ.

LE CITRON

Les cernes ne sont pas seulement creusés, il est possible qu'ils soient également colorés. Le jus de citron sera votre allié contre ce problème ! Imbibez 2 cotons de quelques gouttes de jus de citron et placez-les sous vos yeux durant 10 minutes environ. Si vous répétez l'opération tous les soirs, vous obtiendrez de meilleurs résultats. L'astuce complémentaire : ajoutez quelques gouttes d'huile d'olive au jus de citron pour allier hydratation et décoloration.

CATAPLASME DE POMME DE TERRE

La pomme de terre a des agents de blanchiment qui réduiront naturellement vos cernes. Pour mettre cette astuce en pratique, coupez finement une rondelle d'une petite pomme de terre crue et épluchée. Coupez la rondelle en deux. Déposez chaque demi-rondelle sur vos cernes et laissez agir pendant 10 minutes.

LES SACHETS DE THÉ VERT

Ne jetez plus vos sachets de thé vert ! Laissez-les refroidir au réfrigérateur pendant 5 minutes. Placez ensuite un sachet sous chaque œil pendant 10 minutes, puis retirez-les. Cette astuce va permettre de réactiver la circulation sanguine sous les yeux et donc d'atténuer les cernes.

L'EAU FLORALE DE BLEUET

L'eau de bleuet est un décongestionnant naturel qui permet d'atténuer les poches sous les yeux. Apaisante, elle est aussi idéale pour les personnes qui travaillent beaucoup sur écran. Vous pouvez en trouver facilement dans les magasins bio, prête à l'emploi.
Voici la recette de nos grands-mères pour préparer de l'eau de bleuet : portez 1,5 l d'eau à ébullition dans une casserole. Hors du feu, jetez-y 30 g de fleurs de bleuet non traitées. Remuez et

laissez infuser pendant 15 minutes. Filtrez les fleurs, puis versez l'eau dans une bouteille en verre opaque à l'aide d'un entonnoir. Appliquez de l'eau de bleuet tous les matins avec un coton. La bouteille est à conserver au réfrigérateur 7 jours au maximum.

LA CAMOMILLE

La grande camomille et la camomille romaine étaient utilisées par nos grands-mères pour faire disparaître les poches sous les yeux. Faites infuser 1 c. à soupe de camomille de votre choix dans 200 ml d'eau bouillante durant 3 à 4 minutes. Ensuite, imbibez 2 cotons de votre infusion et laissez-les refroidir quelques minutes au réfrigérateur. Enfin, posez les cotons pendant 10 minutes environ sur vos yeux. Vous pouvez conserver l'infusion jusqu'à 2 jours au réfrigérateur. Pour les plus pressés : Mettez à bouillir de l'eau chaude dans une casserole. Laissez-y infuser 2 sachets d'infusion à la camomille pendant 10 minutes. Placez les sachets au réfrigérateur le temps qu'ils refroidissent. Allongez-vous et appliquez un sachet sur chaque paupière. Laissez agir pendant 10 minutes.

LE MARC DE CAFÉ

Dans un bol, mélangez 1 c. à café de yaourt avec 1 c. à café de marc. Mettez votre préparation au réfrigérateur pendant 1 heure au minimum. Appliquez ce soin sur vos cernes. Laissez agir pendant 10 minutes, puis rincez délicatement à l'aide d'un coton. Vous pouvez faire ce soin anticernes 1 fois par semaine.

LE LAIT

Imbibez 2 compresses de lait de vache demi-écrémé froid. Laissez-les agir pendant 10 minutes sous vos yeux. Cette astuce de grand-mère va rebooster votre regard rapidement !

DENTS BLANCHES

Bénéficiez des astuces de grand-mère simples et pratiques à mettre en place au quotidien, afin de retrouver un sourire éclatant !

LE BICARBONATE DE SOUDE ALIMENTAIRE

Le bicarbonate de soude se classe dans la catégorie des détartrants dits « naturels ». Il peut donc participer au blanchiment des dents à condition de savoir l'utiliser correctement. Pour ce faire, saupoudrez 1 pincée de bicarbonate alimentaire sur votre brosse et brossez-vous les dents. Attention néanmoins à sa propriété abrasive ; en effet, le bicarbonate de soude ne doit être utilisé que 1 fois par semaine, sous peine d'altérer votre émail.

LE GROS SEL DE MER

Nos grands-mères utilisaient également l'astuce du gros sel pour blanchir les dents. Mélangez dans un verre 2 c. à café de gros sel dans 100 ml d'eau tiède. Trempez votre brosse à dents dans cette préparation et brossez-vous les dents. Rincez-vous la bouche. À faire également 1 fois par semaine au maximum.

LÈVRES SÈCHES

Le vent, l'humidité et le gel sont autant d'éléments qui attaquent votre peau, et particulièrement vos lèvres, qui sont sensibles aux agressions extérieures. Voici quelques recettes de grand-mère pour protéger les lèvres sèches et gercées.

LE BEURRE DE KARITÉ

Récolté à partir de la noix de karité, le beurre du même nom agit comme hydratant, réparateur et protecteur. Appliquez une pellicule de beurre de karité sur vos lèvres gercées et laissez agir. Vous ressentirez immédiatement une sensation de soulagement. Le beurre assouplira vos lèvres et relâchera la tension entre les tissus déchirés. Renouvelez l'opération plusieurs fois par jour.

Vous pouvez aussi préparer un baume de karité. Pour ce faire, faites fondre au bain-marie 15 g de beurre de karité. Hors du feu, ajoutez progressivement 10 ml d'huile de jojoba. Versez la préparation dans un petit pot et laissez refroidir. Lorsque le mélange a durci, appliquez-le sur vos lèvres avec votre doigt. Vous pouvez conserver ce baume pendant 2 mois à l'abri de la chaleur et de la lumière.

LE MIEL

Profitez de ce soin sucré l'espace de quelques minutes par jour, et vos lèvres gercées vous en seront reconnaissantes. Pour cela, prélevez une fine couche de miel et appliquez-la directement sur vos lèvres, sans toutefois céder à la tentation de les lécher ! Laissez agir 15 minutes et rincez délicatement avec un coton imbibé d'eau tiède.

LES HUILES VÉGÉTALES

Huile de coco, d'avocat ou d'olive... ces huiles végétales ont une action miraculeuse. L'huile de coco est la plus soyeuse. En plus de protéger vos lèvres, elle les adoucit et les nourrit en profondeur. Les autres huiles créent une épaisse barrière de protection contre le froid et l'humidité, laissant une douceur incroyable. Il vous suffit d'en déposer quelques gouttes sur votre doigt que vous appliquerez sur vos lèvres.

Évitez un réflexe dévastateur : ne mouillez jamais vos lèvres en espérant les hydrater !

Baume à lèvres au miel

Ce baume maison va nourrir et réparer vos lèvres.
Une recette de grand-mère facile à réaliser !

RECETTE

Faites chauffer au bain-marie l'huile de coco avec la cire d'abeille.

•

Une fois le mélange fondu, hors du feu, ajoutez-y le miel.

•

Fouettez jusqu'à ce que la préparation soit homogène.

•

Versez votre baume dans un petit pot et appliquez-en sur vos lèvres 1 à 2 fois par jour.

INGRÉDIENTS
1 c. à soupe d'huile de coco,
1 c. à café de cire d'abeille (5 g environ),
1/2 c. à café de miel d'acacia

ÉQUIPEMENT
Deux casseroles (dont une pour le bain-marie),
un petit pot en verre ou en plastique,
un fouet

Mélangez régulièrement pendant toute la préparation du baume afin d'obtenir une consistance homogène.

Vous pouvez conserver votre baume à lèvres au miel pendant 2 mois à l'abri de la chaleur et de la lumière.

Gommage pour les lèvres sèches et abîmées

Vos lèvres sont gercées ? Profitez de ce soin naturel pour les exfolier et les hydrater en profondeur. Elles seront sublimées en seulement quelques minutes !

RECETTE

Mélangez dans un bol le miel et le sucre.

•

Appliquez ce gommage du bout des doigts sur vos lèvres gercées et massez délicatement de façon circulaire pendant 5 minutes au maximum.

•

Rincez à l'aide d'un coton imbibé d'eau tiède.

•

Pour terminer votre soin, faites fondre le beurre de karité dans le creux de votre main et appliquez-le sur vos lèvres.

INGRÉDIENTS
1 c. à café de miel,
1 c. à café de sucre en poudre,
1 c. à café de beurre de karité

ÉQUIPEMENT
Un bol, une cuillère, coton

Vous pouvez faire ce gommage au miel 1 fois par semaine maximum.

Si vous n'avez pas de beurre de karité, remplacez celui-ci par de l'huile d'olive.

PEAUX GRASSES

Une peau grasse a un aspect luisant et huileux. Elle est sujette aux boutons et aux points noirs. Découvrez ces recettes secrètes de grand-mère pour une peau rééquilibrée et matifiée !

Masque à l'argile verte

L'argile verte absorbe l'excès de sébum des peaux grasses et lutte contre les imperfections de la peau. Avec ce masque maison, votre peau sera éclatante et purifiée !

RECETTE

Mélangez tous les ingrédients dans un bol.

•

Appliquez ce masque sur un visage propre en évitant le contour des yeux et les lèvres.

•

Laissez agir pendant 10 minutes environ.

•

Rincez abondamment à l'eau tiède.

•

Appliquez ensuite votre crème hydratante habituelle.

INGRÉDIENTS

1 c. à soupe d'argile verte en poudre ultraventilée, 1 c. à soupe de lait, 1 c. à café de miel

ÉQUIPEMENT

Un bol en verre, une cuillère

Vous pouvez appliquer ce masque 1 fois par semaine.

Gommage purifiant au bicarbonate

Le gommage au bicarbonate est particulièrement adapté aux peaux grasses. Il permet de purifier la peau en éliminant les cellules mortes. Son effet peeling est un peu plus abrasif que les autres gommages. Les peaux sensibles devront donc s'abstenir de ce soin.

RECETTE

Versez le bicarbonate de soude dans un bol.

•

Ajoutez-y l'huile d'amande douce et mélangez.

•

Appliquez ce gommage sur le visage en effectuant de légers mouvements circulaires et en évitant le contour des yeux.

•

Rincez à l'aide d'un gant de toilette mouillé tiède.

•

Appliquez votre crème hydratante habituelle.

INGRÉDIENTS
15 g de bicarbonate de soude alimentaire,
2 c. à café d'huile d'amande douce

ÉQUIPEMENT
Un bol, une cuillère

Vous pouvez faire le gommage au bicarbonate de soude 1 fois par semaine au maximum.

Ce gommage est à utiliser immédiatement. Il ne se conserve pas.

PEAUX MIXTES

La peau mixte a pour particularité d'associer autant les propriétés d'une peau sèche que celles d'une peau grasse. La zone autour du menton, du nez et du front (appelée « zone T ») aura tendance à être plus grasse. Les autres zones du visage seront quant à elles plus sèches. Une peau mixte doit être traitée par des soins adaptés, capables de réguler autant les zones sèches que les zones grasses.

MASQUE À L'EAU DE ROSE

Dans un bol, mélangez 1 c. à café d'eau de rose, 1 c. à soupe de yaourt et 1 c. à café de miel. Appliquez ce masque sur votre visage et laissez agir 15 minutes environ, avant de rincer à l'eau claire. Votre peau est douce et soyeuse !

L'HUILE DE CHANVRE

Ses nombreuses propriétés naturelles (hydratante, régénérante, apaisante) garantissent un soin optimal à votre peau mixte. Appliquez directement sur le visage quelques gouttes d'huile de chanvre à 100 % pure. Cette huile va pénétrer rapidement dans la peau sans laisser de film gras.

BAIN DE VAPEUR

Le bain de vapeur est un moyen efficace pour régénérer la peau en la débarrassant de ses impuretés. Pour ce faire, versez 2 l d'eau très chaude dans une bassine, ajoutez-y 2 gouttes d'huile essentielle de lavande vraie et placez votre visage au-dessus, tout en vous couvrant la tête d'une serviette. Laissez la vapeur agir pendant 10 minutes environ, tout en évitant de vous brûler !

PEAUX SÈCHES

Les causes de peau sèche peuvent être multiples : froid, pollution, vent, soleil, mauvaise hydratation, produit d'hygiène non adapté... Voici quelques recettes de grand-mère pour hydrater en profondeur votre visage.

L'AVOCAT

Pour profiter des propriétés hydratantes et réparatrices de l'avocat, concoctez-vous un masque en mixant la pulpe de 1/2 avocat avec 1 c. à soupe d'huile d'olive. Appliquez le mélange obtenu sur la peau et laissez agir pendant 15 minutes environ, avant de rincer abondamment.

LE BEURRE DE KARITÉ

Le beurre de karité nourrit en profondeur les peaux sèches. Faites fondre une noisette de beurre de karité dans le creux de votre main et appliquez-la sur votre peau.

L'EAU THERMALE

Autre astuce : au réveil, pulvérisez sur votre visage de l'eau thermale à l'aide d'un brumisateur. Apaisante et hydratante, elle empêche aussi le tiraillement de la peau.

L'HUILE D'ARGAN

Cette huile de beauté a pour principales vertus d'être riche en oméga-6 et oméga-9 ainsi qu'en vitamine E ; elle va donc aider la peau à se régénérer et se réhydrater. Vous pouvez tout simplement appliquer quelques gouttes d'huile d'argan sur votre peau pour profiter de ses bienfaits.

Pour faire un masque à l'huile d'argan, mélangez dans un bol 2 c. à soupe d'argile blanche prête à l'emploi avec 1 c. à café d'huile d'argan. Appliquez ce masque sur votre visage en évitant le contour des yeux. Laissez agir pendant 15 minutes environ, puis rincez à l'eau claire.

Masque à l'argile blanche

Ce masque spécial peaux sèches à l'argile blanche va hydrater la peau en profondeur tout en respectant sa sensibilité.

RECETTE

Mélangez tous les ingrédients dans un bol.

•

Appliquez le masque sur votre visage en évitant le contour des yeux.

•

Laissez agir 10 à 15 minutes.

•

Rincez abondamment, puis utilisez votre crème hydratante habituelle.

INGRÉDIENTS

2 c. à soupe d'argile blanche en poudre ultraventilée,
1 c. à soupe de jus de carotte,
1 c. à café d'huile d'amande douce

ÉQUIPEMENT

Un bol, une cuillère

Masque aux flocons d'avoine

Avec ce soin naturel à l'avoine, votre peau sera douce, hydratée et apaisée.

RECETTE

Faites bouillir l'eau dans une casserole.

•

Versez les flocons d'avoine dans un bol.

•

Ajoutez l'eau très chaude, puis mixez le tout.

•

Appliquez ce masque aux flocons d'avoine sur une peau parfaitement nettoyée et laissez agir pendant 10 minutes.

•

Rincez à l'eau claire.

INGRÉDIENTS

100 ml d'eau chaude,
20 g de flocons d'avoine

ÉQUIPEMENT

Une casserole, un bol, un mixeur

PEAUX SENSIBLES

Les personnes ayant une peau sensible doivent être vigilantes et l'entretenir soigneusement. Il existe des recettes simples de nos grands-mères permettant d'hydrater et de nettoyer le visage sans aucun agent agressif.

LAIT APAISANT

Très efficace, cette préparation permet de nettoyer le visage en profondeur. Dans un bol, mélangez 1 c. à soupe de miel avec 1 c. à soupe de crème fraîche. Appliquez généreusement ce lait sur la peau du visage avant de rincer délicatement avec de l'eau florale d'hamamélis.

LOTION AU BASILIC

Le basilic peut être utilisé en lotion sur votre peau. Il suffit de plonger 10 feuilles de basilic frais dans 200 ml d'eau très chaude. Après ébullition, éteignez le feu, couvrez et laissez infuser durant 15 minutes. Enfin, filtrez le mélange et versez-le dans un flacon à l'aide d'un entonnoir. Vous pouvez utiliser cette lotion 2 fois par jour en l'appliquant sur le visage à l'aide d'un coton. Petit plus : elle se conserve 4 jours au réfrigérateur.

MASQUE À L'ARGILE ROSE

Mélangez 1 c. à soupe d'argile rose ultraventilée avec 1 c. à café d'huile de macadamia. Incorporez 2 c. à café d'eau florale de camomille jusqu'à obtenir une pâte homogène. Ce type de masque ne contenant pas de conservateur, utilisez-le dès que la préparation est prête !

Lotion apaisante au tilleul

Cette lotion a des vertus apaisantes pour la peau et convient très bien aux peaux sensibles. Elle est aussi recommandée en cas de démangeaisons ou de gerçures.

RECETTE

Faites bouillir l'eau dans une casserole.

•

Jetez-y le tilleul et retirez la casserole du feu.

•

Couvrez et laissez infuser pendant 20 minutes.

•

Une fois l'eau refroidie, filtrez-la et versez-la dans un flacon à l'aide d'un entonnoir.

•

Appliquez cette lotion apaisante sur le visage matin et soir.

INGRÉDIENTS 250 ml d'eau de source, 2 g de tilleul

ÉQUIPEMENT Une casserole, un filtre, un flacon propre et stérilisé, un entonnoir

Cette lotion maison se conserve 5 jours au maximum au réfrigérateur.

POINTS NOIRS

Il existe des remèdes d'antan pour lutter contre les points noirs et se débarrasser de l'excès de sébum de la peau.

LE CITRON

Coupez 1 citron en deux. Prenez un Coton-Tige que vous imbiberez de jus de citron. Tamponnez les zones à points noirs du visage.
À faire 2 fois par jour pendant une semaine. Attention, le citron est photosensibilisant, veillez à ne pas vous exposer au soleil après son application sur la peau !

BAIN DE VAPEUR

Remplissez une casserole d'eau que vous porterez à ébullition. Versez l'eau bouillante dans un bol. Ajoutez-y 2 branches de thym frais. Asseyez-vous confortablement, la tête au-dessus du bol et recouverte d'une serviette. Profitez pendant 10 minutes de votre bain de vapeur, qui va ouvrir les pores de votre peau. Vous pouvez ensuite retirer les points noirs à l'aide d'un tire-comédon, disponible en pharmacie.

LE BLANC D'ŒUF

Un masque au blanc d'œuf permet de lutter contre les points noirs. Pour faire cette préparation, mélangez dans un bol 1 blanc d'œuf avec 1 c. à café d'huile de jojoba. Appliquez ce masque sur les points noirs. Laissez agir pendant 10 à 15 minutes, puis rincez.

LA POMME DE TERRE

Coupez une pomme de terre non traitée en rondelles. Appliquez directement les rondelles sur vos points noirs tout en massant. Renouvelez l'opération 1 fois par jour. Cette astuce permet d'éliminer l'excès de sébum de la peau et d'éviter l'apparition de points noirs.

Masque anti-points noirs

L'argile verte va purifier la peau et agir contre les comédons. La camomille, quant à elle, va rééquilibrer la peau.

RECETTE

Faites une infusion de camomille. Laissez-la refroidir.

•

Placez l'argile verte dans un bol.

•

Versez-y l'infusion de camomille petit à petit jusqu'à ce que le mélange ressemble à une pâte. Inutile de verser toute votre infusion ; le mélange ne doit pas être trop liquide !

•

Mélangez.

•

Appliquez votre masque à l'argile sur une peau parfaitement nettoyée.

•

Laissez agir pendant 15 à 20 minutes.

•

Rincez à l'eau tiède.

INGRÉDIENTS
250 ml d'eau, 1 infusion de camomille romaine, 3 c. à café d'argile verte ultraventilée

ÉQUIPEMENT
Une casserole, un bol en verre, une cuillère

RIDES

Lorsque nous vieillissons, notre peau change inévitablement. Les cellules graisseuses rétrécissent et la peau perd de son élasticité. Les rides commencent à apparaître autour des yeux et sur le front. Découvrez des aliments anti-âge pour lutter contre le vieillissement prématuré de la peau, mais aussi des conseils et astuces pour hydrater et régénérer les peaux matures.

LE BROCOLI

Étant de la famille des crucifères, le brocoli contient des phytonutriments qui vont contribuer à stimuler la production du collagène par l'organisme, afin de lutter contre l'apparition des rides et protéger la peau contre les impacts des rayons UV. C'est donc un puissant aliment anti-âge, à consommer sans modération !

LES MYRTILLES

Les myrtilles n'ont pas juste un goût délicieux. Ces petits fruits sont remplis de puissants antioxydants qui aident à entretenir votre jeunesse tout en réduisant les rides.

L'AVOCAT

L'avocat permet d'entretenir votre jeunesse puisqu'il contient dans sa pulpe des vitamines B et E et des acides gras mono-insaturés, très nutritifs pour la peau. Il contient en outre de la vitamine C qui va catalyser la production de collagène par l'organisme. De plus, son caractère alcalisant empêche l'acidité de la peau, propice au vieillissement.

LE MAQUEREAU

Poisson très riche en oméga-3, le maquereau fournit des acides gras et des protéines qui sont nécessaires au renouvellement des cellules de l'épiderme.

conseil

Pour lutter contre les rides, protégez-vous du soleil !

Masque antirides à l'huile de bourrache

Le masque à l'huile de bourrache et à l'argile verte permet de garder une peau ferme et d'avoir un teint éclatant !

RECETTE

Mélangez dans un bol l'argile verte et l'huile de bourrache.

•

Appliquez ce masque antirides sur le visage, en évitant le contour des yeux.

•

Laissez agir pendant 15 minutes environ.

•

Rincez délicatement à l'eau tiède.

INGRÉDIENTS

1 c. à soupe d'argile verte ultraventilée,
1 c. à soupe d'huile de bourrache

ÉQUIPEMENT

Un bol en verre,
une cuillère

Masque antirides à la banane

Évitez les produits chimiques qui vont fragiliser votre peau ! Optez plutôt pour un soin naturel avec ce masque antirides. La banane contient du potassium et de la vitamine A, des éléments utiles pour retarder l'apparition des rides.

RECETTE

Écrasez la banane dans un bol.
•
Ajoutez-y le miel, le yaourt et l'huile.
•
Mélangez le tout jusqu'à l'obtention d'une pâte homogène.
•
Appliquez ce masque sur le visage et le cou en évitant le contour des yeux.
•
Laissez agir pendant 15 minutes.
•
Rincez à l'eau tiède.

INGRÉDIENTS 1 banane, 1 c. à café de miel, 1 c. à soupe de yaourt nature, 1/2 c. à café d'huile d'argan, de jojoba ou de bourrache

ÉQUIPEMENT Un bol, une fourchette

Masque antirides au blanc d'œuf

Le blanc d'œuf est un aliment riche en protéines qui agit comme un antirides naturel !

RECETTE

Battez le blanc jusqu'à ce qu'il soit mousseux.
•
Ajoutez-y l'huile d'avocat et le jus de citron.
•
Mélangez.
•
Appliquez délicatement le masque sur le visage en évitant le contour des yeux.
•
Laissez agir pendant 30 minutes.
•
Rincez votre visage à l'eau froide.
•
Séchez avec une serviette propre.
•
Appliquez ce masque 1 ou 2 fois par semaine.

INGRÉDIENTS 1 blanc d'œuf, 1 c. à café d'huile d'avocat, 1 c. à soupe de jus de citron

ÉQUIPEMENT Un récipient, un fouet

Il est conseillé de ne pas fumer : le tabac va ternir et assécher votre peau, et provoquer l'apparition prématurée des rides.

Buvez beaucoup d'eau et pratiquez une activité physique régulière pour garder une peau jeune et tonique.

SOINS DU VISAGE

Pour avoir une peau douce et lumineuse, nos aïeules préparaient des soins de beauté avec seulement quelques ingrédients à leur portée.

LE VINAIGRE DE CIDRE

Nos grands-mères utilisaient le vinaigre de cidre pour nettoyer leur visage en profondeur. Pour préparer cette lotion, mélangez tout simplement 100 ml de vinaigre de cidre dans 200 ml d'eau. Appliquez cette lotion tonique chaque matin directement sur votre visage à l'aide d'un coton. Conservez la préparation au réfrigérateur.

Gommage au sucre et au citron

Le jus de citron a des vertus astringentes et l'huile d'olive est adoucissante. Les grains de sucre permettent quant à eux d'éliminer les cellules mortes de la peau.

RECETTE

Versez le sucre dans un bol et ajoutez le jus de citron et l'huile d'olive.

•

Mélangez bien.

•

Appliquez le gommage sur votre visage humide en effectuant des mouvements circulaires afin de gommer les impuretés de votre peau.

•

Rincez abondamment à l'eau tiède et séchez avec une serviette.

INGRÉDIENTS 2 c. à soupe de sucre, 1 c. à soupe de jus de citron, 1 c. à café d'huile d'olive

ÉQUIPEMENT Un bol, une cuillère, une serviette

Vous pouvez faire ce soin exfoliant 1 fois par semaine pour tonifier votre peau.

Ce soin est aussi bien adapté aux peaux grasses qu'aux peaux mixtes et sèches.

Utilisez immédiatement ce gommage maison, car il ne se conserve pas.

Huile de carotte maison

La carotte, riche en bêtacarotène, est excellente en soin « bonne mine » pour le visage. Ce macérât huileux illuminera votre teint et agira comme un autobronzant naturel.

RECETTE

Lavez soigneusement les carottes sans les éplucher.

•

Râpez-les grossièrement avec leur peau.

•

Laissez les carottes râpées sécher pendant 24 heures à l'air libre.

•

Mettez-les dans un bocal.

•

Couvrez-les entièrement avec de l'huile de tournesol.

•

Laissez macérer l'ensemble pendant 3 semaines, si possible au soleil, en remuant régulièrement.

•

Filtrez, vous obtiendrez votre huile de carotte maison.

•

Appliquez quelques gouttes de cette huile sur votre visage et votre cou. Inutile de rincer.

INGRÉDIENTS

2 carottes non traitées, huile de tournesol

ÉQUIPEMENT

Râpe à légumes, un bocal en verre, un filtre, un flacon

Conservez l'huile de carotte à l'abri de la chaleur et de la lumière pendant 3 mois au maximum.

L'huile de carotte peut aussi être utilisée pour le corps.

Attention, cette huile de beauté ne remplace en aucun cas une protection solaire.

TACHES BRUNES

Les taches brunes apparaissent sur le visage et sur le corps (les mains notamment) au moment où l'on s'y attend le moins. Ces taches peuvent être dues au soleil, à une grossesse ou être une marque de vieillesse. Il existe cependant des astuces de grand-mère pour les atténuer sans agressivité.

LE JUS DE CITRON

Le jus de citron était utilisé par nos grands-mères pour blanchir les taches brunes présentes sur les mains ou les bras. Pour appliquer cette astuce, il vous suffit de tamponner les taches avec du jus de citron fraîchement pressé. Faites ce geste quotidiennement, matin et soir. Si vous avez la peau sèche ou sensible, le jus de citron est déconseillé. Par ailleurs, il ne faut absolument pas s'exposer au soleil après l'application du citron.

L'HUILE DE RICIN

L'huile de ricin est l'une des huiles les plus nourrissantes. C'est d'ailleurs pour cette raison qu'on l'utilise pour fortifier les ongles ou réparer les cheveux abîmés. Cette huile fait des miracles sur les taches brunes. Il suffit de l'appliquer 2 fois par jour pour pouvoir en observer les résultats.

L'OIGNON ROUGE

D'après nos grands-mères, l'oignon rouge aiderait à lutter contre les taches brunes. Pour tester ce remède d'antan, il vous suffit de prélever le jus de l'oignon en le pressant fortement. Imbibez un coton de démaquillage de ce jus puis tapotez les zones à traiter. Laissez agir une bonne dizaine de minutes avant de rincer abondamment à l'eau tiède.

L'HUILE D'ARGAN

Si vous avez des taches brunes sur les mains, les bras ou au niveau du décolleté, vous pouvez utiliser de l'huile d'argan. Cet élixir miraculeux est très riche en vitamine E. De fait, il adoucit la peau tout en la revitalisant. C'est également un partenaire parfait pour combattre les rides et lutter contre le dessèchement de la peau. Pour profiter de ses bienfaits, il vous suffit de masser la zone à traiter quotidiennement avec quelques gouttes d'huile d'argan.

LE VINAIGRE DE CIDRE

Le vinaigre de cidre aide la peau à se renouveler. Vous pouvez l'appliquer directement sur les taches brunes. Pour une efficacité optimale, il est conseillé de laisser agir quelques minutes avant de rincer, et de répéter cette opération quotidiennement.

TEINT TERNE

Vous avez le teint terne ou fatigué ? Voici quelques recettes miracles de masques à l'argile rose !

MASQUE À L'ARGILE ROSE ET À L'EAU DE ROSE

Ce soin maison est parfait pour les peaux ternes, marquées par les stigmates de la fatigue. Pour préparer ce masque, mélangez 2 c. à soupe d'argile rose ultraventilée avec 1 c. à soupe d'eau de rose, puis ajoutez 1 c. à café d'huile d'amande douce. Appliquez ce masque régénérant sur une peau bien nettoyée, en évitant le contour des yeux. Laissez poser 10 minutes avant de rincer à l'eau claire.

MASQUE À L'ARGILE ROSE ET À L'HUILE D'ABRICOT

Conjuguez 2 c. à soupe d'argile rose ultraventilée avec 1 c. à soupe de yaourt, 1 c. à soupe d'huile végétale d'abricot et 1 c. à soupe de miel liquide. Appliquez ce masque sur votre visage pendant 10 minutes. Rincez à l'eau claire.

Masque à l'argile rose et à l'huile de carotte

Ce masque convient très bien aux peaux sensibles et délicates. Découvrez cette recette de nos grands-mères pour avoir bonne mine et un teint éclatant.

RECETTE

Mélangez l'argile, l'huile de carotte et le miel dans un bol.

•

Appliquez ce masque « bonne mine » en couche épaisse sur le visage et le cou.

•

Laissez agir pendant 10 minutes environ.

•

Rincez abondamment à l'eau tiède.

•

Séchez votre visage, puis appliquez votre crème hydratante habituelle.

INGRÉDIENTS

1 c. à soupe d'argile rose prête à l'emploi, 1 c. à café d'huile végétale de carotte, 1 c. à café de miel

ÉQUIPEMENT

Un bol en verre, une spatule

Vous pouvez recourir à ce masque 1 fois par semaine.

Vie pratique

Animaux domestiques

CHATS

Des traitements naturels contre les puces aux astuces pour chasser les mauvaises odeurs de litière, en passant par la manière d'éloigner votre chat des plantes, voici quelques coups de pouce pour prendre soin de votre animal au quotidien avec ces quelques astuces de nos aïeules !

LA LEVURE DE BIÈRE

Selon nos grands-mères, la levure de bière permettrait au sang du chat d'avoir une odeur repoussant les puces. En outre, grâce aux vitamines contenues dans la levure, votre chat aura un poil resplendissant, doux et brillant ! Pour cela, mettez quotidiennement 1/2 c. à café de levure de bière en poudre dans la nourriture de votre chat.

LE SAVON NOIR

Faites un shampoing à votre chat avec une noisette de savon noir mou. Laissez agir pendant 5 minutes environ. Rincez-le délicatement à l'eau tiède puis essuyez-le. Votre minou ne va peut-être pas apprécier ce lavage, mais le savon noir est très efficace pour lutter contre les puces. Et s'il refuse catégoriquement ce lavage, trempez un peigne à chat dans un mélange de savon noir et d'eau tiède et peignez-le.

LA TERRE DE DIATOMÉE

Saupoudrez un peu de terre de diatomée sur le poil de votre chat, puis brossez-le. Attention à ne pas en mettre dans ses yeux. Pour plus d'efficacité, répétez l'opération tous les 5 jours.

astuce

Utilisez quotidiennement un peigne à puces pour éliminer ces parasites.

Désinfectez les lieux où votre chat s'installe (canapé, lit, panier, couverture, etc.).

Fini les mauvaises odeurs dans la litière

La litière de votre chat sent mauvais ? Grâce au bicarbonate de soude, les odeurs de la litière seront piégées et vous pourrez ainsi en espacer le changement.

RECETTE

Enlevez la litière sale et nettoyez le bac du chat.

•

Saupoudrez uniformément le fond du bac propre de bicarbonate de soude.

•

Recouvrez de litière propre.

INGRÉDIENTS

7 c. à soupe de bicarbonate de soude

Offrez à votre chat une litière propre pour qu'il fasse ses besoins dans la litière.

Appliquez cette astuce chaque fois que vous changez la litière.

ÉLOIGNER LES CHATS DES PLANTES

Votre minou gratte la terre de vos pots ou mange carrément vos plantes ? Il existe quelques astuces pour empêcher les chats d'abîmer vos végétaux.

LA MOUTARDE

Diluez 1 c. à soupe de moutarde dans 500 ml d'eau tiède que vous verserez dans un vaporisateur à l'aide d'un entonnoir. Secouez énergiquement et vaporisez ce répulsif naturel dans la terre de vos plantes. Le chat sera ainsi repoussé par l'odeur forte de moutarde.

LES AGRUMES

Pour chasser les chats, nos aïeules plaçaient régulièrement des écorces de citron ou d'orange sur la terre de leurs plantes. Ces fertilisants naturels vont repousser les chats, qui n'aiment pas l'odeur des agrumes.

LES GALETS ET COQUILLAGES

Vous pouvez disposer sur la terre de vos pots des gros galets ou des coquillages. Cette méthode fonctionne chez la plupart des chats. Avec ce dispositif, veillez à ce qu'il n'y ait pas d'eau stagnante sous les cailloux afin de préserver vos plantes et d'éviter une invasion de moucherons.

conseil

L'eau de Javel attire les chats et est responsable de nombreuses intoxications chaque année. À éviter absolument, si vous voulez éloigner votre chat de vos plantes !

CHIENS

Le chien est le meilleur ami de l'homme, et pour cause : fidèle et affectueux, il est aussi capable de percevoir nos émotions. Mais les puces peuvent devenir très gênantes pour lui. Prenez soin de votre animal de compagnie en lui choisissant des produits sains. Pour cela, nos grands-mères avaient des astuces naturelles !

LA TERRE DE DIATOMÉE

Lorsque vous brossez votre chien, terminez sa toilette par l'application de poudre de diatomée sur son corps, en la faisant pénétrer par des massages énergiques. Insistez sur les parties plus sensibles comme le cou, la nuque, les aisselles et l'aine, en prenant soin d'éviter les yeux. Renouvelez l'opération tous les 5 jours jusqu'à l'élimination complète des puces. Attention, sachez que la poudre de diatomée perd toute son efficacité si elle est mouillée ; traitez donc votre chien lorsque vous êtes sûr qu'il va rester au sec.

LA LEVURE DE BIÈRE

Les chiens adorent la levure de bière. Mettez 1 c. à café de cette levure sur leur nourriture et soyez sûr qu'il n'en restera plus. Une gourmandise bonne pour la santé de votre meilleur ami : que demander de plus ? Les vitamines contenues dans la levure de bière renforcent la peau et le poil. Le sang de l'animal ainsi nourri prend une odeur fort désagréable pour les puces qui préfèrent alors prendre la fuite.

LES FEUILLES DE MENTHE

Si vous avez de la menthe chez vous, elle vous sera très utile, car l'odeur de cette plante est un véritable repoussoir à puces. Faites bouillir une bonne poignée de menthe dans 1 l d'eau pendant 10 minutes. Une fois la décoction refroidie, appliquez-la sur le pelage de votre chien. Renouvelez l'opération toutes les semaines jusqu'à la disparition des puces.
En complément, pensez à mettre des feuilles de menthe fraîche dans les lieux où votre chien s'installe (niche, panier, etc.).

LE CITRON

Ce traitement naturel contre les puces a l'avantage de sentir bon ! Faites bouillir 500 ml d'eau et plongez-y le zeste de 2 citrons. Laissez cuire pendant 15 minutes à feu doux et filtrez. Incorporez cette eau citronnée dans 4 l d'eau chaude. Mélangez et douchez votre chien avec cette eau encore chaude (non brûlante), en évitant ses yeux. Frictionnez votre chien et séchez-le. Les puces n'aiment pas l'odeur du citron et décideront de coloniser un autre animal.

LE VINAIGRE BLANC

Diluez 1 c. à soupe de vinaigre blanc dans un bol d'eau. Appliquez la solution sur le pelage de votre chien à l'aide d'un gant de toilette afin de repousser et d'éliminer les puces. Évitez d'en mettre sur les muqueuses de votre toutou ! Renouvelez ce traitement naturel 1 fois par semaine jusqu'à la disparition des puces ou pendant 1 mois en prévention.

Pensez à traiter votre chien régulièrement afin d'éviter la prolifération des parasites.

N'oubliez pas de désinfecter les lieux que votre chien fréquente et dans lesquels il aime se reposer (coussins, niche, tapis).

Bijoux

BIJOUX EN ARGENT

Vos bijoux en argent sont noircis, oxydés ou ternis ? Munissez-vous d'une brosse à dents souple, d'une peau de chamois ou d'un chiffon très doux. Passez ensuite à l'action !

LE BICARBONATE DE SOUDE

Mouillez une brosse à dents. Saupoudrez-la de quelques pincées de bicarbonate de soude. Frottez délicatement vos bijoux en argent, rincez-les à l'eau claire et essuyez-les à l'aide d'une peau de chamois.

LE CITRON

Frottez délicatement vos bijoux en argent à l'aide d'une brosse à dents imbibée de jus de citron. Rincez à l'eau claire. Essuyez avec un chiffon doux ou une peau de chamois.

LE VINAIGRE BLANC

Laissez tremper vos bijoux en argent dans un verre rempli de vinaigre blanc pendant 2 heures. Rincez-les à l'eau et essuyez-les.

Si vos bijoux contiennent des pierres, frottez-les délicatement pour ne pas endommager celles-ci.

BIJOUX EN OR

Nos aïeules entretenaient leurs bijoux les plus précieux avec des produits de nettoyage économiques et naturels. En voici la liste...

L'EAU SAVONNEUSE

Plongez vos bijoux en or 1 minute dans un bain de savon de Marseille. Frottez-les délicatement à l'aide d'une brosse à dents puis rincez-les à l'eau tiède. Disposez ensuite vos bijoux sur du papier absorbant puis essuyez-les à l'aide d'une peau de chamois.

LA MIE DE PAIN

Frottez votre bijou en or avec des boulettes de mie de pain frais pour lui redonner tout son éclat !

LA LEVURE CHIMIQUE

Saupoudrez votre bijou en or avec un peu de levure chimique. Frottez délicatement, rincez et essuyez. Une solution économique qui vous promet de faire briller vos bijoux !

ASTUCE POUR DÉMÊLER RAPIDEMENT UNE CHAÎNE

Mettez votre chaîne dans le creux de votre main. Versez-y quelques gouttes d'huile d'olive. Massez délicatement votre bijou des deux mains, la chaîne va se démêler toute seule !

Cuisine

CASSEROLE ET AUTOCUISEUR

Comment récupérer une casserole brûlée ? Comment entretenir vos casseroles en Inox ou en cuivre ? Comment nettoyer un autocuiseur sans se prendre la tête ? Nos grands-mères avaient leurs techniques naturelles, hautement efficaces !

FAIRE BRILLER VOS CASSEROLES EN INOX À L'AIDE D'UNE POMME DE TERRE

Au fil du temps, les casseroles en Inox deviennent ternes. Grâce à la pomme de terre, vous pouvez naturellement leur redonner de l'éclat. Frottez la surface de la casserole avec une pomme de terre coupée en deux, avant de rincer généreusement. Essuyez simplement avec un chiffon doux, avant d'admirer le résultat.

NETTOYER UN AUTOCUISEUR EN INOX AVEC DES CRISTAUX DE SOUDE

Grâce à cette astuce, vous allez pouvoir retirer les restes d'aliments collés au fond de votre cocotte en Inox. Versez un peu d'eau au fond de votre autocuiseur. Grattez à l'aide d'une spatule en bois, puis videz l'eau. Remplissez maintenant la cocotte avec 200 ml d'eau chaude et jetez-y 100 g de cristaux de soude en prenant soin de protéger vos mains et vos yeux. Laissez agir pendant quelques minutes. Rincez abondamment, votre autocuiseur est comme neuf !

NETTOYER UNE CASSEROLE EN CUIVRE

Ravivez vos précieuses casseroles en cuivre avec le blanc de Meudon ! Versez 1 c. à soupe d'eau dans un bol et ajoutez-y 30 g de blanc de Meudon de façon à former une pâte que vous appliquerez ensuite sur votre casserole en cuivre. Frottez délicatement à l'aide d'un chiffon doux. Lustrez avec une peau de chamois. Inutile de rincer.

RÉCUPÉRER UNE CASSEROLE BRÛLÉE

LE VINAIGRE BLANC : Si des aliments brûlés sont restés collés au fond de votre casserole, versez-y du vinaigre blanc et faites-le chauffer pendant 1 minute. Après refroidissement, vous n'aurez plus qu'à frotter avec une éponge pour que les aliments se décollent facilement. Rincez puis essuyez, votre casserole est toute propre !

LE BICARBONATE DE SOUDE : Saupoudrez le fond de votre casserole brûlée avec une bonne couche de bicarbonate de soude et versez-y un peu d'eau (environ 2 cm). Faites chauffer l'eau jusqu'à ébullition. Hors du feu, laissez agir pendant 20 minutes, puis procédez au nettoyage à l'aide d'une éponge.

N'utilisez jamais d'eau de Javel ou de produits chlorés pour nettoyer votre autocuiseur : l'eau de Javel abîme l'Inox.

Pensez à changer le joint de votre autocuiseur une fois par an.

Ne mettez jamais le couvercle de l'autocuiseur au lave-vaisselle, au risque de le détériorer.

ÉPONGE

L'éponge de cuisine, avec sa frimousse innocente, est un vrai nid à bactéries. Rien d'étonnant à cela, elle est en contact avec toutes les saletés de la cuisine, puisqu'elle les nettoie. Il faut donc songer à désinfecter et nettoyer votre éponge régulièrement grâce à ces astuces de grand-mère.

LE CITRON

Pressez le jus de 1/2 citron dans un bol d'eau rempli aux trois quarts. Trempez-y votre éponge pendant la nuit. Le lendemain, elle sera toute propre !

LE VINAIGRE BLANC

Remplissez aux trois quarts un bol d'un mélange à parts égales d'eau et de vinaigre blanc. Plongez-y votre éponge. Faites chauffer l'ensemble pendant 2 minutes au four à micro-ondes. Laissez bien refroidir l'éponge avant de l'utiliser. Si vous ne disposez pas de micro-ondes, laissez simplement tremper votre éponge pendant 24 heures dans la préparation ; votre éponge sera débarrassée des bactéries. Cette astuce est valable uniquement pour les éponges synthétiques. Ne mettez jamais une éponge avec des fibres métalliques ou une éponge sèche à chauffer dans le four à micro-ondes.

LE BICARBONATE DE SOUDE

Préparez un récipient avec 1 l d'eau chaude, dans laquelle vous diluerez 1 c. à soupe de bicarbonate de soude. Trempez-y l'éponge pendant 4 heures, avant de la rincer à l'eau claire et de l'essorer.

ÉVIER EN INOX

Découvrez ces six astuces naturelles pour nettoyer votre évier en Inox, et lui redonner tout son éclat !

LA POMME DE TERRE

Nos aïeules frottaient leurs éviers avec un morceau de pomme de terre crue ou ses pelures. Elles laissaient agir quelques minutes, rinçaient puis essuyaient à l'aide d'un chiffon doux.

LE CITRON

Le citron est aussi très efficace pour faire briller votre évier en Inox. Imbibez une éponge de jus de citron et frottez votre évier. Vous pouvez aussi utiliser les restes de citron pour frotter directement votre évier.

LA LEVURE CHIMIQUE

Saupoudrez votre évier avec un peu de levure chimique. Imbibez une éponge d'eau froide, frottez, puis rincez. Le résultat est surprenant !

LE SAVON NOIR

Le savon noir est très appréciable pour éliminer les résidus de graisse de votre évier. Mettez une noisette de savon noir en pâte (mou) sur une éponge humide. Frottez et rincez !

LE BICARBONATE DE SOUDE

Versez dans un bol 2 c. à soupe de bicarbonate de soude et ajoutez-y 1 c. à soupe d'eau. Appliquez ce mélange sur l'évier à l'aide d'une éponge par mouvements circulaires. Rincez abondamment avec la même éponge mouillée d'eau chaude et essuyez avec un chiffon doux.

LE VINAIGRE BLANC

Imbibez une éponge de vinaigre blanc, frottez puis rincez.

FOUR ET FOUR À MICRO-ONDES

Il est indispensable que le four et le four à micro-ondes soient propres, tout simplement parce qu'ils cuisent (ou réchauffent) les aliments que nous mangeons. Mais il n'est pas si simple de les nettoyer, surtout avec des produits industriels, qui ne sont pas toujours efficaces. Découvrez ces astuces naturelles et faciles à mettre en pratique, pour un four et un micro-ondes éclatants !

LE VINAIGRE BLANC

Versez 1 verre de vinaigre blanc dans un récipient. Faites chauffer le récipient dans votre four à micro-ondes pendant 2 minutes à puissance maximale. Toute la graisse et les ingrédients collés sur les parois de votre four s'enlèveront facilement avec une éponge. Essuyez avec un torchon propre. Plus besoin de frotter !

LE JUS DE CITRON

Versez un peu d'eau dans un récipient et ajoutez-y quelques gouttes de jus de citron. Mettez le récipient dans le four à micro-ondes et faites chauffer pendant 2 minutes. Retirez le récipient du four et passez aussitôt une éponge humide à l'intérieur. La saleté va se décoller très facilement !

Nettoyer un four

Pour dégraisser un four sans utiliser de produits chimiques, utilisez le bicarbonate de soude !

RECETTE

Versez le bicarbonate de soude dans un bol.

•

Ajoutez-y l'eau.

•

Mélangez afin d'obtenir une pâte.

•

Appliquez cette pâte sur les parois et les surfaces graisseuses de votre four.

•

Laissez ce dégraissant naturel agir toute une nuit.

•

Le lendemain, rincez et frottez avec une éponge mouillée.

INGRÉDIENTS 6 c. à soupe de bicarbonate de soude, 2 c. à soupe d'eau

ÉQUIPEMENT Un bol, une fourchette, une éponge

FRITEUSE

Le nettoyage d'une friteuse n'est pas chose facile !
Voici quelques astuces pour y parvenir sans grandes difficultés.

LE BICARBONATE DE SOUDE

Saupoudrez le fond de votre friteuse avec du bicarbonate de soude. Laissez agir au moins 30 minutes. Nettoyez ensuite avec une éponge et un peu de liquide vaisselle. Rincez abondamment.

LE SAVON NOIR

Connu pour ses propriétés dégraissantes, le savon noir sera très utile pour nettoyer votre friteuse. Mettez une bonne noisette de savon noir mou sur une éponge humide, frottez, puis rincez... Admirez le résultat !

Pour manipuler les cristaux de soude, protégez-vous les yeux et portez des gants de protection. Les cristaux de soude peuvent être irritants pour la peau.

Pensez toujours à débrancher la friteuse avant de la nettoyer.

Ne plongez jamais le corps de la friteuse dans l'eau car les composants électriques pourraient être endommagés.

Dégraisser une friteuse

Votre friteuse est vraiment très sale ?
C'est le moment de passer à la manière forte avec cette astuce de grand-mère !

RECETTE

Videz toute l'huile de votre friteuse.

•

Versez-y les cristaux de soude.

•

Ajoutez-y aussitôt de l'eau bouillante.

•

Versez le vinaigre blanc ; une réaction chimique se produit, celle-ci est sans danger.

•

Laissez la chimie agir pendant 5 minutes avant de passer une éponge mouillée et de rincer abondamment.

INGRÉDIENTS
100 g de cristaux de soude,
100 ml d'eau bouillante,
100 ml de vinaigre blanc

ÉQUIPEMENT
Des gants de protection,
une éponge

PLAN DE TRAVAIL

Le plan de travail permet de concocter de vrais petits plats pour toute la famille. Ce lieu doit être sain et parfaitement propre. Voici des astuces naturelles pour dégraisser et nettoyer un plan de travail efficacement.

LE VINAIGRE BLANC

Le vinaigre blanc est un produit puissant qui nettoie, dégraisse et désinfecte. En usage ménager, il est miraculeux ! Aspergez simplement le plan de travail de ce produit puis laissez agir pendant 15 minutes. Passé ce délai, rincez simplement avec une éponge.

LE JUS DE CITRON

Le jus de citron est réputé pour ses propriétés désinfectantes et pour laisser une odeur agréable. Pressez un citron dans un bol, puis imbibez un chiffon propre de cette solution naturelle que vous passerez simplement sur le plan de travail.

LE SAVON NOIR

Votre plan de travail est graisseux ? Pour ôter facilement les taches de graisse, faites confiance aux vertus du savon noir. Mélangez un peu de savon noir avec de l'eau tiède puis trempez une éponge dans la préparation. Après avoir essoré l'éponge, nettoyez le plan de travail et rincez. Un coup de chiffon pour sécher et faire briller le plan est nécessaire.

LE BICARBONATE DE SOUDE

Pour désincruster et nettoyer sans gros effort, saupoudrez le plan de travail de bicarbonate de soude et laissez agir pendant 30 minutes environ. Passé ce laps de temps, nettoyez la surface à l'aide d'une éponge, en formant des cercles. Puis rincez à l'eau tiède, avant d'essuyer le tout avec un torchon propre.

Nettoyer un plan de travail en marbre

Le marbre est délicat à nettoyer car c'est une surface fragile. Il existe un produit incontournable de nos grands-mères qui va nettoyer et raviver l'éclat du marbre sans l'abîmer.

RECETTE

Dans un bol, mélangez le blanc de Meudon avec l'eau afin d'obtenir une pâte.

•

Déposez une grosse noix de cette préparation sur une éponge humide.

•

Frottez le marbre puis rincez à l'eau tiède.

•

Essuyez la surface avec un chiffon doux.

INGRÉDIENTS

100 g de blanc de Meudon, 4 c. à soupe d'eau

ÉQUIPEMENT

Un bol, une éponge douce non grattante, un chiffon doux

N'utilisez jamais de produit acide et d'éponge grattante pour nettoyer le marbre.

PLANCHE À DÉCOUPER

Les planches à découper sont des nids à microbes si elles ne sont pas bien désinfectées ! C'est pourquoi il est important que la planche à découper soit propre pour éviter la prolifération de bactéries.

LE CITRON

Voici deux astuces à base de citron pour nettoyer efficacement votre planche à découper.

POUR LA NETTOYER ET LA DÉSODORISER : Frottez celle-ci avec 1/2 citron.

POUR LA DÉSINFECTER : Pressez 1 citron directement sur la planche et laissez agir le jus pendant 15 minutes.

LE VINAIGRE BLANC

Vaporisez du vinaigre blanc pur sur votre planche à découper. Laissez agir quelques minutes puis frottez avec une petite brosse. Rincez et essuyez. L'acide acétique présent dans le vinaigre va lutter contre les bactéries.

LE BICARBONATE DE SOUDE

Les traces de légumes et de viande coupés sont tenaces ? Déposez un peu de bicarbonate de soude sur la surface de la planche, laissez agir pendant quelques minutes et frottez avec une éponge humide. Après avoir essuyé la planche, admirez le résultat !

Il est conseillé d'avoir une planche pour la viande, une pour le poisson, et une pour les légumes. C'est le meilleur moyen d'éviter les contaminations croisées.

Si votre planche présente trop de rayures, elle sera plus sujette à développer des bactéries. Changez-la donc rapidement.

PLAQUE EN VITROCÉRAMIQUE

Le nettoyage d'une plaque en vitrocéramique n'est pas toujours évident. C'est une surface fragile qu'il faut protéger des rayures. Voici des astuces pour faire briller votre plaque de cuisson sans l'abîmer !

LA PIERRE D'ARGILE

Imbibez une éponge douce de pierre blanche (argile) et frottez la plaque en vitrocéramique. Rincez à l'eau et essuyez avec un chiffon en microfibre.

LE SAVON NOIR

Mettez une bonne noisette de savon noir mou sur une éponge humide. Frottez, rincez et essuyez.

astuces

N'utilisez pas d'éponge abrasive car vous risqueriez de rayer la plaque en vitrocéramique.

Pour enlever les taches incrustées, aidez-vous d'un grattoir spécial vitrocéramique ou d'une spatule en bois.

LE BLANC DE MEUDON

Votre plaque est très sale ? Mélangez 1 c. à café d'eau avec 2 c. à café de blanc de Meudon. Appliquez la potion sur la plaque en vitrocéramique à l'aide d'une éponge douce et frottez délicatement. Rincez abondamment à l'eau claire. Ce produit naturel permet de dégraisser et retirer les taches de votre plaque.

LE BICARBONATE DE SOUDE

Il vous suffit de verser 2 c. à café de bicarbonate de soude sur une éponge douce humide.
Le nettoyage permettra de venir à bout des saletés incrustées. Ensuite, rincez à l'eau claire, puis séchez à l'aide d'un chiffon en microfibre.

LE VINAIGRE BLANC

Vaporisez du vinaigre blanc sur votre plaque de cuisson. Passez un coup d'éponge, la saleté devrait partir facilement. Lustrez avec un chiffon doux.

RÉFRIGÉRATEUR

Pour éviter la prolifération des bactéries dans votre réfrigérateur, le nettoyage est primordial !

Nettoyer facilement et efficacement votre frigo

RECETTE

Commencez par enlever tous les aliments de votre frigo.

•

Versez le vinaigre blanc dans un récipient.

•

Ajoutez-y l'eau et mélangez l'ensemble.

•

Trempez-y votre éponge.

•

Nettoyez tous les compartiments intérieurs de votre réfrigérateur en commençant par la partie supérieure.

•

Essuyez. Inutile de rincer !

•

Terminez en nettoyant votre porte de réfrigérateur.

INGRÉDIENTS

50 % de vinaigre blanc, 50 % d'eau tiède

ÉQUIPEMENT

Un récipient, une cuillère, une éponge propre, un chiffon doux et propre

Insectes et nuisibles

ARAIGNÉES

La majorité des citoyens est arachnophobe. Bien que l'araignée reste effrayante, elle est indispensable dans le processus de la nature. Comment chasser ces petites bêtes de votre intérieur sans pour autant les tuer ? Optez pour ces répulsifs naturels.

LE VINAIGRE BLANC

Pulvérisez chaque semaine du vinaigre blanc sur les contours de vos fenêtres et de vos portes. L'acide acétique du vinaigre dégage une odeur forte que les araignées n'aiment pas du tout. Grâce à cette astuce, ces petites bêtes n'auront plus envie de rentrer dans votre maison !

LES MARRONS ET LES CHÂTAIGNES

D'après nos aïeules, les araignées n'aiment ni les marrons ni les châtaignes. Pour les faire fuir de votre domicile, déposez simplement l'un de ces fruits que vous aurez coupé préalablement en deux, dans les coins de votre habitation. Placez également des feuilles de châtaignier sur les rebords de vos fenêtres. Changez les marrons et châtaignes toutes les semaines afin qu'ils ne pourrissent pas.

LE SAVON NOIR

Si le savon noir fait des miracles sur la brillance des sols, c'est aussi un bon répulsif pour araignées. Pour éviter que ces petites bêtes poilues ne viennent se loger dans un coin de votre demeure, prenez l'habitude de vaporiser chaque endroit stratégique avec ce répulsif maison dont voici la recette : versez 1 l d'eau dans un récipient à laquelle vous ajoutez 5 c. à soupe de savon noir liquide. Mélangez bien l'ensemble, puis versez la solution obtenue dans un vaporisateur propre et sec. Vaporisez ce répulsif chaque semaine dans les coins stratégiques.

LA LAVANDE

Les araignées ont horreur de l'odeur de la lavande. Diffusez régulièrement de l'huile essentielle de lavande vraie dans chaque pièce de votre maison. Vous pouvez aussi y placer de jolis bouquets de lavande.

Les trous et les fissures dans les murs sont les chemins empruntés par les araignées pour rentrer au chaud. En rebouchant les fissures, vous limiterez la présence de ces petites bêtes.

CAFARDS

Les blattes sont quelque peu envahisseuses. Dès lors qu'elles se sentent bien dans un environnement, il est difficile de les déloger. D'autant plus qu'elles se reproduisent à la vitesse grand V ! Voici quelques astuces pour les chasser de votre maison.

LA TERRE DE DIATOMÉE

Pour préserver la planète, il est possible d'utiliser un insecticide puissant qui ne contient aucun produit chimique : la terre de diatomée. Saupoudrez les coins des pièces ainsi que les bords des fenêtres ou les fentes avec cet insecticide naturel. Il est vivement recommandé de renouveler régulièrement l'opération jusqu'à éradication complète.

LE BICARBONATE DE SOUDE

Pour éradiquer les blattes, nos aïeules préparaient un piège au bicarbonate. Mélangez 5 c. à soupe de bicarbonate de soude et 5 c. à soupe de sucre en poudre. Répartissez la préparation dans des petites assiettes que vous déposez dans la pièce où logent les blattes. Les gourmandes, attirées par le sucre, se jetteront littéralement dans l'assiette pour le manger. Le bicarbonate ingurgité va les empoisonner.

LE PLÂTRE

Au grand problème, les remèdes radicaux ! Si, malgré plusieurs interventions, rien ne chasse les blattes, préparez un mélange à base de plâtre (1 c. à soupe), de fécule de maïs ou de farine blanche (1 c. à soupe) et de sucre (1 c. à soupe). Éparpillez la mixture sur le lieu où passent les blattes. Pour que cette astuce soit efficace, posez à proximité une coupelle remplie d'eau.

FOURMIS

Les fourmis sont très intelligentes et peuvent coloniser votre intérieur brusquement et discrètement. Avec ces solutions naturelles et écologiques, vous éviterez sûrement une invasion de fourmis dans votre demeure, sans pour autant les tuer !

LE VINAIGRE BLANC

Dans un vaporisateur de 500 ml, versez 250 ml de vinaigre blanc et 250 ml d'eau. Pulvérisez ce répulsif sur le passage des fourmis et sur les bords des ouvertures (montant des fenêtres et portes) chaque jour, jusqu'à la disparition des insectes.

LE PIMENT DE CAYENNE

L'odeur forte du piment de Cayenne permet de lutter contre les fourmis. Répandez un peu de cette poudre magique près des entrées des fourmis. Renouvelez l'opération 1 fois par semaine.

L'AIL

Nos grands-mères le savaient bien : l'ail repousse efficacement les fourmis. Pour obtenir cette décoction à l'ail, faites bouillir dans une casserole (à couvert) 1 l d'eau avec 100 g de gousses d'ail hachées pendant 15 minutes. Laissez ensuite infuser pendant 30 minutes environ. Filtrez les gousses et pulvérisez la décoction sur le passage des fourmis. Renouvelez l'opération si nécessaire.

LES FEUILLES DE MENTHE

Disposez des feuilles de menthe fraîches dans les lieux où les fourmis se sont installées. L'odeur de cette plante aromatique fera fuir ces petits insectes. Si la zone de colonisation est trop étendue, préparez un répulsif à la menthe. Pour cela, faites bouillir 500 ml d'eau, puis, hors du feu, laissez infuser 3 grosses poignées de menthe fraîche pendant 15 minutes. Une fois la solution refroidie, filtrez-la et vaporisez-la sur le passage des fourmis.

LA CRAIE

Tracez un trait avec de la craie qui fera barrage aux fourmis. Elles ne passeront pas par-dessus la ligne car elles n'apprécient guère cette texture !

LE MARC DE CAFÉ

Gardez votre précieux marc de café pour faire fuir les fourmis. Déposez celui-ci dans une coupelle, que vous placerez là où sont logés les insectes ; ils ne tarderont pas à déguerpir !

Emballez hermétiquement tous vos aliments sucrés et gras.

Bouchez les passages des fourmis (trous, fissures dans les murs).

GUÊPES

Quand les beaux jours arrivent, il est agréable de profiter du jardin et de pouvoir manger dehors. Mais quand les guêpes viennent empiéter sur notre tranquillité, ce n'est plus vraiment un moment de détente... Comment chasser nos amies les guêpes ? Voici quelques astuces de grand-mère faciles à mettre en pratique.

LES CLOUS DE GIROFLE

Les clous de girofle sont un répulsif naturel contre les guêpes. Placez sur votre table à manger des coupelles contenant une bonne poignée de clous de girofle écrasés. Résultat garanti !

LE CAFÉ

Faites brûler du café moulu frais (non utilisé) dans des coupelles à l'aide d'un briquet ou d'une allumette. La fumée qui s'en dégagera fera fuir les guêpes. Renouvelez l'opération régulièrement. L'odeur de café n'est désagréable que pour les guêpes !

astuce

Les guêpes sont attirées par le sucre. Évitez de laisser des produits sucrés à l'air libre, et conservez vos sacs-poubelle dans des containers fermés.

LA LAVANDE

L'odeur dégagée par la lavande n'est pas du tout appréciée par ces insectes volants. Pour les faire fuir de manière naturelle, deux solutions s'offrent à vous : soit vous plantez de la lavande dans votre jardin ou dans une jardinière sur votre balcon. Soit vous déposez quelques gouttes d'huile essentielle de lavande vraie sur des morceaux de tissus que vous placez aux endroits stratégiques.

conseils

Les guêpes apprécient les couleurs vives. Évitez de porter des vêtements colorés ou fleuris, au risque qu'elles viennent se poser sur vous !

Les parfums fleuris provoquent les guêpes. Si vous souhaitez vraiment les éloigner, abstenez-vous de porter du parfum.

Évitez de tuer les guêpes, au risque d'en attirer d'autres. En effet, en mourant, les guêpes libèrent une phéromone (une sorte de « message chimique ») qui va alerter ses congénères.

MITES ALIMENTAIRES

Les mites alimentaires sont des papillons qui s'introduisent dans le riz, les céréales, le sucre, le chocolat, la farine, etc. Quand les larves envahissent les placards, il est difficile de s'en débarrasser... Mais grâce aux astuces de nos grands-mères, nos placards auront la vie meilleure !

LES CLOUS DE GIROFLE

Disposez dans vos placards de cuisine des coupelles de clous de girofle. Les mites ne supportent pas l'odeur forte qui s'en dégage. Changez les coupelles dès que l'odeur de cette épice a disparu.

LE VINAIGRE BLANC

Désinfectez vos placards grâce au vinaigre blanc. Versez donc 300 ml de vinaigre blanc et 200 ml d'eau dans un vaporisateur. Cette méthode va éliminer les mites et les éloigner de votre maison. Renouvelez l'application toutes les semaines jusqu'à la disparition des mites.

L'AIL

Coupez des gousses d'ail en deux, sans les éplucher. Placez-les dans les boîtes contenant vos aliments et/ou sur une coupelle dans vos placards. Renouvelez l'opération dès que le parfum de l'ail s'estompe.

conseils

Pour vous débarrasser des mites alimentaires, il vous faut jeter vos produits infestés.

Videz et aspirez tous les recoins de votre cuisine afin d'éliminer les larves.

Placez vos aliments dans des bocaux hermétiques.

MITES DE VÊTEMENTS

Ces astuces de grand-mère vous aideront à éloigner les mites qui font des petits trous dans vos vêtements.

LE BOIS DE CÈDRE ROUGE

L'odeur du bois de cèdre rouge se révèle très efficace pour repousser naturellement les mites. Pour ce faire, placez des morceaux de ce bois dans vos armoires. Quand l'odeur diminue, réactivez l'efficacité du cèdre en le frottant avec du papier de verre.

LES CLOUS DE GIROFLE

Mettez une petite poignée de clous de girofle dans un tissu fin que vous fermez avec une ficelle de façon à former un petit baluchon. Placez le sachet dans votre armoire afin de repousser les mites.

Sachets de lavande

Placez dans vos armoires des petits sachets en tissu contenant de la lavande. Ce répulsif naturel éloignera les mites et parfumera votre garde-robe !

RECETTE

Faites sécher les fleurs de lavande fraîches à plat sur du papier journal.

Égrainez ensuite les fleurs de lavande séchées.

Remplissez-en des sachets en tissu.

Nouez l'ensemble avec de jolis rubans.

Disposez les sachets dans vos armoires.

INGRÉDIENTS Des fleurs de lavande fraîches
ÉQUIPEMENT Du papier journal, des sachets en tissu (lin ou coton), des rubans

Vous pouvez ajouter 3 gouttes d'huile essentielle de lavande vraie sur vos sachets quand le parfum de la lavande séchée s'estompe.

Les sachets de lavande se conservent facilement pendant un an.

Récoltez les fleurs de lavande pendant la floraison (fin juin jusqu'à fin août) et par temps sec.

MOUCHERONS

Les moucherons ont envahi votre maison ?
Ces petits insectes volants aiment surtout loger dans les plantes ou dans la cuisine. Découvrez ces astuces de grand-mère pour éliminer les moucherons de votre intérieur.

LE VINAIGRE DE CIDRE

Remplissez une boîte hermétique en plastique avec du vinaigre de cidre. Percez des petits trous dans le couvercle. L'odeur de pomme et de fermentation du vinaigre de cidre va attirer les moucherons. Ils vont alors rentrer dans les trous et seront ainsi piégés ! Placez l'attrape-moucherons dans les endroits stratégiques (près de la corbeille à fruits ou des plantes).

LES CLOUS DE GIROFLE

Piquez un citron d'une dizaine de clous de girofle. Disposez le citron près du nid de moucherons. Vous pouvez en préparer plusieurs et les répartir dans les lieux stratégiques.

LES BOUCHONS DE LIÈGE

Placez un bouchon de liège dans la corbeille de fruits, celui-ci va attirer et absorber l'humidité, évitant ainsi aux fruits de mûrir trop vite et de pourrir. De cette façon, on empêchera la prolifération de moucherons, toujours attirés par les odeurs de fruits très mûrs.

LE SAVON NOIR

Diluez 1 c. à soupe de savon noir liquide dans 1 l d'eau tiède. Ajoutez-y 1 c. à café de bicarbonate de soude. Incorporez ce mélange dans un vaporisateur. Secouez-le avant chaque utilisation et vaporisez-le sur les feuilles de vos plantes pour éliminer les moucherons, jusqu'à complète disparition.

astuces

Ne laissez pas de résidus alimentaires à la disposition des moucherons (comme des pommes de terre cachées au fond d'un sac, qui auraient germé...).

Fermez bien vos poubelles.

Vous pouvez également acheter une plante carnivore qui va tuer les moucherons (grassette commune, par exemple).

Vérifiez si vous n'avez pas d'eau stagnante dans votre maison qui pourrait attirer les moucherons (pots de fleurs, par exemple).

Nettoyez régulièrement le siphon de votre évier ou lavabo.

MOUCHES

Marre d'entendre « bzz » toute la journée ? Il faut le reconnaître, les mouches ne sont pas méchantes, mais elles peuvent devenir très vite énervantes… Pour se débarrasser des mouches au plus vite et naturellement, suivez vite ces conseils de grand-mère.

LE BASILIC ET LA MENTHE

Ces plantes dégagent un parfum très désagréable pour les mouches. Pour chasser ces petites intruses, il vous suffit de placer des pots de basilic ou de menthe sur les rebords de vos fenêtres !

LES CLOUS DE GIROFLE

Piquez des citrons ou des oignons de plusieurs clous de girofle que vous placerez dans les pièces fréquentées par ces insectes volants. Renouvelez l'opération dès que nécessaire.

LE VINAIGRE BLANC

Disposez dans votre maison des petites coupelles remplies de vinaigre blanc. L'odeur les fera fuir.

LA LAVANDE 💧

Placez des bouquets de lavande dans votre maison. Vous pouvez aussi faire votre propre répulsif à la lavande : versez quelques gouttes d'huile essentielle de lavande vraie sur des morceaux de tissu. Placez-les dans chaque pièce de votre maison. Renouvelez l'opération dès que l'odeur a disparu.

MOUSTIQUES

D'après une étude scientifique récente, l'attaque des moustiques serait plus accrue chez les femmes enceintes et les amateurs de bière. Cette étude montre également que ces insectes nuisibles ont tendance à privilégier les personnes au groupe sanguin O. Voici quelques astuces simples pour vous protéger des moustiques.

L'HUILE ESSENTIELLE DE GÉRANIUM ROSAT 💧

Préparez votre propre répulsif anti-moustiques en diluant 15 gouttes d'huile essentielle de géranium rosat avec 50 ml d'huile de macadamia. Le soir, appliquez la solution sur les zones sensibles aux piqûres, telles que les poignets ou les chevilles. Là encore, n'utilisez pas ce mélange en pleine journée, les huiles essentielles étant très réactives à l'action du soleil.

COCKTAIL HUILE ESSENTIELLE DE CITRONNELLE DE JAVA ET GÉRANIUM ROSAT 💧

L'huile essentielle de citronnelle de Java associée à l'huile essentielle de géranium rosat permettra d'éloigner les moustiques de votre intérieur ! Mettez dans votre diffuseur 2 gouttes d'huile essentielle de citronnelle de Java avec 2 gouttes d'huile essentielle de géranium rosat. Laissez diffuser le répulsif pendant 15 minutes. Renouvelez l'opération si nécessaire.

L'HUILE ESSENTIELLE DE CITRONNELLE DE JAVA 💧

L'huile essentielle de citronnelle de Java est le meilleur répulsif à moustiques, car elle perturbe le système nerveux de ces insectes volants qui préfèrent alors s'éloigner. Elle est très efficace en diffusion atmosphérique : il vous suffit d'en verser quelques gouttes dans votre diffuseur pour empêcher les moustiques d'entrer dans la pièce. Il est aussi possible de l'utiliser en huile de massage pour prévenir les piqûres. Diluez 10 gouttes d'huile essentielle de citronnelle de Java dans 20 ml d'huile végétale (huile d'amande douce ou huile de macadamia). N'utilisez pas ce mélange en pleine journée, les huiles essentielles étant très réactives à l'action du soleil.

LE BASILIC

Utilisé le plus souvent dans les jardins potagers, le basilic se révèle aussi efficace pour repousser les moustiques. Pour cela, disposez des pots de basilic sur le rebord de vos fenêtres ou à côté de votre lit.

astuces

Installez des moustiquaires dans les chambres.

Chassez les odeurs corporelles en prenant une douche avant de vous coucher.

À la tombée de la nuit, n'oubliez pas d'éteindre la lumière dans les pièces afin de ne pas attirer davantage les moustiques.

Nettoyez l'extérieur de votre logement en éliminant les eaux stagnantes.

Pour lutter contre les piqûres de moustiques, l'idéal serait d'éviter les vêtements foncés (noirs ou bleus) qui ont tendance à attirer ces insectes piqueurs. En revanche, les vêtements clairs, blancs, amples et couvrants sont particulièrement recommandés. À noter que les moustiques piquent à travers les habits trop moulants, surtout si le tissu est très fin.

Piège à moustiques

Voici une solution radicale pour vous débarrasser enfin de ces petits envahisseurs. Grâce à ce piège fait maison, les moustiques seront attirés par les gaz de fermentation de la levure de bière, ils rentreront dans la bouteille et ne pourront plus ressortir !

RECETTE

Coupez une bouteille en plastique en deux.

•

Dans le fond de la bouteille, versez l'eau chaude (non bouillante).

•

Ajoutez-y le sucre et mélangez.

•

Laissez la préparation refroidir quelques minutes.

•

Saupoudrez ensuite la levure de bière, sans mélanger.

•

Retournez le goulot de la bouteille coupée sur la partie basse.

•

Placez le piège à moustiques dans une pièce sensible de la maison.

•

Renouvelez le piège tous les 15 jours.

INGRÉDIENTS

200 ml d'eau chaude, 50 g de sucre (roux ou blanc), 1 g de levure de bière (levure de boulangerie)

ÉQUIPEMENT

Une bouteille en plastique, une cuillère

PUCERONS

Marre des pucerons qui envahissent vos plantes et votre jardin ?
Découvrez ces traitements naturels de grand-mère pour faire fuir ces petites bêtes.

LE MARC DE CAFÉ

Le marc de café est nutritif pour le sol et c'est votre meilleur allié pour faire fuir les pucerons. Disposez le marc directement sur la terre, au pied de vos plants. Renouvelez cette opération toutes les semaines.

L'HUILE D'OLIVE

Les pucerons détestent l'huile d'olive. Pour profiter des bienfaits de ce produit du sud de la France, il suffit d'en incorporer chaque semaine 1 c. à soupe à la terre. Les pucerons se défileront et les plantes pourront s'épanouir pleinement !

Insecticide naturel au savon noir

Le savon noir est un insecticide naturel souvent utilisé dans le jardin. Et pour cause, ce produit connu depuis la nuit des temps est capable de repousser efficacement les pucerons, cochenilles et araignées rouges.

RECETTE

Versez le savon noir dans votre pulvérisateur.
•
Ajoutez-y l'eau tiède.
•
Fermez et secouez l'ensemble.
•
Pulvérisez l'insecticide naturel sur les fleurs et les plantes.
•
Agitez avant chaque utilisation.

INGRÉDIENTS
2 c. à soupe de savon noir liquide, 500 ml d'eau
ÉQUIPEMENT
Un flacon spray de 500 ml, un entonnoir

Insecticide naturel à l'ail

L'ail est un ingrédient redoutable pour lutter contre les pucerons. Vaporisez ce répulsif sur vos plantes pour chasser ces petits insectes.

RECETTE

Coupez les gousses d'ail en gros morceaux.
•
Laissez-les macérer pendant 24 heures dans l'eau.
•
Faites bouillir à couvert l'eau avec l'ail dans une casserole pendant 25 minutes.
•
Laissez infuser à couvert pendant 30 minutes minimum.
•
Filtrez l'ail et versez l'eau dans un flacon spray.
•
Pulvérisez aussitôt ce répulsif naturel sur toutes vos plantes.

INGRÉDIENTS 7 gousses d'ail, 1 l d'eau
ÉQUIPEMENT Un récipient, une casserole, un filtre, un flacon spray de 1 l

SOURIS ET RATS

Des souris ou des rats ont choisi de s'établir dans votre intérieur et la cohabitation ne vous enchante guère ? Ces rongeurs, certes très attendrissants dans les dessins animés, peuvent aussi devenir des locataires très envahissants. De plus, les souris se reproduisent très vite : dix souriceaux par portée, cinq à dix fois par an !

LE POIVRE

Repérez les endroits où les rongeurs sont susceptibles de passer (trous, fente sous la porte, conduits, etc.). Déposez-y des poignées de poivre en grain. L'odeur piquante de cette épice fera fuir les souris et les rats.

CONFECTIONNEZ UN POT-POURRI

L'alliance du clou de girofle et du piment de Cayenne seraient efficaces pour tenir à distance ces rongeurs, qui détestent le parfum de ces épices. Confectionnez donc un pot-pourri à base de clous de girofle ou de poivre de Cayenne et disposez-le vers les entrées aux quatre coins de votre maison.

L'HUILE ESSENTIELLE DE MENTHE POIVRÉE

Si pour nous, humains, l'huile essentielle de menthe poivrée dégage une odeur agréable, pour les rongeurs, c'est répugnant ! Pour vous débarrasser de vos indésirables visiteurs, imprégnez un disque de coton de 1 goutte d'huile essentielle de menthe poivrée que vous placerez aux lieux d'entrée des rongeurs. Pensez à changer de coton dès que l'odeur disparaît. Éloignez les souris et les rats des abords de votre habitation en plantant de la menthe poivrée autour de votre maison.

ADOPTEZ UN CHAT !

Adopter un chat est, de loin, la méthode la plus naturelle et la plus radicale pour faire savoir à ces rongeurs qu'ils ne sont pas les bienvenus chez vous.

astuces

Conservez vos aliments dans des récipients hermétiques.

Recherchez et condamnez tous les points d'accès empruntés par vos envahisseurs.

Maintenez votre cuisine propre et éloignez vos grosses poubelles de votre maison.

Les rongeurs détestent l'odeur forte de la litière. Nos aïeules déposaient un peu de litière usagée le long de leurs murs et aux endroits empruntés régulièrement par les intrus.

Jardin

ENGRAIS NATURELS

Et si vous donniez un petit coup de fouet à vos légumes, plantes et fleurs, en leur apportant un peu d'engrais naturel ? Voici une sélection de fertilisants que nos grands-mères utilisaient pour fortifier leurs plantations.

LE MARC DE CAFÉ

Le marc de café, qui est un fertilisant naturel, est un engrais idéal pour votre jardin. Déposez-le directement sur le sol, près de vos plantes. Il sera également très apprécié de certaines plantes comme les azalées, les rhododendrons et les rosiers.

LA BANANE

Les plantes vertes, en particulier les rosiers, adorent la peau de banane. Enterrez-la dans la terre au niveau du pied, elle fera office d'engrais !

Purin d'ortie

Le purin d'ortie est un engrais naturel et efficace. Riche en minéraux et en azote, il donne à vos plantes et votre potager toute l'énergie pour stimuler leur croissance. Ce purin d'ortie maison fera des merveilles dans votre jardin !

RECETTE

Cueillez les orties avec des gants.

•

Hachez les orties puis mettez-les dans un bac. Versez l'eau par-dessus.

•

Couvrez, puis laissez macérer pendant 10 à 15 jours, tout en remuant quotidiennement. La fermentation est optimale dès lors qu'il n'y a plus de petites bulles présentes à la surface.

•

Filtrez la préparation fermentée,
vous obtiendrez votre purin d'ortie.

•

Diluez ensuite ce purin d'ortie
à raison de 1 l de purin pour
un bidon de 5 l d'eau.

•

Versez-le au pied de vos plantations.
Il fera un engrais naturel de qualité.

INGRÉDIENTS
1 kg de feuilles d'orties fraîches,
10 l d'eau (eau de pluie de préférence)

ÉQUIPEMENT
Des gants de jardinier, un hachoir,
un grand bac en plastique ou en bois,
une cuillère, un filtre, deux bidons de 5 l

Votre purin d'ortie se conserve dans des récipients à l'abri de la chaleur et du gel, pendant 6 mois maximum.

N'utilisez pas des orties montées en graines, choisissez plutôt des jeunes pousses.

N'utilisez jamais de récipient métallique pour faire votre purin d'ortie.

Veillez à ne pas déposer plus de 1 l de purin d'ortie par mètre carré car c'est un produit très concentré.

Les feuilles d'orties, aux propriétés nutritives reconnues, sont également de très bons agents actifs pour votre compost.

MAUVAISES HERBES

Les mauvaises herbes peuvent envahir votre jardin en quelques jours à peine. Mais grâce à ces astuces naturelles de nos grands-mères, vous pourrez traiter votre extérieur efficacement, sans passer par la case produits chimiques !

L'EAU DE CUISSON DES POMMES DE TERRE

Voici un désherbant efficace, naturel et économique, et très simple à faire ! Récupérez tout simplement l'eau de cuisson des pommes de terre, que vous conditionnerez en bouteille ou que vous verserez dans un arrosoir. Vous pouvez ainsi répandre cette eau de cuisson refroidie sur les herbes indésirables.

LE VINAIGRE BLANC

Voici une préparation simple à réaliser et à répandre directement sur les mauvaises herbes : diluez 1 l de vinaigre blanc dans 500 ml d'eau chaude. Versez aussitôt à l'aide d'un arrosoir sur les mauvaises herbes.

COCKTAIL VINAIGRE BLANC, EAU ET GROS SEL

Voici une autre solution très efficace : mélangez 400 ml de vinaigre blanc avec 1 kg de gros sel, puis ajoutez-y 5 l d'eau. Versez ce désherbant naturel sur les mauvaises herbes.

LE GROS SEL

Versez 200 g de gros sel dans 1 l d'eau chaude et mélangez. Répartissez la préparation sur les indésirables de votre jardin. Effet garanti !

LE BICARBONATE DE SOUDE

Saupoudrez de la poudre de bicarbonate de soude sur la surface infestée de mauvaises herbes, puis arrosez avec un peu d'eau.

Linge

ASSOUPLISSANTS

Même s'ils semblent incontournables, les assouplissants ne sont pas forcément indispensables pour prendre soin de votre linge. Cependant, si vous êtes un inconditionnel de ces produits, il est préférable de les préparer vous-même avec des produits naturels. En effet, de nombreux assouplissants présents sur le marché contiennent des allergènes pouvant provoquer des problèmes de peau.

LE VINAIGRE BLANC

Versez 1 verre de vinaigre blanc dans le bac d'assouplissant de votre machine à laver.
Ce produit naturel va dissoudre le calcaire présent dans l'eau, ce qui sera bon pour votre machine et rendra votre linge plus souple.

LE BICARBONATE DE SOUDE

Disposez 2 c. à soupe de bicarbonate de soude dans le bac d'assouplissant. Ce produit fera des merveilles sur votre linge !
Notez que le bicarbonate de soude n'est pas recommandé pour la laine et la soie.

Assouplissant à la lavande

Le vinaigre blanc va assouplir le linge et éliminer le calcaire de votre machine à laver. L'huile essentielle, quant à elle, va laisser une agréable odeur sur vos vêtements !

RECETTE

Diluez l'huile essentielle de lavande et le vinaigre blanc dans un récipient.

•

Versez ce mélange dans votre bidon à l'aide de l'entonnoir.

•

Ajoutez l'eau.

•

Fermez et secouez légèrement l'ensemble.

•

Versez 1 bouchon dans votre bac d'assouplissant, lors de chaque lessive. Secouez le bidon avant toute utilisation. Il est préférable d'étiqueter votre bouteille afin de ne pas confondre vos différents détergents maison !

INGRÉDIENTS

15 gouttes d'huile essentielle de lavande vraie, 500 ml de vinaigre blanc, 500 ml d'eau déminéralisée

ÉQUIPEMENT

Un récipient, un bidon de 1 l vide, une étiquette, un entonnoir

FER À REPASSER

La semelle de votre fer à repasser est sale ou jaunie ? Il est important de l'entretenir régulièrement pour éviter de tacher vos vêtements. Grâce à ces quelques astuces, vous n'aurez plus à vous inquiéter pour vos chemisiers blancs !

LE CITRON

Imbibez un chiffon de jus de citron. Frottez la semelle de votre fer à repasser froid avec ce nettoyant naturel. Séchez à l'aide d'un chiffon doux.

LE SAVON DE MARSEILLE

Frottez délicatement un morceau de savon de Marseille sec sur la semelle du fer encore tiède. Laissez refroidir, puis essuyez avec un chiffon doux ou un morceau de papier journal roulé en boule.

LE VINAIGRE BLANC

Frottez délicatement votre semelle froide à l'aide d'un chiffon doux imbibé de vinaigre blanc. Puis essuyez la surface nettoyée avec un chiffon doux.

LESSIVES

Soyez comme nos grands-mères, adonnez-vous à la fabrication maison ! Fabriquer sa propre lessive est à la fois économique et écologique, mais c'est aussi un excellent moyen pour lutter contre les allergies cutanées.

LESSIVE À LA MAIN

Pour le lavage des vêtements délicats (ex. : linge de bébé ou laine), préparez une lessive pour laver à la main. Pour ce faire, versez 2 c. à soupe de paillettes de savon de Marseille dans une bassine d'eau très chaude et mélangez énergiquement. Après dissolution des copeaux, laissez refroidir l'eau, et trempez-y votre linge. Frottez délicatement vos vêtements, puis rincez.

Lessive au savon de Marseille

Le savon de Marseille a des propriétés lavantes et détachantes.
Cette lessive est très appréciée par les peaux sensibles.
Voici la recette de nos grands-mères pour obtenir une lessive naturelle, hypoallergénique et respectueuse de la peau.

RECETTE

Râpez le savon de Marseille.

•

Disposez les copeaux de savon de Marseille dans le seau.

•

Faites chauffer 2 l d'eau, versez-la aussitôt dans le seau et mélangez à l'aide de la cuillère en bois.

•

Incorporez le bicarbonate de soude à votre préparation et mélangez à nouveau.

•

Laissez reposer pendant 24 heures. La lessive va se gélifier et créer un bloc de savon. Ne vous inquiétez pas, c'est normal !

•

Ajoutez 1 l d'eau froide et mélangez.

•

Mixez bien l'ensemble jusqu'à obtenir un mélange homogène.

•

Ajoutez quelques gouttes d'huile essentielle si vous le souhaitez.

•

Versez votre lessive maison dans un bidon à l'aide d'un entonnoir.

•

Agitez vigoureusement le bidon avant chaque utilisation pour homogénéiser la lessive.

•

Utilisez l'équivalent de 1 bouchon à chaque lavage, comme pour une lessive classique.

INGRÉDIENTS

100 g de copeaux de savon de Marseille à 72 % (râpé ou déjà prêt à l'emploi), 2 l d'eau chaude, 1 l d'eau froide, 3 c. à soupe de bicarbonate de soude, 20 gouttes d'huile essentielle de lavande vraie pour parfumer votre lessive (facultatif)

ÉQUIPEMENT

Une râpe à fromage, un seau, une cuillère en bois, un mixeur plongeant (celui utilisé pour la soupe), un bidon vide et propre de 3 l, un entonnoir, une étiquette

La dose est la même qu'une lessive industrielle non concentrée. Utilisez le bouchon de votre bidon comme doseur.

Conservez votre lessive maison à température ambiante, à l'abri de la chaleur et du froid.

Si votre linge est vraiment très sale, ajoutez directement dans votre tambour de machine à laver une petite poignée de cristaux de soude : son action va renforcer l'efficacité de la lessive maison.

LINGE BLANC

Vos vêtements blancs sont ternis ? Voici quelques astuces de grand-mère pour redonner de l'éclat à votre linge.

LE CITRON

Le citron est un agent naturel de blanchiment très utile pour vos tissus et vêtements blancs. Dans le bac de votre machine à laver, versez votre lessive habituelle et le jus de 1/2 citron. Autre méthode : dans votre tambour, placez une pochette en tissu comprenant 4 rondelles de citron sans pépins.

LE BICARBONATE DE SOUDE

Ajoutez 2 c. à soupe de bicarbonate de soude dans votre bac à lessive. Cette méthode permet également de renforcer l'efficacité de votre lessive maison.

LA LEVURE CHIMIQUE

Dans votre bac à lessive, versez un sachet de levure chimique en plus de votre lessive habituelle. Vous obtiendrez un linge plus blanc que blanc !

LES CRISTAUX DE SOUDE

Versez l'équivalent de 1/2 verre de cristaux de soude dans votre bac à lessive pour obtenir un linge blanc éclatant. Les cristaux de soude peuvent être irritants pour la peau : protégez-vous les yeux et portez des gants de protection quand vous les manipulez.

LE PERCARBONATE DE SOUDE

Dans le tambour de votre machine à laver, mettez 1 c. à soupe de percarbonate de soude et faites tourner votre machine de linge blanc. Grâce à ses propriétés oxydantes, le percarbonate va blanchir le linge. Pour manipuler le percarbonate de soude, protégez-vous les yeux et portez des gants de protection, car ce produit peut être irritant pour la peau.

Maison

CALCAIRE

Baignoire, douche, lavabo, évier, robinetterie, plaque d'évier en Inox... le calcaire s'incruste partout. Pour l'éliminer sans trop d'effort, utilisez ces produits naturels de nos grands-mères.

CALCAIRE DANS UNE BOUILLOIRE

LE VINAIGRE BLANC

Dans votre bouilloire, versez 1 grand verre de vinaigre blanc. Ajoutez-y de l'eau jusqu'à la limite indiquée sur votre appareil et faites bouillir. Laissez agir pendant quelques heures (une nuit si vous pouvez), puis rincez abondamment à l'eau claire. Admirez le pouvoir anticalcaire du vinaigre blanc dans votre bouilloire étincelante !

LE BICARBONATE DE SOUDE

Versez 1 l d'eau dans votre bouilloire. Ajoutez-y 2 c. à café de bicarbonate de soude. Faites bouillir l'eau. Laissez agir pendant 30 minutes, puis rincez à l'eau claire.

LE GALET

Nos aïeules disposaient un galet dans leur bouilloire pour lutter contre l'apparition de calcaire. Placez un galet parfaitement propre dans votre bouilloire, ce dernier va attirer le calcaire tel un aimant. Remplacez-le dès qu'il est blanchi.

CALCAIRE DANS LE ROBOT CUISEUR VAPEUR

Débranchez électriquement votre robot cuiseur vapeur. Selon le modèle, versez dans le réservoir d'eau ou dans la cuve de l'appareil 50 ml de vinaigre blanc et ajoutez-y 150 ml d'eau. Faites fonctionner votre appareil à vide (sans aliments) en position vapeur pendant 5 minutes. Débranchez-le et videz l'eau restante (il en restera 150 ml environ). Rincez plusieurs fois le réservoir à l'eau claire. Ensuite, versez 200 ml d'eau dans le réservoir et faites deux cycles complets à 10 minutes d'intervalle en position vapeur (toujours le bol vide). Cette opération est nécessaire avant une nouvelle utilisation de votre appareil. Cette astuce fonctionne également pour les cuiseurs vapeur pour bébés.

CALCAIRE SUR LES ROBINETS

LE VINAIGRE ET LE BICARBONATE DE SOUDE

Le bicarbonate de soude est idéal pour faire briller la robinetterie tout en retirant les dépôts de calcaire. Additionné avec du vinaigre blanc, ce produit fait de vrais miracles. Pour créer la pâte, il faut simplement ajouter 4 c. à soupe d'eau dans un bol contenant 200 g de bicarbonate de soude. Déposez la pâte épaisse sur la robinetterie et laissez agir pendant 5 minutes. Vaporisez du vinaigre blanc sur la robinetterie. Vous n'aurez plus qu'à frotter un peu avant de rincer !

Pour la brillance, essuyez la robinetterie avec une peau de chamois propre et sèche.

LE VINAIGRE BLANC

Le vinaigre blanc ronge les dépôts de calcaire sans abîmer la robinetterie. Versez simplement ce produit miracle sur le robinet. Frottez avec une brosse à dents usagée avant de rincer abondamment. Essuyez avec un chiffon doux et propre.

CALCAIRE SUR LES PAROIS DE DOUCHE

LE VINAIGRE BLANC

Ami de la ménagère depuis toujours, le vinaigre blanc est idéal pour éliminer les traces de calcaire. Il vous suffit de préparer un mélange à base de vinaigre blanc (200 ml) et d'eau (100 ml) dans un récipient. Appliquez cette solution sur les parois de douche à l'aide d'un chiffon propre et doux. Passez ensuite la raclette à vitres.

L'ALLIANCE DU VINAIGRE ET DU BICARBONATE DE SOUDE

Vaporisez vos parois de douche avec du vinaigre blanc, et laissez agir pendant 15 minutes au minimum. Passé ce délai, frottez à l'aide d'une éponge imbibée de bicarbonate. Rincez abondamment à l'eau froide avant d'essuyer.

CALCAIRE DANS LA MACHINE À LAVER

Versez 1 fois par mois 4 c. à soupe de bicarbonate de soude dans le tambour de la machine et procédez à un lavage à vide. Cette action permet d'éliminer les résidus de calcaire de votre machine à laver.

Éliminer le calcaire du fer à repasser

Pour entretenir son fer à repasser, il est important de le détartrer de temps en temps. Pour appliquer cette astuce, il vous faudra simplement du vinaigre blanc !

RECETTE

Remplissez le réservoir du fer à repasser avec l'eau et le vinaigre.

•

Branchez aussitôt votre fer et mettez-le sur position « vapeur ».

•

Faites sortir un peu de vapeur.

•

Éteignez-le et laissez agir le vinaigre blanc pendant au moins 1 heure.

•

Pour finir, videz le réservoir et rincez-le avec de l'eau.

•

Renouvelez l'opération tous les 2 mois pour éviter les résidus de calcaire.

INGRÉDIENTS

100 ml d'eau, 100 ml de vinaigre blanc

Détartrer un pommeau de douche

Le pommeau de douche est un véritable nid à bactéries s'il n'est pas nettoyé régulièrement. De plus, le calcaire s'y incruste rapidement. Pour remédier à ce problème, suivez cette astuce de nos aïeules !

RECETTE

Placez le pommeau de douche dans un récipient. Dévissez-le si besoin est.

•

Versez-y du vinaigre blanc jusqu'à recouvrir votre pommeau.

•

Laissez agir pendant toute une nuit. Le lendemain, le tartre aura disparu !

INGRÉDIENTS
Du vinaigre blanc

ÉQUIPEMENT
Un grand récipient

Si votre pomme de douche est fixée au mur, versez du vinaigre blanc dans un sac hermétique et attachez-le à l'aide d'un élastique autour de la pomme.

CANALISATIONS

Nos grands-mères n'avaient pas leur pareil pour entretenir les canalisations et bannir le bouchage des éviers ! Voici leur secret.

Déboucher un évier

Renouvelez cette astuce 1 fois par mois pour l'entretien des canalisations.

RECETTE

Versez le bicarbonate de soude dans votre siphon.

•

Ajoutez-y aussitôt le vinaigre blanc. Une réaction chimique va se produire.

•

Laissez agir pendant 15 minutes environ.

•

Rincez à l'eau chaude.

INGRÉDIENTS
5 c. à soupe de bicarbonate de soude,
5 c. à soupe de vinaigre blanc

CUIR

Le cuir est une matière noble qui mérite un soin particulier, qu'il s'agisse de vêtements, de chaussures, de canapés ou de fauteuils. Découvrez comment nettoyer, entretenir, nourrir et réparer le cuir grâce à ces astuces de grand-mère.

LUSTRAGE À LA PEAU DE BANANE

Lustrez vos chaussures en cuir avec l'intérieur d'une peau de banane par frottements réguliers, puis passez un chiffon en coton et/ou une brosse douce, afin d'en éliminer les éventuels dépôts du fruit et de parfaire l'entretien. Vos chaussures seront propres et brillantes !

NETTOYAGE AU LAIT

Voilà encore une astuce de nos ancêtres. Humidifiez un chiffon en coton avec du lait ; nettoyez le cuir avec ce textile imprégné en formant des mouvements délicats et réguliers. Le cuir sera propre et nourri.

LAVAGE AU SAVON DE MARSEILLE

Après avoir dépoussiéré la surface à nettoyer, appliquez du savon de Marseille sur un gant mouillé, puis servez-vous-en pour nettoyer le cuir délicatement mais avec énergie. Ensuite, rincez le gant abondamment, essorez-le et repassez-le sur la surface pour éliminer le savon. Une fois sec, le cuir aura retrouvé une seconde jeunesse !

DÉPOUSSIÉRAGE À LA PEAU DE CHAMOIS

Pour un cuir beau et brillant, appliquez soigneusement une peau de chamois un peu humide sur la surface, afin d'éliminer la poussière qui s'y serait déposée.

NETTOYAGE AU BLANC D'ŒUF EN NEIGE

Montez un blanc d'œuf en neige puis imprégnez-en une éponge. Passez-la sur la surface en cuir à nettoyer. Enfin, essuyez à l'aide d'un chiffon doux. Le cuir sera éclatant !

Cirage maison

Grâce à l'huile de lin qui nourrit et protège le cuir naturellement, cette crème de cirage maison permettra d'assouplir vos chaussures et de les faire briller.

RECETTE

Commencez par dépoussiérer vos chaussures à l'aide d'un chiffon humide.

•

Mélangez ensuite dans un bol la crème fraîche et l'huile de lin.

•

Déposez une petite dose de ce cirage maison sur votre chiffon doux et cirez vos chaussures ou votre sac en cuir.

•

Lustrez avec un chiffon propre.

INGRÉDIENTS

1 c. à soupe de crème fraîche épaisse,
2 c. à café d'huile de lin

ÉQUIPEMENT

Un chiffon pour dépoussiérer, un bol, une fourchette, un chiffon doux pour cirer, un chiffon doux pour lustrer

La crème de cirage ne se conserve pas. Il faut l'appliquer tout de suite après l'avoir préparée.

MAUVAISES ODEURS

Certaines odeurs désagréables, dont les sources sont multiples, peuvent envahir votre maison. Malheureusement, il n'est pas toujours facile de s'en débarrasser. Voici quelques astuces naturelles et efficaces pour en venir à bout !

LE RÉFRIGÉRATEUR

Votre réfrigérateur dégage parfois de mauvaises odeurs, en raison de la présence de certains aliments. Mais pas question de vous débarrasser de vos produits préférés pour autant ! Afin d'éviter ces désagréments olfactifs, nous vous révélons quatre astuces de grand-mère pour désodoriser votre réfrigérateur de façon naturelle et efficace.

LE VINAIGRE BLANC

Déposez dans votre réfrigérateur 1 verre de vinaigre blanc : les odeurs désagréables disparaîtront très rapidement. Pour une efficacité optimale, il vous faudra toutefois renouveler le contenu du verre tous les 15 jours.

LES BOUCHONS DE LIÈGE

Les bouchons de liège ont la réputation de retenir les mauvaises odeurs. Il suffit que vous en déposiez quelques-uns dans votre frigo, et en moins d'une semaine les odeurs désagréables auront disparu. Cette solution discrète et sans contraintes permet de se débarrasser du problème durablement.

LE BICARBONATE DE SOUDE

Le bicarbonate de soude permet de retenir les odeurs nauséabondes. Pour désodoriser votre frigo, mettez-en dans un petit bol que vous placez dans votre réfrigérateur. Dès que les mauvaises odeurs reviennent, changez le bicarbonate !

LE MARC DE CAFÉ

Vous pouvez aussi bien installer dans votre réfrigérateur une petite coupe de marc de café. Toutefois, l'opération doit être répétée de façon régulière car le marc ne se conserve pas très longtemps.

LES POUBELLES

La poubelle aussi dégage parfois de très mauvaises odeurs ! Voici quelques astuces simples de nos grands-mères.

LE BICARBONATE DE SOUDE

Déposez l'équivalent de 2 c. à soupe de bicarbonate de soude au fond de la poubelle. Mettez ensuite un nouveau sac par-dessus. Pour plus d'efficacité, remplacez le bicarbonate tous les 7 jours.

LA LITIÈRE DE CHAT

Avec la litière de votre chat, vous pouvez faire des miracles ! De la même manière que le bicarbonate, saupoudrez le fond de votre bac à poubelle au moment de changer votre sac. Renouvelez l'opération toutes les semaines.

LES HUILES ESSENTIELLES

Versez sur un coton une goutte d'huile essentielle de lavande vraie additionnée d'une goutte d'huile essentielle de Tea Tree (arbre à thé). Posez le coton au fond de votre poubelle et remplacez-le à chaque changement de sac.

LA FRITURE

Faire des frites, oui ! Mais sans les odeurs de friture, c'est encore mieux. Mettez dans votre cuisine un bol rempli de vinaigre blanc. Celui-ci absorbera naturellement les odeurs de friture pendant et après la préparation.

LE FOUR

Vous préférez cuisiner votre poisson au four ? Pas de soucis, grâce à ces solutions anti-odeurs !

LES ÉCORCES DE CITRON

Votre four conserve une odeur du plat que vous venez de faire cuire ? Pour vous en débarrasser, rien de plus simple : une fois que votre four est éteint et vide – mais encore chaud –, il vous suffit de déposer l'écorce d'un citron sur la grille jusqu'à ce que le four soit froid, et le tour est joué !

L'EXTRAIT DE VANILLE

Placez dans votre four un plat avec un peu d'eau additionnée de quelques gouttes d'extrait de vanille. Faites chauffer votre four, attendez que l'eau frémisse, puis éteignez le four. Laissez agir toute la nuit.

LES MAINS

Selon les aliments que vous cuisinez – comme l'ail, l'oignon ou même le poisson –, des odeurs peuvent rester sur vos mains. Si le savon ne suffit pas à vous en débarrasser, frottez vos mains avec un peu de marc de café : l'odeur s'en ira très facilement.

LE PANIER À LINGE SALE

Lorsque le linge sale s'accumule, il provoque souvent l'apparition de mauvaises odeurs assez désagréables. La transpiration séchée ainsi que les bactéries se développant avec l'humidité en sont responsables.
Saupoudrez du bicarbonate de soude directement sur votre linge et répétez cette action régulièrement. Les mauvaises odeurs disparaîtront comme par magie ! Il n'est toutefois pas recommandé de l'utiliser sur des vêtements en soie ou en laine. Pour un linge éclatant, laissez le bicarbonate de soude sur vos vêtements lorsque vous les passez en machine.

LE LAVE-VAISSELLE

Un lave-vaisselle peut parfois dégager de mauvaises odeurs dues à des résidus de nourriture. Pour atténuer et éliminer toutes les odeurs, découvrez ces astuces simples et naturelles.

LE BICARBONATE DE SOUDE

Mettez 3 c. à soupe de bicarbonate de soude dans la cuve de votre lave-vaisselle et laissez-le tourner à vide. Vous pouvez aussi saupoudrer du bicarbonate directement sur la vaisselle sale. Cette astuce permet d'éliminer les mauvaises odeurs et de renforcer l'efficacité de votre produit à lave-vaisselle.

LE CITRON

Placez 1/2 citron dans le lave-vaisselle. Il va désodoriser la machine et laisser une bonne odeur sur vos couverts. Pensez à changer le citron à chaque lavage.

Désodoriser et détartrer un lave-vaisselle

Pour lutter contre les mauvaises odeurs du lave-vaisselle, il existe une astuce toute simple. Cette méthode est aussi très efficace pour détartrer et entretenir son lave-vaisselle au quotidien !

RECETTE

Retirez de votre lave-vaisselle toute la vaisselle et les restes d'aliments.

•

Mettez le vinaigre blanc dans le compartiment à liquide vaisselle.

•

Faites tourner votre machine à vide.

•

Renouvelez l'opération 1 fois par mois.

INGRÉDIENTS

120 ml de vinaigre blanc

Parfumez votre maison

Pour parfumer votre maison,
il vous suffit d'aspirer votre intérieur !
Voici trois astuces simples ô combien efficaces.

Parfum à la cannelle

Aspirez 2 c. à soupe de cannelle en poudre dans votre aspirateur.

•

Parfum à la menthe

Aspirez 4 feuilles de menthe fraîche dans votre aspirateur.

•

Parfum à la lavande

Aspirez un petit coton sur lequel vous aurez préalablement déposé quelques gouttes d'huile essentielle de lavande vraie.

•

Si vous avez un aspirateur sans sac, déposez quelques gouttes d'huile essentielle de lavande vraie directement sur le filtre.

Utilisez l'une de ces astuces de grand-mère chaque fois que vous changez votre sac d'aspirateur.

MOISISSURE

Lorsque de la moisissure apparaît dans la maison, rien ne va plus, c'est la panique à bord ! Pourtant, quelques petites astuces simples et efficaces permettent parfois d'en venir à bout.

RETIRER LES TACHES DE MOISISSURE SUR LES TISSUS

Préparez un mélange avec une noisette de dentifrice et un sachet de levure chimique. Disposez cette pâte sur une brosse à dents avec laquelle vous frotterez la zone touchée. Laissez agir pendant 30 minutes avant de passer l'ensemble en machine.

RÉCUPÉRER LES JOINTS DE LA SALLE DE BAINS ET DE LA CUISINE

Ces champignons, souvent présents dans les pièces humides comme la salle de bains ou la cuisine, peuvent vous faire vivre un cauchemar. Grâce à cette astuce, vous pourrez récupérer les joints moisis et leur redonner toute leur blancheur. Pour cela, mélangez 200 g de bicarbonate de soude dans 100 ml d'eau. Puis utilisez ce mélange pour brosser les joints, en laissant agir 10 minutes environ. Vaporisez de vinaigre blanc. Rincez, et admirez le résultat !

CONFECTIONNER UN DÉSHUMIDIFICATEUR ANTIMOISISSURE

Prenez un peu d'argile concassée ainsi qu'une bouteille en plastique de 1,5 l vide. Coupez le haut de la bouteille, puis emboîtez-la goulot en bas (comme si vous faisiez un piège à guêpes), en ayant pris soin de tapisser l'extérieur du goulot d'un chiffon très fin. Placez l'argile concassée dans l'entonnoir jusqu'aux trois quarts, et c'est prêt. Pour un fonctionnement optimal, il vous suffit de vider régulièrement l'eau recueillie dans le fond de la bouteille, et de remplacer souvent l'argile et le chiffon.

Moisissure sur les murs

Dangereuse pour la santé, la moisissure sur les murs doit absolument être évitée. En effet, elle peut être la cause de problèmes respiratoires, comme l'asthme. Le vinaigre blanc va éliminer les taches de moisissures et l'huile essentielle de Tea Tree (arbre à thé) va exercer un effet antifongique et antibactérien très efficace pour détruire les champignons.

RECETTE

Retirez le maximum de moisissure à l'aide d'une éponge ou d'une brosse imbibée de vinaigre blanc en frottant délicatement la zone touchée de haut en bas.

•

Ensuite, diluez le vinaigre blanc avec l'huile essentielle dans un récipient.

•

Versez ce mélange dans un vaporisateur.

•

Ajoutez-y l'eau.

•

Vaporisez ce nettoyant directement sur la moisissure.

•

Laissez agir plusieurs heures avant d'essuyer avec un chiffon doux.

•

Renouvelez l'opération et laissez sécher sans essuyer.

INGRÉDIENTS

300 ml de vinaigre blanc, 10 gouttes d'huile essentielle de Tea Tree, 200 ml d'eau

ÉQUIPEMENT

Une éponge ou une petite brosse, un récipient, un vaporisateur de 500 ml, un chiffon doux, une paire de gants, un masque de protection

Déterminez la cause des moisissures : humidité, mauvaise ventilation, fuite d'eau, remontées capillaires, etc.

Aérez quotidiennement vos pièces pour éviter que la moisissure ne s'installe.

Vérifiez régulièrement votre ventilation. Une pièce mal ventilée sera plus sensible aux moisissures.

Si la moisissure ne disparaît pas, faites appel à un professionnel.

PRODUITS MÉNAGERS

Cuisine, salle de bains, plan de travail, évier… Pour dégraisser et désinfecter toutes ces surfaces, découvrez quelques recettes afin de confectionner vous-même des nettoyants naturels. C'est une solution économique et écologique face à tous les produits industriels proposés sur le marché !

CRÈME À RÉCURER EXPRESS

Pour préparer rapidement une crème à récurer, versez dans un bol 120 g de bicarbonate de soude et 3 c. à soupe de vinaigre blanc. Une réaction chimique va se produire, elle est naturelle. Utilisez ce mélange abrasif en vous munissant de gants de ménage et nettoyez toutes les pièces de votre maison. Cette solution ne se conserve pas.

Crème à récurer maison

Pour entretenir et faire briller votre salle de bains, votre évier ou encore votre frigo, rien de tel que l'incontournable crème à récurer. Et si elle est faite maison, c'est encore mieux ! Grâce à son action abrasive, ce mélange de bicarbonate de soude et de jus de citron va nettoyer, désinfecter et dégraisser toutes les pièces de votre habitation.

RECETTE

Mélangez dans un bol le bicarbonate de soude et le jus de citron (une réaction chimique va se produire, c'est normal).

Ajoutez-y l'huile essentielle, puis mélangez à nouveau. Votre crème à récurer naturelle est prête !

Déposez-la sur votre éponge humide, puis frottez.

Rincez ensuite la surface nettoyée à l'eau claire.

Conservez le reste de votre crème à récurer dans un pot.

INGRÉDIENTS 10 c. à soupe de bicarbonate de soude, 5 c. à soupe de jus de citron, 7 gouttes d'huile essentielle de citron

ÉQUIPEMENT Un bol, une cuillère, une éponge, un pot hermétique

La crème peut se conserver pendant 1 mois, à condition qu'elle soit à l'abri de la lumière. Jetez-la à la moindre odeur suspecte.

Nettoyant multiusage au citron

Voici un nettoyant capable d'éliminer la graisse tout en laissant une agréable odeur de citron. L'association du vinaigre et de l'huile essentielle de citron permet de désinfecter toutes les surfaces.

RECETTE

Versez le vinaigre blanc dans votre pulvérisateur, à l'aide d'un entonnoir.

•

Ajoutez-y l'huile essentielle de citron et secouez énergiquement.

•

Pulvérisez ce nettoyant sur votre surface, laissez agir quelques minutes et essuyez avec un chiffon doux.

INGRÉDIENTS
500 ml de vinaigre blanc,
10 gouttes d'huile essentielle de citron

ÉQUIPEMENT
Un pulvérisateur de 500 ml,
un entonnoir, un chiffon doux

Agitez le flacon avant chaque utilisation.

Nettoyant multiusage à la lavande

Ce nettoyant multiusage à la lavande va dégraisser en profondeur les surfaces de votre maison.

RECETTE

Mélangez dans un bol le bicarbonate avec l'huile essentielle.

•

Versez le mélange dans votre pulvérisateur.

•

Ajoutez-y l'eau chaude à l'aide de l'entonnoir.

•

Fermez et secouez légèrement afin de dissoudre le bicarbonate.

•

Secouez avant chaque utilisation.

INGRÉDIENTS
1 c. à soupe de bicarbonate de soude,
1 l d'eau chaude (non bouillante),
8 gouttes d'huile essentielle de lavande vraie

ÉQUIPEMENT
Un pulvérisateur de 1,5 l,
un entonnoir, un bol

SOLS

Carrelage, lino, moquette et parquet, découvrez ces astuces d'antan pour entretenir vos sols de façon naturelle tout en préservant la planète, et sans ruiner votre portefeuille ni votre santé !

CARRELAGE

Découvrez ces astuces de grand-mère pour nettoyer et donner de l'éclat à vos carrelages. Le résultat est stupéfiant !

LE SAVON DE MARSEILLE

Pour un nettoyage en profondeur, additionnez 1 c. à soupe de paillettes de savon de Marseille (10 g) à 4 l d'eau très chaude, puis ajoutez 150 ml de vinaigre blanc. Mélangez bien avant de laver votre carrelage avec ce nettoyant, puis rincez à l'eau claire et chaude.

L'EAU DES POMMES DE TERRE

Ne jetez plus l'eau de vos pommes de terre puisque cette dernière contient de l'amidon, idéal pour dégraisser les sols carrelés. L'astuce est simple : utilisez l'eau des pommes de terre chaude sans détergent puis frottez vos sols à l'aide d'un balai-brosse ou d'une serpillière. Pour une meilleure action, laissez vos sols s'imbiber de l'eau des pommes de terre pendant 10 à 15 minutes avant de rincer à l'eau chaude.

Nettoyant au vinaigre blanc

Grâce à cette recette, le vinaigre blanc va désinfecter et faire briller le carrelage. L'huile essentielle de citron, quant à elle, est un antiseptique naturel qui va parfumer et assainir l'air.

RECETTE

Versez l'eau chaude dans un seau.

•

Mélangez-y le vinaigre blanc et l'huile essentielle de citron.

•

Lavez votre carrelage.

•

Rincez ensuite avec une autre serpillière propre.

INGRÉDIENTS

5 l d'eau chaude, 250 ml de vinaigre blanc, 10 gouttes d'huile essentielle de citron

ÉQUIPEMENT

Un seau, deux serpillières

Nettoyant au savon noir

Pour nettoyer votre carrelage facilement, optez pour le savon noir !
Ce produit naturel va dégraisser et faire briller votre sol sans le moindre effort.

RECETTE

Mettez la pâte de savon noir dans le seau.

•

Versez-y l'eau bien chaude et mélangez.

•

Humidifiez votre serpillière avec ce nettoyant maison.

•

Lavez votre carrelage. Inutile de rincer.

INGRÉDIENTS
1 c. à soupe de savon noir en pâte,
5 l d'eau chaude

ÉQUIPEMENT
Un seau, un grand bâton (pour mélanger),
une serpillière

Le savon noir est très concentré, il est donc nécessaire de respecter les doses conseillées. Si vous utilisez moins d'eau, mettez donc moins de savon noir.

LINO

Il faut nettoyer régulièrement le lino pour en ôter les traces de poussière comme les impuretés.
Pour lui assurer une bonne longévité, oubliez les produits ménagers trop agressifs. Apprenez à réaliser votre propre nettoyant en suivant ces astuces de grand-mère.

LE SAVON NOIR

Le savon noir est idéal car il va désincruster les sols tout en leur donnant un aspect lustré. Pour utiliser ce produit, additionnez 2 c. à soupe de savon noir liquide dans 5 l d'eau chaude. Trempez-y la serpillère, essorez-la, puis lavez les sols en lino. Videz et nettoyez votre seau, remplissez-le d'eau propre et procédez au rinçage du sol.

LE VINAIGRE BLANC

Pour désincruster et désinfecter vos sols en lino, le vinaigre blanc est le produit le plus puissant qui existe. Pour un lavage rapide, ajoutez 250 ml de vinaigre blanc dans 3 l d'eau chaude.
L'odeur du vinaigre blanc n'est pas toujours appréciée ; si c'est le cas, vous pouvez ajouter quelques gouttes d'huile essentielle de citron ou de lavande vraie en la diluant préalablement avec le vinaigre.

LES CRISTAUX DE SOUDE

Les cristaux de soude seront utiles pour désincruster et nettoyer un lino vraiment sale. Pour utiliser ce produit miraculeux, mettez 3 c. à soupe de cristaux de soude dans 500 ml d'eau chaude. Rincez à l'eau claire et tiède. Manipulez les cristaux de soude avec la plus grande précaution. De fait, le port de gants et de lunettes de protection est vivement recommandé.

LE JAUNE D'ŒUF

Vous pouvez lustrer votre lino grâce à cette astuce de grand-mère. Après avoir aspiré et nettoyé vos sols, mélangez 2 jaunes d'œufs battus dans 1 l d'eau chaude. Appliquez ce mélange à l'aide d'une serpillère. Inutile de rincer !

MOQUETTE ET TAPIS

La moquette et les tapis nécessitent un maximum d'entretien pour éviter que les microbes et acariens ne s'y nichent. Pour faire un nettoyage efficace et en profondeur, nos grands-mères avaient des trucs miraculeux.

L'EAU GAZEUSE POUR UN ENTRETIEN RÉGULIER

Vinaigre blanc + eau gazeuse : voici une formule qui fait des miracles ! Elle détache, adoucit et entretient. Pour réaliser ce shampoing 4 en 1, mélangez 200 ml de vinaigre blanc dans 1 l d'eau gazeuse. Appliquez ensuite la mixtion sur votre moquette ou votre tapis à l'aide d'une brosse. Laissez agir 30 minutes environ, puis rincez à l'eau chaude.

LE BICARBONATE DE SOUDE POUR DÉSODORISER ET RAVIVER LA MOQUETTE

Aspirez préalablement la surface à traiter puis saupoudrez-la de bicarbonate de soude. Étalez la poudre à l'aide d'une brosse, puis laissez agir 1 heure environ. Aspirez et admirez le résultat !

LA TERRE DE SOMMIÈRES POUR ÉLIMINER LES TACHES TENACES

Détacher une moquette est un véritable calvaire. Il faut frotter, frotter et encore frotter. Même s'il faut un peu d'huile de coude pour venir à bout des taches de graisse, la terre de Sommières saura être votre partenaire. Déposez de la poudre sur les différentes taches à éliminer, puis laissez agir pendant 3 heures. Brossez énergétiquement et aspirez. Pour les taches de graisse incrustées, attendez plutôt 24 heures. Si vous souhaitez plus d'informations, vous pouvez vous reporter au chapitre « Taches ».

PARQUET

Ce revêtement de sol est noble et élégant, et son entretien nécessite des gestes particuliers, afin d'en conserver toute la beauté et d'éviter qu'il ne s'altère trop vite.

PARQUET CIRÉ

Ce type de revêtement se nettoie d'un coup d'aspirateur et de brosse microfibre humidifiée. Il doit toutefois être ciré chaque année. Lorsqu'un liquide y est renversé par mégarde, il doit être immédiatement absorbé. Appliquez ensuite un peu d'huile de lin sur la surface mouillée.

PARQUET VITRIFIÉ

Le nettoyage d'un parquet vitrifié s'effectue très simplement. Le premier geste consiste à y passer l'aspirateur, avec une brosse adaptée. Lavez ensuite la surface avec une serpillière humide, très essorée, car l'eau ne doit pas pouvoir imprégner le plancher. Une fois le lavage terminé, essuyez immédiatement le parquet. Si celui-ci est taché, nettoyez délicatement l'endroit souillé avec un chiffon légèrement imprégné d'un mélange à parts égales de vinaigre blanc et d'eau, avant d'essuyer la surface.

astuce

Le risque de rayures est grand lorsque les meubles sont disposés sans protection sur le parquet. Pour y remédier simplement et efficacement, il vous suffit de fixer ou coller des petites rondelles de bouchons de liège sous les pieds du mobilier. Le parquet sera ainsi bien préservé !

TOILETTES

Nos grands-mères entretenaient les toilettes à l'aide de produits naturels et peu coûteux. Voici une sélection de leurs recettes pour avoir des W.-C. parfaitement propres. Oubliez les produits d'entretien industriels et optez pour des détartrants et désinfectants respectueux de l'environnement.

PARFUMER NATURELLEMENT LES TOILETTES

Mettez 3 gouttes d'huile essentielle de lavande vraie, de citron ou d'ylang-ylang complète sur une pierre poreuse ou un galet posé sur une soucoupe. Placez cette dernière sur un meuble ou sur le réservoir de vos toilettes pour parfumer la pièce. Renouvelez l'opération dès que l'odeur a disparu.

Nettoyant au citron

Ce produit fait maison permet d'éliminer les bactéries sur le siège des toilettes, de détartrer et nettoyer l'intérieur des W.-C. tout en laissant une agréable odeur de citron !

RECETTE

Dans un récipient, diluez l'huile essentielle avec le vinaigre blanc.

•

Versez le mélange dans un vaporisateur à l'aide d'un entonnoir.

•

Ajoutez-y l'eau tiède.

•

Rebouchez votre vaporisateur et secouez-le énergiquement.

•

Utilisez ce désinfectant W.-C. pour nettoyer la surface et l'intérieur de vos toilettes.

•

Agitez le flacon avant chaque usage.

INGRÉDIENTS

15 gouttes d'huile essentielle de citron, 500 ml de vinaigre blanc, 500 ml d'eau

ÉQUIPEMENT

Un récipient, un vaporisateur, un entonnoir

Désinfectant et détartrant au vinaigre blanc

Pour désinfecter et détartrer naturellement le fond de votre cuvette, il existe une astuce de grand-mère simple et très efficace.

RECETTE

Versez le bicarbonate de soude directement dans le fond de la cuvette.

•

Ajoutez-y le vinaigre blanc.

•

Laissez se produire l'effervescence du mélange.

•

Mettez l'huile essentielle de Tea Tree (facultatif).

•

Laissez agir pendant au moins 30 minutes (une nuit si possible).

•

Frottez avec votre brosse à W.-C. habituelle.

•

Tirez la chasse d'eau.

INGRÉDIENTS

1/2 verre de bicarbonate de soude,
1/2 verre de vinaigre blanc,
5 gouttes d'huile essentielle de Tea Tree (facultatif)

ÉQUIPEMENT

Une brosse de toilette

Désodorisant au citron

Avec ce désodorisant naturel, vous allez assainir, parfumer et supprimer les mauvaises odeurs de votre cuvette !

RECETTE

Diluez l'huile essentielle avec l'alcool et incorporez ce mélange dans le flacon spray.

•

Ajoutez-y l'eau et secouez pour mélanger l'ensemble.

•

Pulvérisez pour éliminer les mauvaises odeurs après votre passage aux toilettes.

INGRÉDIENTS

20 gouttes d'huile essentielle de citron,
50 ml d'alcool à 70° ou de vodka,
200 ml d'eau

ÉQUIPEMENT

Un flacon spray de 300 ml,
un entonnoir

Secouez le flacon avant chaque utilisation.

Étiquetez votre désodorisant maison et conservez-le hors de la portée des enfants.

VITRES

Il est possible de nettoyer les vitres de votre maison grâce à ces solutions naturelles et économiques !

LE VINAIGRE BLANC

Pour fabriquer ce produit nettoyant, munissez-vous d'un vaporisateur de 1 l dans lequel vous mélangez 750 ml d'eau tiède avec 250 ml de vinaigre blanc. Vaporisez cette préparation sur les vitres. Essuyez avec un chiffon ou du papier journal roulé en boule.

LE JUS DE CITRON

Dans un vaporisateur de 500 ml, mélangez 3 c. à soupe de jus de citron avec 450 ml d'eau chaude. Roulez une feuille de journal en boule et imbibez-la de ce mélange naturel, puis frottez vos vitres. Résultat impeccable !

conseils

Ne nettoyez pas vos vitres en plein soleil, vous éviterez ainsi d'y laisser des traces.

L'utilisation du papier journal convient aux vitrages et permet ainsi de remplacer d'autres accessoires ménagers.

DÉCORER LES VITRES

Voici une astuce pour décorer les fenêtres à l'approche de Noël. Contrairement aux bombes à neige traditionnelles, le blanc de Meudon s'enlève très facilement et permet en plus de nettoyer vos vitres ! Mélangez 1 mesure de blanc de Meudon avec 1/2 mesure d'eau. Vous obtiendrez une sorte de peinture blanche. Si la peinture vous semble trop liquide, ajoutez du blanc de Meudon, si elle est trop épaisse, ajoutez de l'eau. Posez ensuite un pochoir sur la fenêtre et appliquez la préparation à l'aide d'un pinceau ou d'une éponge. Laissez sécher pendant 1 heure. Enlevez facilement la « peinture » avec un chiffon humide !

Grand nettoyage des vitres avec du blanc de Meudon

100 % écologique, le blanc de Meudon permet de nettoyer et faire briller des surfaces comme les vitres, sans les abîmer. Ce produit naturel élimine également les taches incrustées sur vos carreaux.

RECETTE

Faites bouillir l'eau dans une casserole.

•

Hors du feu, versez-y les paillettes de savon de Marseille et le blanc de Meudon.

•

Mélangez bien les ingrédients jusqu'à obtenir une consistance homogène.

•

Tamponnez un chiffon à plusieurs reprises dans cette préparation et frottez les vitres.

•

Lustrez vos carreaux avec un autre chiffon ou une peau de chamois.

INGRÉDIENTS

300 ml d'eau, 20 g de paillettes de savon de Marseille, 250 g de blanc de Meudon

ÉQUIPEMENT

Une casserole, une cuillère, deux chiffons propres, une peau de chamois (facultatif)

Salle de bains

BROSSE À CHEVEUX

Avoir une brosse propre est indispensable pour la santé de vos cheveux, car ceux-ci contiennent des poussières, des cellules mortes et des résidus de produits chimiques présents dans les laques et les gels. Avant de tester ces astuces, enlevez les cheveux restés sur la brosse à l'aide d'un peigne.

LE BICARBONATE DE SOUDE

Versez 1 l d'eau tiède dans une bassine. Ajoutez-y 5 c. à soupe de bicarbonate de soude. Laissez baigner votre brosse dans ce mélange pendant toute une nuit. Rincez-la abondamment et essuyez-la avec une serviette.

LE VINAIGRE BLANC

Versez un mélange à parts égales d'eau et de vinaigre blanc dans une bassine. Laissez-y tremper votre brosse à cheveux toute la nuit. Le lendemain, rincez-la à l'eau tiède.

conseil

Si vous avez une brosse en bois, évitez de la laisser tremper dans l'eau car cela pourrait endommager le bois.

BROSSE À DENTS

Avoir une brosse à dents saine est essentiel pour éviter la prolifération des bactéries.

VOICI QUELQUES GESTES SIMPLES POUR AVOIR UNE BROSSE PARFAITEMENT PROPRE

- Rincez et séchez votre brosse à dents après chaque usage pour la préserver de l'humidité, qui favorise le développement microbactérien.
- Laissez tremper votre brosse à dents pendant toute une nuit dans un verre d'eau tiède contenant 2 c. à café de bicarbonate de soude alimentaire. Le lendemain, rincez-la à l'eau claire, elle sera propre !
- Mettez votre brosse à dents au lave-vaisselle pour un nettoyage en profondeur et favoriser l'élimination des bactéries.

À la maison, n'utilisez pas d'étui pour couvrir votre brosse à dents, car celui-ci favorise l'humidité, qui est propice aux bactéries. Utilisez un étui uniquement lors de vos déplacements pour protéger votre brosse à dents des saletés.

JOINTS

Vos joints de salle de bains sont noirs ou moisis ? Voici quelques astuces pour les nettoyer et les blanchir. N'hésitez pas à vous reporter au chapitre « Moisissure » pour plus de détails !

LE BLANC DE MEUDON

Mélangez 100 g de blanc de Meudon avec 4 c. à soupe d'eau. Appliquez cette potion sur les joints de la salle de bains et laissez agir pendant 1 heure. Frottez ensuite avec une brosse à dents. Rincez à l'eau claire.

LA PIERRE D'ARGILE

Mouillez simplement votre éponge et imbibez-la d'argile blanche. Frottez les joints, puis rincez à l'eau claire.

LE PERCARBONATE DE SOUDE

Diluez 15 g de percarbonate de soude dans 100 ml d'eau très chaude. Mélangez jusqu'à dissolution. Appliquez cette lotion sur les joints de carrelage. Laissez agir pendant 1 heure minimum, puis frottez avec une brosse à dents. Rincez abondamment.

LE VINAIGRE BLANC

Dans un récipient, mélangez 1 c. à soupe de liquide vaisselle avec 1 grand verre de vinaigre blanc. Imbibez une brosse à dents de ce mélange avec laquelle vous frottez vos joints de salle de bains. Laissez agir 10 minutes puis rincez à l'eau claire.

LE CITRON SALÉ

Trempez 1/2 citron dans du gros sel et frottez directement vos joints de salle de bains. Laissez agir 15 minutes et rincez à l'eau claire.

MIROIR

Pour éviter l'apparition de traces sur votre miroir, un nettoyage régulier est primordial. Voici quelques astuces !

LE VINAIGRE BLANC

Pour préparer un spray nettoyant pour miroir, versez 250 ml de vinaigre blanc et 500 ml d'eau dans un pulvérisateur de 750 ml. Vaporisez cette solution sur votre miroir et frottez avec un chiffon. Il sera impeccable !

LA GLYCÉRINE VÉGÉTALE

Voici une astuce pour ne plus avoir de buée sur votre miroir de salle de bains : après avoir nettoyé le miroir, mettez un peu de glycérine végétale sur un chiffon sec et doux. Frottez votre miroir afin d'y déposer une fine couche de glycérine qui empêchera l'apparition de la buée.

RIDEAU DE DOUCHE

LE VINAIGRE BLANC

Versez du vinaigre blanc directement sur votre rideau. Munissez-vous ensuite d'une vieille brosse et frottez délicatement. Lorsque votre rideau est débarrassé de ses taches, passez-le en machine à 30 degrés, avec un peu de lessive, et faites tourner.

LE BICARBONATE DE SOUDE

Mettez votre rideau de douche dans la machine à laver, avec 2 serviettes de toilette. Ajoutez à votre lessive habituelle un petit verre de bicarbonate de soude et lancez un cycle doux à 30 degrés.

Taches

ENLEVER UNE TACHE : LE B.A-BA

Une tache est très vite arrivée, et bien souvent on n'a pas le réflexe d'agir tout de suite. Il existe des astuces de grand-mère pour que votre chemisier préféré ou votre pantalon retrouve vite son éclat et que cette vilaine tache ne soit plus qu'un mauvais souvenir. Voici les conseils à suivre pour enlever toute tache sur un textile.

AGISSEZ TRÈS VITE !

Une tache qui sèche sur un vêtement peut ne jamais partir. Il convient donc d'agir dès son apparition. Si vous n'avez rien sous la main, tamponnez la tache avec un peu d'eau froide afin qu'elle ne s'incruste pas dans le tissu.

RETIREZ CE QUI DÉPASSE

Si vous avez taché votre habit avec une matière mi-solide ou solide, le premier geste à faire est de prendre un petit support rigide (une spatule, ou un carton) et de retirer le surplus. Si la tache est liquide, utilisez un papier absorbant pour éponger la surface.

ÉVITEZ L'EAU CHAUDE

La chaleur a pour effet de cuire, et c'est ce qui risque d'arriver à la tache si vous appliquez de l'eau à haute température. L'action finale sera de fixer la tache, ce qui aggravera la situation.

TESTEZ AVANT D'AGIR

Avant d'appliquer un détachant, procédez à un test sur un endroit moins visible du vêtement. Sur une couture intérieure ou un ourlet, par exemple.

FROTTEZ DANS LE BON SENS

Une bonne astuce pour enlever une tache est de frotter dans le bon sens : la tache sera mieux maîtrisée si vous la frottez de l'extérieur vers le centre. Il est parfois plus approprié de tamponner, en prenant soin de ne pas étaler le liquide ou la matière.

METTEZ UNE SOUS-COUCHE

Placez un chiffon blanc et propre sur la face opposée du tissu qui sera traitée. Cela permettra de préserver le vêtement durant la phase de détachage.

TACHE D'ENCRE

Une tache d'encre sur votre vêtement favori ? À la maison comme au travail, vous pourrez appliquer les gestes simples de nos aïeules pour faire disparaître cette tache aussi rapidement qu'avec un détachant industriel.

LE LAIT

En cas de tache d'encre SUR UN TISSU SYNTHÉTIQUE, le premier réflexe est d'appliquer un papier absorbant sur l'encre afin d'en extraire le maximum. Laissez ensuite tremper le tissu dans une bassine remplie de lait tiède (non bouillant) pendant 1 heure environ. SUR UN TISSU EN SOIE, faites d'abord tremper le tissu taché dans du lait froid ; 30 minutes plus tard, changez le lait et répétez l'opération jusqu'à constater que le lait reste blanc, signifiant que la tache a disparu. Enfin, procédez au lavage normal du vêtement.

LE JUS DE CITRON

Imbibez un tissu blanc d'un peu d'eau froide et de jus de citron, puis tamponnez la tache d'encre avec. Si la tache n'est pas partie, versez dessus du jus de citron pur et laissez agir pendant 15 minutes environ.

LE VINAIGRE BLANC ET LA FARINE DE MAÏS

Si la tache n'est toujours pas partie, préparez ce détachant naturel de grand-mère en mélangeant 1 c. à café de vinaigre blanc avec 1 c. à soupe de farine de maïs. Déposez la pâte obtenue sur la tache et laissez agir pendant 1 heure. Retirez ensuite la pâte séchée à l'aide d'une cuillère. Lavez aussitôt votre tissu en machine.

TACHE D'HERBE

Votre enfant vient de tacher son nouveau jean en jouant dans l'herbe ?

Placez un chiffon propre et blanc à l'intérieur du jean, sous la tache. Imbibez la tache d'herbe de vinaigre blanc. Tamponnez la tache à l'aide d'un autre chiffon propre et blanc. Laissez agir pendant 1 heure. Ensuite, frottez délicatement la tache (toujours de l'extérieur vers le centre de la tache) à l'aide de 1/2 citron. Renouvelez l'opération jusqu'à ce que la tache ait disparu, puis passez le vêtement à la machine.

TACHE D'URINE

Découvrez ces astuces de grand-mère faciles et efficaces pour retirer une tache d'urine sur vos textiles et tapis. Grâce à ces méthodes, vous allez aussi éliminer la mauvaise odeur de l'urine.

Tache d'urine sur un matelas

Votre enfant a fait pipi au lit ? Grâce à cette recette de nos grands-mères, vous pourrez nettoyer et désodoriser son matelas naturellement !

RECETTE

Dans un verre, mélangez le bicarbonate de soude et l'huile essentielle de lavande vraie.

Saupoudrez la tache avec cette solution.

Laissez agir pendant 2 heures au minimum à l'air libre.

Aspirez la poudre : l'odeur aura disparu et la tache aussi.

Renouvelez l'opération si nécessaire.

INGRÉDIENTS 1 verre de bicarbonate de soude, 3 gouttes d'huile essentielle de lavande vraie

ÉQUIPEMENT Un verre, un aspirateur

Afin d'éviter les taches d'urine, mettez une alaise sur votre matelas !

Tache d'urine sur un tapis ou la moquette

Votre animal de compagnie a fait pipi sur votre beau tapis ? Agissez vite en utilisant ce détachant naturel qui va aussi absorber les mauvaises odeurs.

RECETTE

Saupoudrez généreusement la tache du tapis de terre de Sommières.

Laissez agir pendant 3 heures au minimum.

Frottez à l'aide d'une brosse, puis aspirez. Résultat garanti !

INGRÉDIENTS Terre de Sommières

ÉQUIPEMENT Une brosse, un aspirateur

TACHE DE CAFÉ

Il est facile d'enlever une tache de café, il vous suffit de connaître ces astuces de nos grands-mères !

COCKTAIL VINAIGRE BLANC ET EAU

Tamponnez délicatement la tache à l'aide d'un chiffon imbibé d'une solution composée d'un mélange à quantités égales d'eau froide et de vinaigre blanc.

COCKTAIL EAU SALÉE ET SAVON DE MARSEILLE

Laissez tremper la tache dans de l'eau froide salée pendant 15 minutes. Rincez, puis frottez avec du savon de Marseille. Renouvelez l'opération jusqu'à ce que la tache soit partie, puis lavez le tissu en machine.

LA GLYCÉRINE VÉGÉTALE

Sans frotter, appliquez du papier absorbant sur la tache afin de retirer le maximum de café. Déposez ensuite quelques gouttes de glycérine végétale sur la partie touchée, en tamponnant de l'extérieur vers le centre à l'aide d'un chiffon propre. Rincez à l'eau froide. Enfin, lavez votre vêtement en machine.

Voici une autre astuce pour enlever facilement la tache

RECETTE

Versez de l'eau gazeuse sur la tache.

•

Tamponnez avec du papier absorbant.

•

Diluez dans une tasse le mélange d'eau et de vinaigre blanc.

•

Versez cette préparation sur la tache.

•

Saupoudrez aussitôt de bicarbonate de soude de façon à recouvrir la tache.

•

Laissez agir 20 minutes minimum, puis aspirez.

INGRÉDIENTS

Eau gazeuse,
120 ml d'eau, 120 ml de vinaigre blanc,
bicarbonate de soude

ÉQUIPEMENT

Du papier absorbant,
une tasse, un aspirateur

Vous pouvez augmenter les quantités de cette préparation en fonction de l'étendue de la tache.

TACHE DE CERISE

Vous venez de tacher votre beau vêtement avec une cerise ? Ayez les bons réflexes de nos grands-mères !

ALLIANCE DU LAIT ET DU SAVON DE MARSEILLE

Le lait peut également vous aider à éliminer cette vilaine tache de cerise. Remplissez un récipient de lait pour y plonger le tissu taché. Patientez pendant 2 heures environ. Sortez le tissu du récipient et frottez délicatement avec du savon de Marseille. Rincez abondamment le tissu sous l'eau froide. Renouvelez l'opération jusqu'à ce que la tache ait disparu, puis lavez votre vêtement en machine.

LE VINAIGRE BLANC

Imbibez généreusement un torchon propre de vinaigre blanc, puis tamponnez délicatement la tache. Laissez agir jusqu'à complète disparition. Lavez ensuite en machine.

TACHE DE CIRE

Enlevez le maximum de cire de bougie à l'aide d'une spatule en bois. Interposez un papier absorbant sur le reste de cire, puis repassez avec un fer chaud. Retirez le fer et le papier absorbant, puis saupoudrez la tache de terre de Sommières. Laissez agir toute une nuit. Brossez ensuite pour enlever la cire de bougie séchée. Enfin, aspirez les résidus et passez votre tissu en machine.

TACHE DE FEUTRE

À l'école, au travail, comme à la maison, personne n'est à l'abri de faire une tache de feutre sur ses habits. Inutile de paniquer ! Si cette dernière peut sembler impossible à enlever, voici des astuces de grand-mère qui ont fait leurs preuves.

LE LAIT

En premier lieu, trempez la tache dans du lait froid et à plusieurs reprises, en renouvelant le lait jusqu'à ce que celui-ci soit blanc. Ensuite, mettez le vêtement à laver en machine, ce qui permettra de compléter l'action du lait.

LE JUS DE CITRON ET LE SEL FIN

Pressez du jus de citron pur sur les taches de feutre, ajoutez le sel et laissez agir 20 minutes environ. Puis frottez à l'aide d'une petite brosse, avant de mettre votre vêtement en machine.

TACHE DE GRAISSE ALIMENTAIRE

Lorsqu'un corps gras — beurre, huile, etc. — tombe sur un tissu, une tache graisseuse se forme. Pour la retirer en douceur, il existe quelques astuces de grand-mère !

LE SAVON DE MARSEILLE

Frottez avec du savon de Marseille sec. Brossez et rincez à l'eau chaude. Lavez aussitôt.

LA TERRE DE SOMMIÈRES

La terre de Sommières est connue pour ses vertus détachantes, en particulier sur les taches de graisse. Commencez par retirer le surplus de graisse avec du papier absorbant. Saupoudrez ensuite entièrement la tache de terre de Sommières. Laissez agir pendant 3 heures environ, le temps que la terre de Sommières soit sèche. Brossez et frottez délicatement la tache afin d'en retirer la poudre. Passez aussitôt votre vêtement en machine.

LA CRAIE BLANCHE

Émiettez de la craie blanche sur la tache. Frottez avec une brosse avant de passer votre vêtement en machine.

LA GLYCÉRINE VÉGÉTALE

Inondez la tache de glycérine végétale non diluée. Laissez agir pendant 15 minutes. Après absorption, retirez la glycérine en raclant doucement avec une cuillère, frottez délicatement le tissu avec du savon de Marseille mouillé, puis passez le vêtement en machine.

LE JUS DE CITRON

Pressez trois citrons de sorte à obtenir 100 ml de jus environ. Mélangez le jus à 400 ml d'eau. Noyez le tissu dans ce mélange et laissez tremper quelques heures avant de le laver en machine.

LA FÉCULE DE POMME DE TERRE

Saupoudrez la tache avec de la fécule de pomme de terre. Frottez légèrement et laissez agir pendant 15 minutes. Brossez et lavez.

TACHE DE ROUILLE SUR DU MÉTAL

Grâce à cette astuce, vos objets de décoration retrouveront une seconde jeunesse ! Pour cela, coupez une pomme de terre en deux. Saupoudrez la partie coupée de bicarbonate de soude et frottez-la sur la tache de rouille pendant quelques minutes. Rincez, puis essuyez.

TACHE DE SANG

Le sang est l'ennemi du textile. Il s'imprègne dans les fibres et sèche. Lorsque la tache de sang est incrustée, la déloger devient un véritable casse-tête. Voici quelques astuces de nos grands-mères pour les éliminer sans trop forcer.

LE CITRON

Nos aïeules faisaient disparaître une tache de sang sur un vêtement en utilisant du jus de citron fraîchement pressé. Dès qu'un tissu est taché de sang, retirez-le et passez-le aussitôt sous l'eau froide pour éliminer le surplus. Ensuite, versez directement le jus de 1/2 citron sur la tache et laissez agir pendant 30 minutes, pour que le citron absorbe le sang. Lavez ensuite votre vêtement en machine.

LE VINAIGRE BLANC

Si malgré vos multiples essais la tache de sang persiste, essayez cette astuce. Diluez 125 ml de vinaigre blanc dans 500 ml d'eau froide et laissez tremper le vêtement taché dans ce mélange pendant au moins 3 heures. Rincez à l'eau froide puis procédez au lavage dès que la tache est partie.

LE GROS SEL

Pour venir à bout d'une tache de sang, nos grands-mères utilisaient aussi du gros sel. Il vous suffit de remplir une bassine d'eau froide et d'y ajouter 5 c. à soupe de gros sel. Immergez ensuite le vêtement taché dans la bassine, puis patientez quelques heures avant de le passer en machine.

Retirer une tache de sang sur un matelas

Nos aïeules utilisaient l'action du bicarbonate de soude, de l'eau et du gros sel pour éliminer une tache de sang sur un matelas.

RECETTE

Réalisez une pâte en mélangeant dans un bol le gros sel, l'eau et le bicarbonate.

•

Appliquez cette pâte sur la tache de sang et laissez agir pendant 30 minutes.

•

Une fois la pâte sèche, brossez et aspirez le matelas.

•

Si la tache persiste, renouvelez l'opération une deuxième fois en frottant délicatement avant de laisser agir.

INGRÉDIENTS

1 c. à soupe de gros sel,
1 c. à soupe d'eau froide,
50 g de bicarbonate de soude

ÉQUIPEMENT

Un bol, une brosse, un aspirateur

TACHE DE SAUCE TOMATE

Vous venez de tacher votre chemise préférée avec de la sauce tomate ? Pas de panique ! Nous avons la solution. Grâce à ce cocktail de grand-mère, enlever une tache de sauce tomate sur un vêtement sera un jeu d'enfant.

Commencez par retirer le surplus de sauce tomate avec du papier absorbant. Saupoudrez ensuite la tache de bicarbonate de soude, et laissez agir pendant 15 minutes. Retirez délicatement le bicarbonate de soude à l'aide d'une spatule. Dans une bassine, mélangez 250 ml de vinaigre blanc avec 250 ml d'eau. Trempez-y votre tissu et frottez délicatement la tache avec du savon de Marseille. Si la tache a disparu, lavez directement le tissu en machine. Sinon, renouvelez l'opération.

TACHE DE THÉ

Une tache de thé est si vite arrivée ! Profitez des propriétés détachantes du citron et du vinaigre blanc pour éliminer naturellement cette souillure sur votre vêtement préféré.

LE CITRON

Appliquez du papier absorbant sur la tache. Pressez ensuite quelques gouttes de jus de citron dessus et laissez agir pendant 1 heure minimum. Enfin, tamponnez délicatement la tache à l'aide d'un torchon propre imbibé d'eau froide.

LE VINAIGRE BLANC

Après avoir absorbé la tache de thé avec du papier essuie-tout, mélangez 2 c. à soupe d'eau avec 2 c. à soupe de vinaigre blanc dans un bol. Imbibez un torchon propre avec ce mélange et tamponnez la tache délicatement. Rincez à l'eau froide.

TACHE DE TRANSPIRATION

C'est bon de transpirer, ça permet d'éliminer les toxines du corps. Mais pour les vêtements, c'est une autre histoire... La transpiration laisse parfois de grosses auréoles sur vos beaux vêtements ! Heureusement, nos grands-mères avaient toutes les bonnes astuces pour éliminer ces vilaines taches.

LE JUS DE CITRON

Pressez du jus de citron directement sur la tache de transpiration. Tamponnez délicatement le tissu avec l'agrume. Appliquez quelques gouttes d'eau et laissez sécher. Une fois la tache disparue, lavez votre vêtement en machine.

LE BICARBONATE DE SOUDE

Confectionnez une pâte en mélangeant 70 g de bicarbonate avec 1 c. à soupe d'eau froide. Appliquez celle-ci sur la tache et laissez agir pendant 1 heure environ, avant de laver votre vêtement en machine.

LE VINAIGRE BLANC

Tamponnez la tache de transpiration avec un torchon imbibé d'un mélange à parts égales de vinaigre blanc et d'eau froide. Si la tache est trop étendue, versez ce mélange dans une bassine et laissez-y tremper votre tissu toute une journée. Rincez et lavez en machine.

TACHE DE VIN ROUGE

Vous venez de tacher votre nappe ou votre vêtement favoris avec du vin rouge ?
Agissez vite grâce à ces détachants naturels et efficaces !

L'EAU GAZEUSE

Une autre astuce de nos grands-mères : versez de l'eau gazeuse sur la tache et tamponnez délicatement de l'extérieur vers le centre avec un torchon propre. Renouvelez l'opération si nécessaire.

LA TERRE DE SOMMIÈRES

Après avoir absorbé la tache de vin rouge avec du papier essuie-tout, saupoudrez de terre de Sommières. Laissez agir 3 heures minimum, puis retirez la poudre avec une petite brosse ou un aspirateur.

LE SAVON DE MARSEILLE

Absorbez le maximum de vin rouge avec du papier essuie-tout. Passez la tache sous l'eau froide et tamponnez délicatement avec un cube de savon de Marseille sec. Rincez et admirez le résultat !

TACHE DE VOMISSURES

Votre enfant a malencontreusement vomi sur le siège de la voiture ?
Petit conseil : prévoyez toujours du papier absorbant et du bicarbonate de soude dans votre boîte à gants !

LE BICARBONATE DE SOUDE

Cette astuce permet d'éliminer rapidement l'odeur désagréable de vomi. Commencez par retirer le maximum de vomissures avec du papier absorbant. Saupoudrez ensuite allègrement toute l'étendue de la tache avec du bicarbonate de soude. Ajoutez-y quelques gouttes d'eau, frottez puis laissez sécher. Il ne vous restera plus qu'à brosser ou aspirer !

LE VINAIGRE BLANC

Le vinaigre blanc est aussi très efficace. Après avoir retiré les vomissures avec du papier absorbant, recouvrez la tache de vomi avec un mélange de 1/3 de vinaigre blanc et 2/3 d'eau. Frottez avec un torchon propre, rincez avec de l'eau froide, puis laissez sécher à l'air libre.

Annexes

Contre-indications

LES HUILES ESSENTIELLES

HUILE ESSENTIELLE D'ESTRAGON

L'huile essentielle d'estragon est contre-indiquée chez les personnes souffrant ou ayant souffert de cancer hormonodépendant. De plus, elle augmente la sensibilité de la peau aux rayonnements solaires, ce qui peut entraîner une éruption cutanée. Évitez donc de vous exposer au soleil après l'application. Irritante à l'état pur, elle doit toujours être diluée avec une huile végétale. Interdite aux femmes enceintes et aux enfants de moins de 3 ans.

HUILE ESSENTIELLE D'ORANGE DOUCE

L'huile essentielle d'orange douce est photosensibilisante. Évitez toute exposition au soleil durant les 6 heures qui suivent une application cutanée. À utiliser diluée pour les peaux sensibles. Elle ne convient pas en olfaction pour les enfants de moins de 3 mois et pour une application cutanée pour les enfants de moins de 12 mois. Interdite aux femmes enceintes durant les trois premiers mois de grossesse.

HUILE ESSENTIELLE D'YLANG-YLANG

Son usage à forte dose peut entraîner des migraines et des nausées. Sur la peau, utilisez-la toujours diluée. Interdite (sauf en olfaction) aux femmes enceintes et aux enfants de moins de 6 ans.

HUILE ESSENTIELLE DE CITRON

L'huile essentielle de citron est contre-indiquée chez les femmes enceintes durant les trois premiers mois de grossesse et les enfants de moins de 12 mois. De plus, elle est photosensibilisante ; c'est pourquoi il faut éviter toute exposition au soleil pendant 6 heures au minimum après une application cutanée. Irritante à l'état pur, elle doit être diluée pour les applications cutanées.

HUILE ESSENTIELLE DE CITRONNELLE DE JAVA

Utilisez cette huile essentielle plutôt diluée, car elle peut être irritante à l'état pur sur les peaux sensibles. Interdite aux femmes enceintes pendant les cinq premiers mois de grossesse et aux enfants de moins de 6 ans.

HUILE ESSENTIELLE DE GAULTHÉRIE

Cette huile essentielle est contre-indiquée aux personnes épileptiques, allergiques à l'aspirine ou sous traitement anticoagulant. Usage externe uniquement. Ne pas l'utiliser à l'état pur, toujours la diluer. Interdite aux femmes enceintes, allaitantes et aux enfants de moins de 6 ans.

HUILE ESSENTIELLE DE GÉRANIUM ROSAT

L'huile essentielle de géranium rosat est interdite aux femmes enceintes durant les cinq premiers mois de grossesse et aux enfants de moins de 12 mois. À ne pas confondre avec celle de géranium bourbon.

HUILE ESSENTIELLE DE LAVANDE ASPIC

Cette huile essentielle est contre-indiquée chez les personnes épileptiques ou asthmatiques. Elle est interdite aux femmes enceintes, allaitantes et aux enfants de moins de 8 ans (sauf usage ponctuel localisé à partir de 3 ans).

HUILE ESSENTIELLE DE LAVANDE VRAIE

L'huile essentielle de lavande vraie ne doit pas être utilisée chez les femmes enceintes de moins de trois mois et les enfants de moins de 12 mois.

HUILE ESSENTIELLE DE MENTHE POIVRÉE

L'huile essentielle de menthe poivrée est contre-indiquée chez les sujets épileptiques, les personnes souffrant d'hypertension ou en cas de pathologie œstrogeno-dépendante. Attention ! Une surdose de cette huile essentielle peut se révéler dangereuse pour la santé. Lorsqu'elle est utilisée sur des zones étendues de la peau, elle doit obligatoirement être très diluée, car elle peut provoquer une hypothermie. Ne jamais utiliser cette huile essentielle en bain. Enfin, elle est interdite aux personnes âgées, aux femmes enceintes et allaitantes et aux enfants de moins de 8 ans.

HUILE ESSENTIELLE DE PALMAROSA

Huile essentielle interdite aux femmes enceintes et aux enfants de moins de 3 ans.

HUILE ESSENTIELLE DE ROMARIN CAMPHRÉ

Cette huile essentielle est contre-indiquée chez les personnes épileptiques, et en cas d'hypertension. Elle est interdite aux femmes enceintes et allaitantes, aux enfants de moins de 8 ans et aux personnes âgées. Pas d'usage interne. Cette huile essentielle est toxique à dose élevée. À utiliser de façon limitée dans le temps.

HUILE ESSENTIELLE DE TEA TREE

L'huile essentielle de Tea Tree, aussi appelée « arbre à thé », est contre-indiquée pendant les cinq premiers mois de la grossesse et chez les enfants de moins de 3 ans.

HUILE ESSENTIELLE HÉLICHRYSE ITALIENNE

Aussi appelée « Immortelle », l'huile essentielle Hélichryse italienne est contre-indiquée chez les personnes suivant un traitement anticoagulant. Elle est interdite aux femmes enceintes et allaitantes, et aux enfants de moins de 6 ans (sauf usage localisé cutané et ponctuel à partir de 12 mois). Interdite en voie interne sans l'avis d'un médecin.

LES PLANTES

AGAR-AGAR

L'agar-agar est contre-indiqué chez les personnes ayant souffert d'une occlusion intestinale, les diabétiques prenant des médicaments qui abaissent le taux de glucose sanguin, les personnes ayant un taux élevé de cholestérol, les personnes prenant des laxatifs et celles allergiques aux algues rouges.

AIL

Ne pas ingérer d'ail 48 heures avant et après une intervention chirurgicale. L'ail sera à éviter chez les personnes sujettes aux brûlures d'estomac et celles qui suivent un traitement anticoagulant. Il est par ailleurs déconseillé en cas de porphyrie (maladie génétique rare) ou d'anémie. Déconseillé aux femmes enceintes et allaitantes.

ALOE VERA

La prise d'aloe vera est contre-indiquée en cas d'hémorroïdes, de varices, de syndrome occlusif, d'infection rénale, de colopathies inflammatoires et pendant les règles. La plante est interdite en usage interne aux femmes enceintes et allaitantes, et aux enfants de moins de 12 ans.

ANETH

L'aneth est déconseillé aux femmes enceintes.

ANIS VERT

L'anis vert est contre-indiqué chez les personnes asthmatiques. Interdit aux femmes enceintes et allaitantes, et aux enfants de moins de 12 ans.

ARTICHAUT

L'artichaut est contre-indiqué en cas d'allergie aux astéracées. Demandez conseil à votre médecin en cas d'insuffisance hépatique ou d'obstruction des voies biliaires. Interdit aux femmes allaitantes.

AUBIER DE TILLEUL

Aucune contre-indication n'est connue à ce jour.

AVOINE

L'avoine est contre-indiquée aux personnes allergiques au gluten. Prudence, l'infusion d'avoine peut avoir de l'effet sur la vigilance ; à déconseiller aux personnes qui conduisent ! Interdit aux femmes enceintes, allaitantes et aux enfants de moins de 12 ans.

BADIANE CHINOISE

La badiane chinoise, aussi appelée « anis étoilé », est contre-indiquée chez les personnes atteintes de mastose mammaire ou d'un cancer hormono-dépendant. Il ne faut pas confondre la badiane chinoise avec la badiane du Japon qui est toxique. Interdite aux femmes enceintes, allaitantes et aux enfants de moins de 12 ans.

BASILIC

La consommation de basilic est déconseillée chez les personnes qui suivent un traitement anticoagulant.

BOUILLON-BLANC

Il ne faut pas consommer les graines de bouillon-blanc, car elles sont toxiques. Il est conseillé de bien filtrer l'infusion de bouillon-blanc, car cette plante contient de petits poils qui irritent la gorge. Interdit aux femmes enceintes, allaitantes et aux enfants de moins de 12 ans.

BOULEAU

Le bouleau est contre-indiqué en cas d'œdème, d'insuffisance cardiaque ou d'insuffisance rénale. Interdit aux femmes enceintes, allaitantes et aux enfants de moins de 12 ans.

CAMOMILLE MATRICAIRE OU SAUVAGE

Cette variété de camomille peut provoquer une dermite de contact. Elle est contre-indiquée chez les personnes allergiques aux astéracées.

CAMOMILLE ROMAINE

La camomille romaine est contre-indiquée chez les personnes asthmatiques et les personnes allergiques aux astéracées, et déconseillée chez les personnes sensibles aux pollens d'armoise. Une consommation trop importante de camomille romaine peut provoquer vomissements et nausées. Interdite aux femmes enceintes.

CANNELLE

La cannelle est contre-indiquée en cas d'ulcère de l'estomac ou du duodénum. À forte dose, elle peut entraîner de la tachycardie. La cannelle est dermocaustique, elle peut provoquer des brûlures en cas de contact direct avec la peau. Interdite aux femmes enceintes et aux enfants de moins de 3 ans.

CERFEUIL

Cette plante est déconseillée aux femmes enceintes.

CHÉLIDOINE

Ne jamais prendre de traitement prolongé ni dépasser les doses et les quantités prescrites pour les infusions ou les tisanes de chélidoine. Ne pas consommer la plante fraîche, ni ingérer le latex. De fortes doses de cette plante peuvent se révéler toxiques pour le foie. Interdite aux femmes enceintes, allaitantes et aux enfants de moins de 12 ans. Enfin, se laver les mains après avoir manipulé la chélidoine.

CLOU DE GIROFLE

En usage interne, le clou de girofle est déconseillé aux enfants de moins de 12 ans, et aux femmes enceintes et allaitantes. Un surdosage peut entraîner des vomissements, des diarrhées ou des nausées. En usage externe, le clou de girofle peut provoquer des réactions cutanées.

CURCUMA

En usage interne, le curcuma est contre-indiqué chez les personnes ayant une occlusion des voies biliaires, des ulcères ou une hyperacidité gastrique. Le curcuma peut également augmenter la photosensibilité et provoquer des éruptions cutanées. Interdit aux femmes enceintes, allaitantes et chez les personnes de moins de 18 ans, hors usage alimentaire.

ÉCHINACÉE

L'échinacée est contre-indiquée chez les personnes souffrant d'une maladie évolutive ou d'une maladie auto-immune. Elle est déconseillée aux personnes allergiques aux astéracées. À forte dose, l'échinacée peut provoquer nausées et vertiges. Déconseillé aux femmes enceintes, allaitantes et chez les enfants de moins de 12 ans.

FENOUIL

Le fenouil est contre-indiqué chez les personnes qui souffrent ou ont souffert d'un cancer hormonodépendant, les personnes allergiques aux plantes de la famille des astéracées et celles qui prennent des médicaments pouvant provoquer une photosensibilisation. La consommation de graines de fenouil ne doit jamais dépasser 7 g par jour, elles sont également déconseillées aux femmes enceintes, allaitantes et aux enfants de moins de 12 ans.

GINGEMBRE

Le gingembre est contre-indiqué en cas d'ulcère de l'estomac. À forte dose, il peut provoquer des brûlures d'estomac et déclencher les règles. Déconseillé aux femmes enceintes, allaitantes et aux enfants de moins de 6 ans.

GRANDE CAMOMILLE

En usage interne, la grande camomille est contre-indiquée chez les personnes sous traitement anticoagulant. Elle est également proscrite chez les personnes allergiques aux astéracées. Interdite aux femmes enceintes et allaitantes.

GUARANA

Contre-indiqué en cas de maladie cardio-vasculaire, de tension, de troubles psychiques et d'hyperthyroïdie, le guarana est déconseillé aux personnes insomniaques, nerveuses, atteintes d'ulcères gastriques ou duodénaux. Ne pas consommer à long terme, car il y a un risque d'accoutumance. Interdit aux femmes enceintes, allaitantes et aux enfants de moins de 12 ans.

HAMAMÉLIS

Cette plante ne doit pas être consommée par les femmes enceintes, allaitantes et les personnes de moins de 18 ans.

HOUBLON

Le houblon est contre-indiqué chez les personnes ayant un cancer hormonodépendant ou les personnes dépressives. La consommation d'alcool pendant la prise de houblon est déconseillée. On recommande de cesser l'utilisation du houblon au moins 14 jours avant toute intervention chirurgicale, car la plante peut interagir avec les anesthésiants. Interdit aux femmes enceintes, allaitantes et aux enfants de moins de 12 ans.

LAVANDE OFFICINALE

En usage interne, la lavande est contre-indiquée chez les personnes sous traitement médicamenteux à effet anticoagulant. Interdite aux femmes enceintes durant les trois premiers mois de grossesse.

LIERRE GRIMPANT

Il est contre-indiqué d'utiliser la plante fraîche par voie interne. En application, les feuilles fraîches de lierre et leur jus peuvent provoquer des allergies de contact. À forte dose, la consommation de boissons au lierre peut faire apparaître des maux de tête, des diarrhées ou des nausées. Interdit aux femmes enceintes, allaitantes et aux enfants de moins de 12 ans.

LIN

Les graines doivent être moulues avant d'être consommées. Le lin est déconseillé en cas d'occlusion intestinale ou de diverticules de l'intestin. Les graines de lin immatures peuvent être toxiques. L'huile de lin doit être consommée rapidement. Interdit aux femmes enceintes, allaitantes et aux enfants de moins de 12 ans.

MARRONNIER D'INDE

Évitez d'associer cette plante à des médicaments anticoagulants, hypoglycémiants ou contenant du lithium. Interdit aux femmes enceintes, allaitantes et aux personnes de moins de 18 ans.

MARRUBE BLANC

Interdit aux femmes enceintes, allaitantes et aux enfants de moins de 12 ans.

MATÉ

Le maté est contre-indiqué chez les individus sujets aux problèmes cardiaques, à l'anxiété, aux insomnies, ainsi qu'aux problèmes rénaux. À forte dose il peut provoquer des douleurs gastriques et générer de l'agitation. Le maté contient des tanins, il sera donc à proscrire pendant le repas afin d'éviter une perturbation d'assimilation de fer et autres nutriments. Interdit aux femmes enceintes, allaitantes, et aux personnes de moins de 18 ans.

MAUVE

La mauve est contre-indiquée chez les personnes souffrant d'insuffisance rénale, et en cas de diarrhée.

MÉLISSE

La mélisse sera à éviter en cas de glaucome. Déconseillée aux femmes enceintes, allaitantes et aux enfants de moins de 12 ans.

MENTHE

En voie interne, la menthe est contre-indiquée chez les personnes souffrant de la vésicule biliaire, de troubles hépatiques graves ou d'hypertension. Elle est également interdite aux femmes enceintes, allaitantes, et aux enfants de moins de 5 ans.

MILLEPERTUIS

L'huile de millepertuis est photosensibilsante, il ne faut donc pas l'appliquer avant de vous exposer au soleil. Consultez impérativement un médecin avant de consommer cette plante, car il existe de nombreuses interactions médicamenteuses. Interdit aux femmes enceintes, allaitantes et aux enfants de moins de 12 ans.

MYRTILLE

Les feuilles de myrtille sont contre-indiquées chez les diabétiques insulinodépendants sans avis médical. À forte dose, elles peuvent provoquer une intoxication. Interdite aux femmes enceintes, allaitantes et aux enfants de moins de 12 ans.

OIGNON

Une consommation trop élevée d'oignon peut provoquer des irritations gastriques.

ORTIE

En usage interne, l'ortie est contre-indiquée chez les personnes ayant un œdème, souffrant de troubles cardiaques ou rénaux et chez les personnes asthmatiques. Interdite aux femmes enceintes, allaitantes et aux enfants de moins de 12 ans.

PERSIL

En usage interne, le persil est contre-indiqué chez les personnes sous traitement anticoagulant, en cas d'inflammation rénale et de cirrhose. Consommées à forte dose, les graines de persil sont toxiques. À éviter chez les femmes enceintes.

PISSENLIT

Le pissenlit est contre-indiqué chez les malades cardiaques, les personnes souffrant de calculs biliaires ou d'une obstruction des conduits biliaires. Il sera aussi contre-indiqué chez les personnes sensibles aux astéracées. Interdit aux femmes enceintes, allaitantes et aux enfants de moins de 12 ans.

PLANTAIN

Pas de contre-indication connue à ce jour. À éviter toutefois chez les femmes enceintes.

PSYLLIUM

Il est important de boire beaucoup d'eau juste après la prise de cette plante. Respectez un délai d'au moins 2 heures entre la prise de psyllium et celle de médicaments. Un traitement à base de psyllium est interdit en cas de sténose intestinale ou œsophagienne, d'obstruction gastro-intestinale ou encore de fécalome. Déconseillé chez les enfants de moins de 6 ans.

QUEUES DE CERISE

À dose élevée, les queues de cerise peuvent provoquer une diarrhée. N'abusez pas des diurétiques sans demander l'avis de votre médecin, et programmez des cures de courte durée, au risque de fatiguer les reins. Interdites aux femmes enceintes, allaitantes et aux enfants de moins de 12 ans.

RADIS NOIR

Le radis noir est contre-indiqué chez les personnes ayant une obstruction des voies biliaires (calculs). Il est déconseillé en cas de gastrite, d'ulcère de l'estomac et aux personnes présentant un dysfonctionnement thyroïdien. À forte dose, le radis noir peut irriter le tube digestif.

REINE-DES-PRÉS

La reine-des-prés est contre-indiquée chez les personnes asthmatiques. Évitez également de consommer cette plante si vous présentez une sensibilité à l'aspirine. Interdite aux femmes enceintes et allaitantes.

ROMARIN
En usage interne, le romarin est contre-indiqué chez les personnes souffrant d'épilepsie, de calculs biliaires ou d'une maladie du foie. Il est déconseillé de consommer le romarin à fortes doses. Interdit aux femmes enceintes, allaitantes et aux enfants de moins de 12 ans.

SAUGE OFFICINALE
En usage interne, la sauge est contre-indiquée chez les personnes en insuffisance rénale, souffrant d'épilepsie, ou qui ont des antécédents de cancer avec syndrome hormonodépendant. Interdite aux femmes enceintes, allaitantes et aux personnes de moins de 18 ans.

SAULE BLANC
L'écorce de saule blanc est contre-indiquée chez les personnes asthmatiques, diabétiques ou souffrant de troubles de la coagulation. À forte dose, cette plante peut favoriser des hémorragies. Il existe des interactions médicamenteuses avec cette plante, demandez conseil à votre médecin en cas de traitement. Interdit aux femmes enceintes et allaitantes et aux personnes de moins de 18 ans.

SOJA
Déconseillé aux femmes enceintes et allaitantes.

SPIRULINE
La spiruline est contre-indiquée en cas de fièvre, chez les personnes souffrant de phénylcétonurie (maladie génétique rare). Elle est déconseillée aux personnes ayant des calculs rénaux ou un taux élevé d'acide urique dans le sang, aux personnes atteintes de goutte ainsi qu'à celles présentant une allergie aux algues. Interdite aux femmes enceintes et allaitantes.

SUREAU NOIR
Le sureau noir est contre-indiqué chez les personnes diabétiques, en cas de porphyrie ou d'anémie. En grande quantité, les baies peuvent avoir un effet laxatif. Interdit aux femmes enceintes, allaitantes et aux enfants de moins de 12 ans.

THÉ VERT
À forte dose, le thé vert peut provoquer une constipation et des irritations gastriques. Il est conseillé d'éviter de boire du thé pendant le repas, car celui-ci empêche le fer d'être assimilé par l'organisme. Les personnes souffrant d'arythmie cardiaque, d'insomnie et d'hypertension ne devront pas le consommer en grande quantité. Contre-indiqué aux femmes enceintes, allaitantes et aux enfants de moins de 12 ans.

THYM
Le thym est déconseillé en cas d'allergie aux plantes de la famille des lamiacées, aux personnes suivant un traitement thyroïdien ou un traitement anticoagulant. Il est interdit à fortes doses aux femmes enceintes, allaitantes et aux enfants de moins de 12 ans.

TILLEUL
Aucune contre-indication connue à ce jour.

VALÉRIANE
Les racines de valériane sont contre-indiquées chez les femmes enceintes, allaitantes et les enfants de moins de 12 ans.

VERVEINE OFFICINALE
La verveine est contre-indiquée chez les personnes souffrant de problèmes cardiaques et chez les asthmatiques. À fortes doses, cette plante peut provoquer des vomissements. Interdite aux femmes enceintes et allaitantes.

VIGNE ROUGE
La vigne rouge est contre-indiquée chez les personnes ayant un cancer hormonodépendant ou sous traitement anticoagulant. À fortes doses, elle est également contre-indiquée chez les femmes enceintes, allaitantes, et les personnes de moins de 18 ans.

Mesures

CONVERSION DES MESURES

Afin de reproduire le plus fidèlement possible les recettes, astuces et remèdes de ce livre, nous livrons quelques informations utiles sur les unités de mesure qui peuvent être appliquées dans d'autres pays.

LIQUIDE

ml	fl oz
1	0,035
5	0,176
10	0,352
25	0,352
50	1,76
75	2,64
100	3,62
250	8,81
500	17,63
750	26,45

POIDS

g	oz
1	0,035
5	0,176
10	0,352
25	0,352
50	1,76
75	2,64
100	3,62
250	8,81
500	17,63
750	26,45

TEMPÉRATURE

Degré °C	Degré °F
1	50
5	59
10	68
25	77
50	86
75	140
100	248
250	392
500	428
750	482

FAIRE DES MESURES À LA CUILLÈRE

Apprenez à mesurer avec des cuillères quand cela est possible et vous gagnerez un temps fou ! À titre d'information, pour certains pays grands consommateurs de thé, la « cuillère à café » correspond à la « cuillère à thé ».

1 c. à café = 5 ml
1 c. à soupe = 15 ml

1 c. à café rase* = 5 g
1 c. à café = 15 g

1 c. à soupe rase* = 15 g
1 c. à soupe = 30 g

*rase : Pour faire une cuillère rase, il faut prendre le dos d'un couteau et raser la cuillère pour retirer l'excédent.

Les mesures ci-dessus correspondent à une moyenne générale. Elles peuvent varier selon l'ingrédient.
Par exemple : 1 c. à café de sucre pèse 5 g tandis que celle de farine pèse 4 g.

Index

SANTÉ

A

ACOUPHÈNES 26
ACTIVITÉ PHYSIQUE 26, 78, 96, 98
ACUPUNCTURE 26, 70
AGAR-AGAR 35
AIL 31, 33, 41, 55, 62, 66, 80, 82, 87, 98, 210
ALOE VERA 32, 36, 210
AMANDES 89
  LAIT D'AMANDE 95
AMPOULES 125
ANETH 44, 60, 210
ANGINE (voir aussi *mal de gorge*) 27-28
ANIS VERT 44, 210
ANTISEPTIQUE, SOLUTION 99
APHTES 29-30
ARGILE VERTE 14, 27, 42, 47, 61, 63, 65, 80, 87, 90
ARNICA 58
AROMASSAGE 38
ARTHRITE (voir aussi *rhumatismes*) 30, 64, 80
ARTICHAUT 78, 210
AUTOMASSAGE (voir aussi *massage*) 35, 63
AVOCAT 43
AVOINE 210
  FARINE D'AVOINE 36, 47
  FLOCONS D'AVOINE 33, 47, 48
  SON D'AVOINE 47

B

BADIANE (ANIS ÉTOILÉ) 45, 210
BAIN 38, 39, 46, 47, 62, 68, 80, 89, 95, 97
BAIN DE BOUCHE 29, 30, 54, 62-63, 71, 72
BAIN DE PIEDS 51, 61, 68
BAIN DE SIÈGE 58
BANANE 53, 70, 89, 98
BASILIC 29-30, 210
BICARBONATE DE SOUDE (alimentaire ou officinal) 11-12, 29, 31, 34, 36, 45, 58, 62, 63, 69, 70, 73, 74, 83
BLEUS (voir *hématomes*)
BOUILLON-BLANC 92, 94, 210
BOULEAU, ÉCORCE DE 99, 210
BOUTON DE FIÈVRE 31
BROCOLI 41, 42
BRONCHITE 94
BRÛLURES 14, 32
BRÛLURES D'ESTOMAC 33, 44, 210

C

CAFÉ 53, 59, 62, 68, 96
  GRAINS DE CAFÉ 71
CAMOMILLE
  GRANDE CAMOMILLE 69, 211
  MATRICAIRE 76, 211
  ROMAINE 36, 38, 46, 53, 73, 211
CANNELLE 48, 49, 56, 67, 71, 72, 77, 82, 83, 211
CARDAMOME 42, 71
CAROTTE 34, 42-43, 48, 52, 55, 93
  FANES DE CAROTTE 29
  JUS DE CAROTTE 48
  SIROP DE CAROTTE 93
CASSIS, FEUILLES DE 74
CATAPLASME 14, 27, 30, 46, 47, 50, 59, 63, 64, 65, 68, 80, 81, 87, 90
CERFEUIL 59, 74, 210
CHÉLIDOINE, SÈVE DE 98, 210

CHOCOLAT NOIR 35, 89
CHOLESTÉROL 33, 210
CHOU BLANC 46
CHOU FRISÉ 30
CITRON
ÉCORCE DE CITRON 99
JUS DE CITRON 28, 30, 34, 40, 42, 56, 59, 60, 66, 68, 71, 73, 78, 82, 83, 88
RONDELLES DE CITRON 56, 60, 68, 73
CLOU DE GIROFLE 54, 55, 62, 66-67, 71, 72, 83, 211
COING 35, 52
CONSTIPATION 34-35, 214
CORS 125
COUPEROSE 36
COUPS DE SOLEIL 36-37
COURBATURES 38-39
CRAMPES MUSCUCULAIRES 39-40
CRAMPES NOCTURNES 40
CURCUMA 41, 42, 67, 76, 80, 211

D

DENTS
DENTS BLANCHES 133
MAL DE DENTS 62-63
NETTOYAGE DE LA BROSSE À DENTS 63, 194
DÉTOX 41-42, 55
DIABÈTE 42-43
DIGESTION DIFFICILE 35, 42, 44-45, 71, 73, 114, 117
DURILLON 125

E

ÉCHINACÉE 55, 210
ECZÉMA 46-47

F

FATIGUE 29, 46, 48-50, 62, 132, 147
FENOUIL 44, 60, 77, 92, 211
FIÈVRE 50-51
FIGUE 34
FLEUR D'ORANGER 95

G

GARGARISME 14, 27, 28, 54, 67
GASTRO-ENTÉRITE 52-53
GELÉE ROYALE 48
GERÇURES 140
GINGEMBRE 27, 63, 66, 70, 73, 77, 83, 211
GINGIVITE 54, 63, 71
GRIPPE 55-56, 67
GROG 56, 83
GUIMAUVE, RACINES DE 92

H

HALITOSE (voir *mauvaise haleine*)
HAMAMÉLIS 98, 212
HÉMATOMES 58
HÉMORROÏDES 58-59, 210
HOQUET 60
HOUBLON 89, 212
HUILE VÉGÉTALE
D'AMANDE DOUCE 19, 40
D'ARNICA 66
D'OLIVE 19, 22, 30, 34, 38, 40, 46, 62, 66, 74, 76, 80, 91
DE CHANVRE 36
DE COCO 74
DE MACADAMIA 40, 62
DE MILLEPERTUIS 38, 64-65, 80, 91, 213
HUILE ESSENTIELLE 18-19, 208-209
D'ESTRAGON 85, 91, 208
D'ORANGE DOUCE 19, 88
D'YLANG-YLANG 88, 208
DE BOIS DE ROSE 88
DE GAULTHÉRIE 38, 66, 209
DE LAVANDE ASPIC 32, 73, 74, 208
DE LAVANDE VRAIE 38, 40, 68, 74, 85, 88, 89, 95, 209
DE MENTHE POIVRÉE 69, 209
DE MILLEPERTUIS 19
DE ROMARIN CAMPHRÉ 38, 208
DE TEA TREE (ARBRE À THÉ) 31, 63, 209
HÉLICHRYSE ITALIENNE (IMMORTELLE) 58, 209

I

INFUSION 27, 36, 44, 45, 50, 52, 53, 54, 60, 64, 66, 67, 70, 71, 73, 77, 78, 79, 80, 82, 84, 85, 88, 89, 92, 95, 97, 98, 210-211
INHALATION 68, 82, 85, 86, 87

J

JAMBES LOURDES 61, 78, 97
JAMBES SANS REPOS 62

L

LAIT DE POULE 49
LARYNGITE 94
LAVANDE
BRINS DE 89
FLEURS DE 89
LIERRE GRIMPANT 92, 212
LIN, GRAINES DE 34, 212
LOTION 30, 36, 46, 47
LUMBAGO 64, 65

M

MAGNÉSIUM, CHLORURE DE 37, 50

MAL DE DENTS (voir *dents*)
MAL DE DOS 64-66, 91
MAL DE GORGE (voir aussi *angine*) 27, 28, 56, 66-67, 92, 94
MAL DE TÊTE 55, 68-69, 70
MAL DES TRANSPORTS (voir aussi *nausées*) 70, 73
MARRONNIER D'INDE 97, 212
MARRUBE BLANC 92, 212
MASSAGE (voir aussi *automassage*) 30, 35, 38, 66, 69
MATÉ 68, 212
MAUVAISE HALEINE 71-72
MAUVE 92, 212
MAYONNAISE 75, 102
MÉDITATION (voir aussi *relaxation, sophrologie* et *yoga*) 26, 89
MÉLISSE 52, 88, 212
MENTHE 44, 60, 68, 70, 71, 212
MIEL 27 à 32, 35 à 39, 41, 48, 49, 55, 56, 66, 67, 82, 83, 84, 92 à 96
MILLEPERTUIS 38, 80, 91
MINCEUR 114-117
MOUTARDE 34, 64
MYRTILLE 43, 212

N

NAUSÉES (voir aussi *gastro-entérite* et *mal des transports*) 44, 52, 53, 70, 73
NAVET 93
NOIX 33

O

OIGNON 31, 41, 49, 55, 58, 66, 74, 78, 82, 83, 94, 213
ORGE 43
ORTIE 48, 54, 84, 108, 111, 213

P

PERSIL 55, 70, 71, 74, 78, 213
PHARYNGITE 94
PIQÛRES DE GUÊPE 73, 165
PIQÛRES DE MOUSTIQUE 74
PISSENLIT 78, 213
PLANTAIN 74, 213
POMME 33, 70
POMME DE TERRE 27, 68
POIREAU 55
POUX 74-75
PROPOLIS 27, 29
PRUNEAU 34
PSORIASIS 76
PSYLLIUM 34, 213

R

RADIS NOIR 41, 55, 213
RÈGLES DOULOUREUSES 77
RÉGLISSE, RACINES DE 92
REINE-DES-PRÉS 80, 213
RELAXATION (voir aussi *méditation, sophrologie* et *yoga*) 89
RÉTENTION D'EAU 61, 78-79
RHUMATISMES (voir aussi *arthrite*) 14, 38, 40, 64, 80-81
RHUME 55, 56, 82-84
RHUME DES FOINS 84-85
ROMARIN 52, 68, 82, 214
RONFLEMENTS 85-86

S

SAUGE 29, 54, 214
SAULE BLANC 99, 214
SAVON DE MARSEILLE 10-11, 40
SCIATIQUE 64
SINUSITE 87-88
SIROP 55, 83, 84, 92, 93, 94
SOJA 33, 214
SOMMEIL (voir *troubles du sommeil*)
SON DE BLÉ 34
SOPHROLOGIE (voir aussi *méditation, relaxation* et *yoga*) 26, 89
SOUPE
À L'OIGNON 82
DE POULE 83
SPIRULINE 30, 49, 214
SPORT (voir *activité physique*)
STRESS 29, 31, 46, 62, 64, 88-89, 127, 132

T

TENDINITE 90
THÉ NOIR 29
THÉ VERT 41, 58, 63, 78, 214
THYM 27, 30, 44, 52, 55, 66, 67, 82, 83, 84, 92, 214
TILLEUL 214
AUBIER DE TILLEUL 33, 210
FLEURS DE TILLEUL 39, 50, 88, 89, 95
MIEL DE TILLEUL 96
TISANE (voir *infusion*)
TORTICOLIS 91
TOUX 27, 55, 83, 84, 92-94
TRACHÉITE 94
TROUBLES DU SOMMEIL 88, 89, 95-96

V

VALÉRIANE 95, 214
VARICES 97-98
VERRUES 98-99
VERVEINE 38, 44, 64, 95, 214

VIGNE ROUGE, FEUILLES DE 59, 61, 97, 214

VINAIGRE BLANC 13, 51, 74, 99

VINAIGRE DE CIDRE 29, 30, 35, 39, 40, 48, 60, 62, 67, 68, 73, 76, 78, 84, 87, 98

VINAIGRE DE VIN 38, 64

Y

YAOURT 34, 36

YOGA (voir aussi *méditation, relaxation* et *sophrologie*) 26, 89

BEAUTÉ

A

ACNÉ 14, 130-131

ACTIVITÉ PHYSIQUE 112, 116, 117

AGAR-AGAR 117

ALOE VERA 119, 210

AMANDES EN POUDRE 118

AMPOULES 125

ARGILE BLANCHE 14-15, 138, 139

ARGILE ROSE 14-15, 140, 147

ARGILE VERTE 14-15, 104, 136, 141, 142

AVOCAT 103, 138, 142

AVOINE, FLOCONS D' 125, 139

B

BAIN DE PIEDS (voir d'autres *bains de pieds* dans l'index santé) 125 à 129

BAIN DE VAPEUR 137, 141

BANANE 106, 143

BASILIC 108, 140, 210

BAUME À LÈVRES 134, 135

BEURRE DE KARITÉ 105, 134, 135, 138

BICARBONATE DE SOUDE 11-12, 110, 119, 120, 125, 128, 130, 132, 137

BROCOLI 142

BROSSE À CHEVEUX 194

C

CAFÉ 117
- MARC DE CAFÉ 112, 122, 133

CAMOMILLE
- GRANDE CAMOMILLE 133, 211
- ROMAINE 133, 141, 211

CAROTTE
- HUILE DE CAROTTE 145, 147
- JUS DE CAROTTE 139

CATAPLASME 125, 132

CELLULITE 112-113, 117

CERNES 132-133

CHAUSSURES (transpiration) 128

CHEVEUX ABÎMÉS 102-103, 146

CHEVEUX GRAS 104

CHEVEUX SECS 105-106

CHEVEUX TERNES 107

CHOU VERT 125

CHUTE DE CHEVEUX 108-109

CITRON
- ÉCORCE DE CITRON 104
- JUS DE CITRON 107, 114, 118, 122, 124, 126, 131, 132, 141, 143, 144, 146

COMÉDONS (voir aussi *points noirs*) 130, 141

CONCOMBRE 132

CORS 125

COSMÉTIQUES MAISON 21

CRÈME 119, 124, 126

D

DENTS BLANCHES 133

DÉSODORISANT POUR CHAUSSURES 128

DIGESTION 114, 117

DURILLONS 125

E

EAU DE RINÇAGE 104, 107, 108, 110, 111

EAU FLORALE 118, 132-133, 140

F

FATIGUE 29, 46, 48-50, 62, 132, 147

FLEURS DE BLEUET 132-133

G

GERÇURES 140

GLYCÉRINE VÉGÉTALE 123

GOMMAGE 17, 112, 118, 122, 126, 135, 137, 144

GUARANA 117, 212

H

HAMAMÉLIS 140, 212

HUILE VÉGÉTALE
- D'ABRICOT 147
- D'AMANDE DOUCE 19, 112, 118, 120, 122, 126, 137, 139, 147
- D'ARGAN 107, 138, 143, 146
- D'AVOCAT 103, 120, 134, 143
- D'OLIVE 19, 22, 111, 112, 120, 122, 123, 124, 126, 132, 134, 138, 144
- DE BOURRACHE 142, 143
- DE CAROTTE 145, 147
- DE CHANVRE 137
- DE COCO 106, 107, 134, 135
- DE GERME DE BLÉ 105
- DE JOJOBA 105, 109, 119, 120, 130, 134, 141, 143
- DE MACADAMIA 118, 124, 140
- DE NIGELLE 130
- DE PÉPINS DE RAISIN 102, 118
- DE RICIN 121, 146
- DE TOURNESOL 145

HUILE ESSENTIELLE 18-19, 208-209
- D'YLANG-YLANG 109, 208
- DE CITRON 19, 118, 121, 208
- DE LAVANDE VRAIE 105, 123, 127, 130, 137, 209
- DE PALMAROSA 119, 209

I

INFUSION 117, 133, 141, 210-211

L

LAIT 126, 133, 136

LAIT POUR LE VISAGE 140

LÈVRES SÈCHES 134, 135

LIERRE GRIMPANT 112, 212

LOTION 108, 111, 112, 131, 140, 144

M

MAINS (voir *soins des mains*)

MAINS ABÎMÉES 124

MAINS SÈCHES 124

MARC DE CAFÉ (voir *café*)

MASQUE 102 à 107, 109, 130, 131, 136 à 143, 147

MASSAGE 112, 118, 119, 120, 121, 130

MATÉ 117, 212

MAYONNAISE 102

MENTHE 127, 212

MIEL 102, 106, 112, 114, 118, 122, 124, 131, 134, 135, 136, 137, 140, 143, 147

MINCEUR 114 à 117

MYRTILLE 142, 212

O

OIGNON ROUGE 146

ONGLES 120-121

ORTIE, FEUILLES D' 108, 111, 213

P

« PEAU D'ORANGE » 112

PEAUX GRASSES 136-137

PEAUX MATURES 142-143

PEAUX MIXTES 14, 137

PEAUX SÈCHES 138-139, 146

PEAUX SENSIBLES 14, 137, 140, 146, 147, 208

PELLICULES 110-111

PERTE DE POIDS (voir *minceur*)

PISSENLIT 117, 213

POCHES SOUS LES YEUX 132-133

POINTS NOIRS (voir aussi *comédons*) 141

POMME 116

POMME DE TERRE 132, 141

Q

QUEUES DE CERISES 113, 213

R

REINE-DES-PRÉS 117, 213

RIDES 142-143, 146

ROMARIN 108, 111, 214

S

SAVON DE MARSEILLE 10-11, 112, 123

SAVON LIQUIDE MAISON 123

SHAMPOING 105

SOINS DES MAINS 122-124

SOINS DES PIEDS (voir aussi *bain de pieds*) 126-127

SOINS DU CORPS 118

SOINS DU VISAGE 144-145

SPORT (voir *activité physique*)

T

TACHES BRUNES 146

TEINT TERNE 147

THÉ NOIR 107, 129

THÉ VERT 117, 132, 214
THYM 104, 108, 141, 214
TILLEUL 118, 140, 214
TISANE (voir *infusion*)
TRANSPIRATION DES AISSELLES 119
TRANSPIRATION DES PIEDS 128-129

V

VERGETURES 119-120
VINAIGRE BLANC 13, 121
VINAIGRE DE CIDRE 102, 104, 108, 110, 112, 114, 119, 128, 144, 146

Y

YAOURT 102, 131, 133, 137, 143, 147

VIE PRATIQUE

A

AIL 163, 165, 170
ARAIGNÉES 162
ARGILE 14-15, 184
- PIERRE D'ARGILE 160, 195

ASSOUPLISSANT 174-175
AUTOCUISEUR EN INOX 154

B

BANANE, PEAU DE 172, 181
BASILIC 168, 169
BICARBONATE DE SOUDE (technique ou alimentaire) 11-12, 151, 153 à 161, 163, 166, 173, 174, 176 à 180, 182, 183, 184, 186, 187, 190, 192, 194, 195, 198, 199, 201, 203, 204
BIJOUX 153
BLANC DE MEUDON 17, 154, 159, 160, 193, 195
BOIS DE CÈDRE ROUGE 166
BOUCHON DE LIÈGE 167, 182, 190
BROSSE À CHEVEUX 194
BROSSE À DENTS 63, 194

C

CAFARDS 163
CAFÉ 164
- MARC DE CAFÉ 164, 170, 172, 182, 183

CALCAIRE
- DANS LA BOUILLOIRE 178
- DANS LA MACHINE À LAVER 174, 175, 179
- DANS LE ROBOT CUISEUR VAPEUR 178
- DU FER À REPASSER 179
- SUR LE POMMEAU DE DOUCHE 180
- SUR LES PAROIS DE DOUCHE 179
- SUR LES ROBINETS 178-179

CANALISATIONS 180
CANNELLE EN POUDRE 184
CARRELAGE (voir *sols*)
CASSEROLE 154
CHATS 150-151
CHÂTAIGNES (voir aussi *marrons*) 152
CHIENS 152
CIRAGE MAISON 181
CITRON
- ÉCORCE DE CITRON 151, 182-183
- JUS DE CITRON 153, 156, 157, 159, 175, 186, 193, 197, 201 à 203
- RONDELLES DE CITRON 177

CLOU DE GIROFLE 164 à 168, 171
COQUILLAGES 151
CRAIE 164, 201
CRÈME À RÉCURER 186
CRISTAUX DE SOUDE 16, 22, 154, 158, 177, 189
CUIR 181
CUISINE 154-161

D

DÉMÊLER UNE CHAÎNE 153
DENTIFRICE 184
DÉSHUMIDIFICATEUR 184
DÉTARTRER
- LAVE-VAISSELLE 183
- POMMEAU DE DOUCHE 180

DOUCHE (voir aussi *rideau, parois* et et *pommeau de douche*) 179, 180, 194

E

ENGRAIS NATURELS 172-173
ÉPONGE 155
ÉVIER EN INOX 156

F

FARINE 163
FARINE DE MAÏS 197
FÉCULE DE MAÏS 163
FER À REPASSER 175, 179
FOUR 157, 182-183
FOUR À MICRO-ONDES 155, 157
FOURMIS 163
FRITEUSE 158
FRITURE 182

G

GALETS (voir *coquillages*)
GLYCÉRINE VÉGÉTALE 195, 199, 201
GUÊPES 164-165

H

HUILE VÉGÉTALE
- D'AMANDE DOUCE 169
- D'OLIVE 153, 170
- DE LIN 181, 190
- DE MACADAMIA 168, 169

HUILE ESSENTIELLE 18-19, 208-209
- D'YLANG-YLANG 191, 208
- DE CITRON 19, 186 à 189, 191, 192, 208
- DE CITRONNELLE DE JAVA 168-169, 208
- DE GÉRANIUM ROSAT 168, 208
- DE LAVANDE VRAIE 162, 165, 166, 168, 175, 177, 182, 184, 187, 189, 191, 198, 209
- DE MENTHE POIVRÉE 171, 209
- DE TEA TREE (ARBRE À THÉ) 182, 185, 192, 209

I

INSECTICIDE NATUREL 163, 170

J

JOINTS (voir aussi *moisissures*) 184, 195

L

LAIT 181, 197, 199, 201
LAVANDE, FLEURS DE 166, 168
LAVE-LINGE (voir *machine à laver*)
LAVE-VAISSELLE 183
LESSIVE 176-177
LEVURE CHIMIQUE 153, 156, 177, 184
LEVURE DE BIÈRE 150, 152, 169
LIÈGE (voir *bouchon de liège*)
LINGE BLANC 177
LINO (voir *sols*)
LITIÈRE DE CHAT 151, 171, 182

M

MACHINE À LAVER 174, 175, 177, 179
MAÏS (voir *farine de maïs* et *fécule de maïs*)
MARBRE 13, 17, 159
MARC DE CAFÉ (voir *café*)
MARRONS (voir aussi *châtaignes*) 162
MAUVAISES HERBES 173
MAUVAISES ODEURS 182-183
MENTHE 152, 163-164, 168, 184
MIE DE PAIN 153
MIROIR 195
MITES ALIMENTAIRES 165
MITES DE VÊTEMENTS 166
MOISISSURES 184-185
MOQUETTE (voir *sols*)
MOUCHERONS 151, 167
MOUCHES 168
MOUSTIQUES 168-169
MOUTARDE 151

N

NETTOYANT MULTIUSAGE 187
NETTOYER
- AUTOCUISEUR EN INOX 154
- BIJOUX 153
- BROSSE À CHEVEUX 194
- BROSSE À DENTS 63, 194
- CASSEROLE 154
- CUIR 181
- ÉPONGE 155
- ÉVIER EN INOX 156
- FER À REPASSER 175, 179
- FOUR 157
- FOUR À MICRO-ONDES 157
- FRITEUSE 158
- JOINTS 184, 195
- MIROIR 195
- PLAN DE TRAVAIL 159
- PLANCHE À DÉCOUPER 160
- PLAQUE EN VITROCÉRAMIQUE 160-161
- RÉFRIGÉRATEUR 161
- RIDEAU DE DOUCHE 195
- ROBOT AUTOCUISEUR VAPEUR 178
- SOLS 188-190
- TOILETTES 191-192
- VITRES 193

O

ŒUF 181, 189
ORANGE, ÉCORCES D' 151
ORTIE, PURIN D' 172-173

P

PANIER À LINGE SALE 182
PAROIS DE DOUCHE 179
PARQUET (voir *sols*)
PEAU DE CHAMOIS 153, 154, 179, 181, 193
PERCARBONATE DE SOUDE 22, 177, 195
PIÈGE À MOUSTIQUES 169
PIERRE D'ARGILE (voir *argile*)
PIMENT DE CAYENNE 163, 171
PLAN DE TRAVAIL 159
PLANCHE À DÉCOUPER 160
PLAQUE EN VITROCÉRAMIQUE 160-161
PLÂTRE 163
POIVRE 171
POMME DE TERRE 154, 156
EAU DE POMME DE TERRE 173, 188
FÉCULE DE POMME DE TERRE 201
POMMEAU DE DOUCHE 180
POT-POURRI 171
POUBELLES 182
PRODUITS MÉNAGERS 22
ASSOUPLISSANT 175
CIRAGE MAISON 181
CRÈME À RÉCURER 186
DÉSHUMIDIFICATEUR 184
DÉSODORISANT POUR TOILETTES 192
LESSIVE 176-177
NETTOYANT MULTIUSAGE 187
NETTOYANT POUR CARRELAGE 188-189
NETTOYANT POUR TOILETTES 191-192
PUCERONS 17, 170

R

RATS (voir aussi *souris*) 171
RÉFRIGÉRATEUR 161
RIDEAU DE DOUCHE 195
ROBINETS 178-179

S

SALLE DE BAINS 184, 186, 194-195
SAVON DE MARSEILLE 10-11, 153, 175, 176-177, 181, 188, 193, 199, 200, 201, 203, 204
SAVON NOIR 17, 150, 156, 158, 159, 160, 162, 167, 170, 189
SEL 173, 195, 200, 202
SOLS 188-190
CARRELAGE 188-189, 195
LINO 189
MOQUETTE 190
PARQUET CIRÉ 190
PARQUET VITRIFIÉ 190
TAPIS 190
SOUDE (voir *cristaux de soude* et *percarbonate de soude*)
SOURIS 171
SUCRE 163, 169

T

TACHES
D'ENCRE 197
D'HERBE 197
D'URINE 198
DE CAFÉ 199
DE CERISE 200
DE CIRE 200
DE FEUTRE 201
DE GRAISSE ALIMENTAIRE 201
DE MOISISSURE 184
DE ROUILLE SUR DU MÉTAL 201
DE SANG 202
DE SAUCE TOMATE 203
DE THÉ 203
DE TRANSPIRATION 203
DE VIN ROUGE 204
DE VOMISSURES 204
TAPIS (voir *sols*)
TERRE DE DIATOMÉE 150, 152, 163
TERRE DE SOMMIÈRES 15, 190, 198, 201
TOILETTES 191-192

V

VANILLE, EXTRAIT DE 183
VINAIGRE BLANC 13, 152 à 163, 165, 168, 173 à 175, 178 à 180, 182 à 195, 197, 199, 200, 202 à 204
VINAIGRE DE CIDRE 167
VITRES 193
DÉCORER LES VITRES 193

REMERCIEMENTS

Tous nos remerciements vont à Marion et Fabrice
pour leur travail formidable sur ce livre,
aux éditions Michel Lafon pour avoir cru en ce projet,
à Anne-Isabelle et Clément pour leur créativité,
au Dr Franck Gigon pour la vérification des remèdes.

Et enfin, un immense merci aux abonnés
et fans du blog Grands-mères pour leur fidélité.

TEXTES
Virginie Verglas

ILLUSTRATIONS
Mediapilote

CONCEPTION ET RÉALISATION
Fabrice Haesselbacher

DIRECTION D'OUVRAGE
Marion Salort
Marie Dreyfuss

FABRICATION
Christian Toanen
Nikola Savic

118, boulevard Achille-Peretti - CS 70024
92521 Neuilly-sur-Seine Cedex

Achevé d'imprimer en Espagne par Egedsa
Dépôt légal : octobre 2016
ISBN : 978-2-7499-3028-2
LAF 2251